상담가에게 답하다
밀턴 에릭슨이

Hope & Resiliency

Understanding the Psychotherapeutic Strategies of Milton H. Erickson, MD
Copyright © Dan Short, Betty Alice Erickson, Roxanna Erickson-Klein
2005

All rights reserved.
This Korean edition was published by zzlbooks in 2020 by arrangement with Dan Short.

이 책의 한국어판 저작권은 저자와 독점 계약한 저절로북스에 있습니다. 저작권법에 의해 한국 내에서 보호를 받는 저작물이므로 무단전재와 무단복제를 할 수 없습니다.

밀턴 에릭슨이 상담가에게 답하다

베티 앨리스 에릭슨
록사나 에릭슨 클라인
댄 쇼트 지음
이병호 정귀수 옮김

저절로북스

차례

추천의 말

작가의 말

밀턴 에릭슨의 생애

1부 치유와 건강의 본질

01 들어가며 ——————————————— 45

02 인간의 주건 ——————————————— 50

03 정신 건강과 치유 ——————————— 63

04 임상가의 역할 ——————————————— 72

05 철학적 체계 ——————————————— 82

2부 임상 전략

06 여섯 가지 핵심 전략 ——————— 95

07 주의 분산 ——————————————— 102

08 분할 ————————————————— 127

09 진전 ————————————————— 161

10 제안 ————————————————— 202

11 방향 전환 ————————————— 267

12 활용 ————————————————— 317

13 결론 ————————————————— 372

부록

역자의 말

일러두기

1. 본문의 굵은 글씨는 원서에서 저자가 강조한 부분입니다.
2. 각주는 역자가 추가하였습니다.

추천의 말
Foreword

　1980년 3월 25일 돌아가시던 날까지 에릭슨$^{\text{Milton H. Erickson}}$ 박사는 300여 편 이상의 논문을 집필하고 30,000여 명 이상의 내담자와 최면 세션을 진행한 것으로 알려져 있다. 그리고 오늘날 에릭슨 박사가 최면, 단기 치료, 가족 치료 그리고 심리 치료 분야에 남긴 업적을 연구하고 실천하기 위해 전 세계적으로 118개의 기관이 설립되었다. 현재 인터넷 검색창에 그의 이름을 입력하면 78,000건이 넘는 문서를 찾아볼 수 있다. 아마존에서는 그의 이름으로 132권의 책이 검색된다. 심지어 eBay에서도 에릭슨 박사와 관련된 물품이 판매되고 있다! 이처럼 에릭슨 박사의 성과를 이해하고 설명하려는 수많은 시도가 이루어지고 있지만, 『밀턴 에릭슨이 상담가에게 답하다』에서는 맑은 공기와도 같은 신선함이 느껴진다.

작은 씨앗으로부터 시작한 에릭슨의 연구는 지난 수십 년간 발전을 거듭하여 큰 숲을 이루었다. 여기에는 애리조나 피닉스에 위치한 밀턴 에릭슨 재단의 대표이사 제프리 자이그$^{Jeffrey\ Zeig}$ 박사뿐 아니라 재단에서 특강을 주최할 때마다 헌신적으로 강의에 전념한 교수진까지 여러 사람의 지칠 줄 모르는 노력이 큰 역할을 했다고 본다.

시간이 지날수록 에릭슨의 작업은 점점 세련되어졌다. 사실 그가 사용했던 접근 방식에 대해 대화를 나눠 보면 초창기에 그를 방문했던 이들과 후일에 그를 만나본 이들이 서로 의견을 달리한 적이 많았다. 엘로이즈에서 피닉스로 이동하며 연구를 지속한 에릭슨 박사의 발자취를 따라가면 그 이유를 분명히 알 수 있다. 먼저 그의 치료 기간이 달라진 것을 볼 수 있다. 그리고 최면 유도 과정(치료를 위한 것이 아닌 경우)을 보면 직접 암시를 사용하던 것에서 간접 암시를 사용하는 방향으로 옮겨가는 모습을 확인할 수 있다. 치료적 은유와 단기 치료가 발전하는 과정 또한 따라가 볼 수 있을 것이다. 추가적으로 정신 분석적 관점에서 상호 작용적 관점으로 증상을 바라보는 관점이 변화하는 모습도 살펴보자. 사람과 문제를 대하는 시선의 이러한 변화는 앞서 언급한 부분과 밀접한 논리적 연관성을 지닌다.

치료 기간

1950년대에는 에릭슨이 수개월에 걸쳐 치료했던 사례들을 찾아볼 수 있다. '뚱뚱한 입술을 가진 남자'의 경우 11개월이 걸렸고 미시간주의 '2월의 남자'의 경우 훨씬 오래 걸려 2년여의 기간이 소요되었다. 피닉스에 사는 동안은 에릭슨 박사가 내담자를 위해 내는 시간에 제한을 두지 않았던 것은 사실이지만, 책에 실린 사례의 경우에 그 기간이 짧아졌다. 1973년에는 2시간이 소요된 '쿵쾅거리는 여덟 살 아이'의 사례를 찾을 수 있다. 1973년 '쇼크' 기법을 사용했던 다양한 사례들의 경우 치료 기간은 한두 시간 정도였다. 전반적으로 단기 치료적 경향이 차츰 짙어져 1970년대 후반부터 눈에 띄게 두드러지기 시작했다.

최면 제안

1957년의 한 최면 유도문을 살펴보면, 에릭슨 박사가 "잠"이라는 단어를 반복하는 모습을 볼 수 있다. 이를테면 "지금 나는 당신이 **깊이, 더 깊이 잠들기를 바랍니다.**"와 같은 문장에서 사용하는 것이다. 그리고 같은 유도문에서 "**나는 당신을 어떤 수준의 트랜스 상태로든 데려갈 수 있습니다.**"와 같은 표현으로 대표되는 권위적인 접근법 또한 발견할 수 있다. 그러나 1976년 무렵의 에릭슨은 간접 암시가 본인의 작업에서 "중요한 역할"을 한다고 생각했다.

거기다 1981년 즈음 그는 아이디어와 제안을 "제시"할 뿐이라 명시하며 **"나는 환자들에게 나른해지고 졸리길 바란다는 말을 직접 하는 것을 좋아하지 않는다."**라고 분명히 덧붙였다. 간접적인 접근법을 사용하는 것과 관련해서 반복과 권위주의라는 최면 유도 기법을 버리게 된 1970년대 후반까지, 에릭슨의 치료법이 꾸준히 진화해왔다는 명백한 증거가 존재하는 것이다.

간접적 개입으로서 은유의 사용

1944년 에릭슨은 주저하면서도 "실험적 신경증의 최면 유도를 위해 복잡한 이야기를 지어내는 방법"이라는 논문을 발표했다. 그 시점에 에릭슨은 내담자의 문제와 유사한 복잡한 이야기가 실제로 내담자를 불편하게 만들고 신경증을 수면 위로 떠오르게 할 수 있다고 생각했다. 그 후 10년이 지난 1954년 에릭슨은 가벼운 증상에 관한 "가짜 사례 기록"을 많이 사용했었다. 그리고 거의 20년 후인 1973년에는 그가 치료의 요점을 전달하기 위해 몇 가지 사례에 대한 이야기를 예시로 드는 것을 볼 수 있으며, 1979년 에릭슨과 로시Rossi는 실제로 개입의 한 분류로서 "은유"를 제목으로 사용한다. 다시 말하지만 이러한 움직임은 직접적이고 권위적인 치료법에서 간접적이고 허용적인 치료법으로 옮겨가는 것에 해당한다.

에릭슨의 증상에 대한 개념화

정신과 의사로서 막 발을 디딜 즈음부터 적어도 1954년까지 에릭슨은 신경증과 다양한 증상에 대하여 전통적인 분석적 관점을 취했다. 그는 "신경증의 발현은 방어적이고 보호적인 행동 특성을 구성한다."라고 말했다. 1960년대 중반이 되자 그의 상호 작용적 관점은 훨씬 더 강화되었다. 아마도 제이 헤일리^{Jay Haley}, 그레고리 베이트슨^{Gregory Bateson}, 존 웨클랜드^{John Weakland} 및 팔로 알토 커뮤니케이션 프로젝트와 협력했던 결과일 것이다. 어쨌든 에릭슨은 1966년에 "정신 질환은 사람 사이의 의사소통이 파괴된 것"이라고 말했다. 하지만 그는 자신의 경력이 끝날 때 즈음 질병에 대한 분석적인 의사소통/시스템 이론으로부터 더 멀리 나아간다. 그는 증상을 "의사소통의 형태"이며 "의식의 표면으로 드러나는 발달 문제를 알려주는 신호"라고 말했다. 요약하면 마침내 증상을 '원하는 방향으로 성장하기 위한 의사소통 신호'로 볼 수 있기까지, 문제의 본질에 관한 생각이 병리학적 설명으로부터 점점 멀어지며 진화해왔다는 것이다. 에릭슨은 그러한 신호를 변화에 대한 요청, 심지어 치료적 관계를 맺기 위한 무의식적 계약이라고까지 여겼다.

직접 제안이 아니라 경험의 재연결을 통해 완성된 치료

에릭슨이 결코 흔들리지 않았던 한 영역은 "치료"에 대한 그의 견해였다. 나는 이것이 소아마비를 극복했던 그의 개인적 경험의 결과라고 생각한다. 그는 젊은 시절에 경험적 자원이 변화를 창조한다는 것을 배웠다. 1948년에 에릭슨은 이미 치료가 내담자에게 어떤 영향을 주는 직접 제안의 결과가 아니라, 특정한 문제 상황이 필요로 하는 경험의 재연결에 기인한다는 것을 알아차렸다. 그의 말년 경력을 살펴보면 이 주제가 계속 반복되는 모습을 찾을 수 있다.

그가 소탈한 태도로 지혜를 나누는 방식을 고집했기 때문에 에릭슨 박사의 설명은 많은 이들에게 종종 좌절감을 안겨주었다. 예를 들어 치료에서 가장 중요한 것이 무엇인지 물었을 때 그는 "내담자의 경험적 언어로 말하세요."라고 대답했다. 그다음으로 중요한 일이 무엇인지 묻자, "내담자의 세계에 한 발을 들여놓고 한 발은 자기 자신의 세계에 남겨두세요."라고 말했다. 이러한 말들은 종래의 과학적 언어를 비껴나간 것 같았고, 듣는 이로 하여금 나중에 덧붙일 말이 더 있는지 궁금하게 했다. 그는 그렇게 하지 않았다. 그의 연구에 관해 쓰인 많은 책이 종종 이러한 상황을 바로잡으려고 시도했다. 그 책의 저자들은 기존의 지식을 에릭슨의 소탈한 지혜와 연결하기 위해서 칼 로저스Carl Rogers, 앨버트 반두라Albert Bandura, 최면 연구, 에릭 번Eric Berne, 토머스 사즈Thomas Szasz, 프리츠 펄스Fritz Perls 등 많은 자료를 인용한다.

『밀턴 에릭슨이 상담가에게 답하다』를 펼쳐보자. 댄 쇼트Dan

Short, 베티 앨리스 에릭슨Betty Alice Erickson 그리고 록사나 에릭슨 클라인Roxanna Erickson Klein 공저의 이 훌륭한 책은 에릭슨 본인의 말을 그대로 간직하면서도 강력하고 포괄적이며 매우 실용적인 이론적 구조를 잘 표현했다. 저자들은 잘 짜인 이론적 논의를 이끌어 기계적인 접근보다는 참여와 변화의 원리에 기반 한 접근법을 기다리던 사람들에게 신선한 바람을 불어넣어 준다. 『밀턴 에릭슨이 상담가에게 답하다』는 기법을 정밀 분석한 책이 아니며 그래서도 안 된다. 에릭슨의 연구에 관한 속이 꽉 찬 교재가 되려면 변화가 어떻게 일어나는지에 대한 기능적 원리를 강조하면서도 실제적인 개입에 적용할 수 있는 납득 가능한 연결고리 또한 제공해야 한다. 그것이 바로 이 책이 하는 일이다.

1부에서는 에릭슨의 철학적 기반을 소개한다. 변화의 촉매로서 치료자의 역할을 명확하게 보여주기 위해 몇 가지 사례를 제시한다. 무엇보다도 치료자는 내담자의 무의식 속 지혜를 존중하고 내담자 또한 그 지혜를 인식할 수 있도록 도와야 한다. 이를 위한 가장 좋은 방법은 내담자와 함께 발견해나가는 것이다.

2부에서는 에릭소니언 접근법을 사용하여 모든 개입에 기초를 제공하는 여섯 가지 주요 임상 전략을 제시한다. 이 여섯 가지 전략 또는 원칙을 통해 저자들은 에릭슨 박사가 취한 광범위한 접근법을 거의 완벽하게 아우른다.

각 상황에서 저자들은 깊은 이해를 위해 이 전략을 아주 상세히 제시한다. 이 책의 콘셉트는 무수한 창조적 개입을 탄생시킬 수 있는 전략을 제시하는 것이기 때문에 특정한 개입 방식은 소개하지 않는다.

1부와 같이 이 책의 각 절에서는 사례 묘사 그리고 에릭슨이 실제로 했던 말을 통해 치료의 요점을 설명한다. 저자들은 주의 분산, 분할, 진전, 제안, 방향 전환 그리고 활용이라는 전략들을 논의한다. 다음은 저자들의 구체적인 사례 논의 및 해설을 만나보기 전에 미리 참고할 만한 간단한 요약이다.

주의 분산은 실패로 이어지는 경험에 집중되었던 내담자의 주의를 분산시키는 것을 돕는 것과 관련이 있다. 자기-충족적 예언과 자멸적 행동이 가장 좋은 예시다.

분할은 내담자의 문제, 목표, 자원, 관심 그리고 시간과 공간까지도 재조합 또는 재분석하는 전략이다.

진전은 조그맣게 시작해서 계속 증진되는 성과를 축적하는 것을 의미한다. 저자들은 기하학적, 점진적, 인지적, 파괴적, 시간 중심적 방법 등 진전에 관해 생각할 수 있는 몇 가지 새로운 방법을 제시한다.

제안은 내가 개인적으로 가장 중요하게 여기는 부분인데, 제안이 치료와 사회화의 기본 바탕이 된다고 믿기 때문이다. 이 책의 저자들이 보는 관점에서 에릭슨의 예시처럼 '제안의 사용'은 중대한 개념이라고 할 수 있다. 치료뿐 아니라 일상적인 의사소통의 바탕을 이루고 있기 때문이다. 저자들은 극명한 대조를 이루는 일상과 치료 사이의 연관성을 제안과 관련하여 설명한다. 이를 통해 독자들이 공식적인 치료의 안팎에서 치료적 아이디어가 어떻게 전달되는지 이해할 수 있도록 도와준다.

방향 전환은 저자들에 따르면 치료에서 가장 폭넓게 사용하는 전략중 하나이다. 그들은 내담자에게 소개한 각각의 새로운 아이디어가 나중에 성공적인 결과를 이끌어 내거나 활용되기 위해서는 어떻게 표현되는 게 좋은지, 또한 미래로 이어지는 이러한 연결고리를 계속 만들어내는 것이 치료의 역할인 이유를 설명한다. 그들은 이 개념을 빅터 프랭클Victor Frankl과 팻 러브Pat love의 작업, 게슈탈트 치료Gestalt therapy의 재구성과 외부화, 사티어Virginia Satir의 가족조각 기법 그리고 사이코드라마와 연관시킨다. 시간 왜곡은 방향 전환을 위한 중요한 도구로 묘사된다.

활용은 에릭슨 본인이 자신의 연구가 지닌 특징 중 하나로 꼽았던 만큼, 이 책에서 소개되는 가장 독특한 전략이다. 활용은 내담자의 에너지, 관점, 능력 및 잠재력을 사용하는 과정이다. 이는 주의 분산, 진전 그리고 방향 전환을 지지할 수 있도록 내담자의 수용적 태도와 동기의식을 고취시키는 것이 목적이다. 내담자의 행동이 자기 자신의 성장에 활용되면 당연히 그의 마음에는 희망과 확신이 저절로 스며들게 된다. 마지막으로 『밀턴 에릭슨이 상담가에게 답하다』는 독자의 삶에서 그리고 실천적 치료에서 활용 가능한 각각의 전략을 배울 수 있도록 멋진 부록을 제공한다.

댄 쇼트 박사는 이 책을 준비하는 동안 전례 없는 일을 했다. 자료를 모아 처음 편집한 후 그 골조 또는 초안을 전 세계 12개국의 동료들에게 공개한 것이다. 쇼트 박사는 기본 초안을 보여주고 의견을 얻기 위해 에릭슨 박사 연구로 잘 알려진 전문가들과 협력했다. 그렇게 그는 다양한 문화적 환경을 반영하는 일련의 책을 만들었다. 각 판형은 현지의 공동 저자들이 문화적 특성에 맞는 아이디어와 개념에 따라 수정하고 알맞게 다듬어 각색했다. 『밀턴 에릭슨이 상담가에게 답하다』가 지역 고유의 문헌과 문화적으로 적절한 일화를 덧붙이는 것으로 각각의 문화적 특성에 부합하도록 변경된 것이다. 그렇기에 『밀턴 에릭슨이 상담가에게 답하다』를 저술하기 위한 이 광범위한 프로젝트는 원저자들의 개인적 경험에 국한되지 않고 다양한 나라에서 다수의 재능 있는 개인의 힘을 모아 세계 각국의 다양한 상황과 아이디어를 반영한다. 이러한 방식의 프로젝트가 진행되는 일은 처음이지 않을까 생각한다. 참 훌륭한 아이디어다. 세계적 범위의 『밀턴 에릭슨이 상담가에게 답하다』 프로젝트는 임상 협력의 미래를 위한 특별하고 독창적인 모델이 될 수 있다. 정말 그렇게 된다면 이는 밀턴 에릭슨의 근본 원칙의 또 다른 면이 될 것이다. 이 프로젝트는 지시하기보다는 함께 창조함으로써 전 세계의 사람들이 진정 자신만의 언어로 말할 수 있게 할 것이다.

연구원과 임상가 간의 반복되는 갈등 속에서 계속해서 내담자를 변화하도록 돕는 전문가의 목소리는 항상 선도적 역할을 한다. 『밀턴 에릭슨이 상담가에게 답하다』가 국제적으로 발간됨에 따라 이제 그 목소리는 에릭슨 박사가 고쳐시킨 성공적 변화 방법을 보다 깊이 이해하고 발전시키는 세계적인 바탕이 되었다.

결론적으로 에릭슨이 취한 접근법에서 중요하면서도 종종 간과되는 개념이 이 책에서는 무시되지 않았을 뿐 아니라 세계적 수준으로 진행된 프로젝트의 기본 구조를 이룬다. 에릭슨의 작업 중 그 어떠한 부분도 내담자를 조종하거나 속이려는 의도를 지닌 적은 없었다. 물론 변화를 이끌어내는 사람이라면 누구든 다른 사람에게 영향을 미칠 수 있다. 개입의 그러한 측면이 현대 임상 실무에서 주요 사안이 되는 일은 비일비재하다. 게다가 에릭슨 박사가 이끌어낸 것과 같은 변화의 경우, 심리 치료의 핵심 원리보다는 변화를 이끌어내는 교묘한 기술 유형에 대해서만 토론하며 공을 들이기 십상이다. 이것은 대인 영향력의 뻔하고 쉽게 오해받으며 잘못 해석되는 측면을 활용하려는 책이 아니다. 그 대신 이 책은 독창적이고 개인적인 방식으로 각 개인을 향상시키고 풍요롭게 하며 힘을 실어주기 위해 에릭슨의 작업 뒤에 있는 원칙을 보여준다. 그

원칙은 조종하거나 강제하려는 것이 아니므로 그런 식으로 펼쳐지거나 논의되지 않는다.『밀턴 에릭슨이 상담가에게 답하다』는 이 잠재적 문제에 대해 깊은 존중을 드러낸다. 이 책은 항상 내담자를 풍요롭게 하고 힘을 실어주는 것 그리고 수많은 독특한 내담자와 어울리는 수많은 독특한 방법으로 치료자들이 체계를 세우는 일을 돕는 것에 대해 이야기한다. 에릭슨이 직접 한 말에서 착안하고 쇼트 박사와 전문 자격을 갖춘 에릭슨의 두 자녀, 베티 앨리스 에릭슨과 록사나 에릭슨 클라인이 사례별로 정리하고 제공하는 참신한 치료 계획을 소개하는 이 책은 읽는 이를 즐겁게 한다.

스티븐 랭턴 Stephen Lankton

미국 임상 최면 학술지 편집자, 전 대표,

전문의, 미국 임상사회사업 위원회

작가의 말
Preface

 이 책은 건강에 관한 문제를 해결하는 명확하고 유용한 지침을 찾는 사람에 대한 응답이다. 정신병, 만성 질환, 가정 문제, 중독, 트라우마, 학업 지체, 사회적 실패 및 다양한 고통스럽고 무기력하게 만드는 상황에 대하여 이 책의 전략은 비범하게도 광범위한 적용이 가능하다. 그 이유는 이 책의 근본적인 개념이 사람이 가진 문제 해결력의 핵심에 접근하기 때문이다.

 모든 가족과 조직 그리고 문화적 진보에 있어 변화의 바탕이 되는 것은 개인이다. 희망과 회복탄력성은 미래가 가져올 긍정적인 일을 향한 길을 제공한다. 충분한 회복탄력성 없이는 어마어마한 양의 외부 자원도 본질적으로 절망과 포기의 진공 상태 앞에 무력해진다. 자기 자신을 믿는 사람은 더 많은 노력을 기울이며 그 결과 성공의 가능성이 높다. 이처럼 희망과 회복탄력성에 초점을 맞추는 것은 주류 심리학에 등장한 긍정 심리학 운동과도 그 흐름을 같이하며, 밀턴 H. 에릭슨의 선구적 작업을 개념화하는데도 유용하다.

밀턴 에릭슨의 심리치료 방법은 많은 사람에게 천재적인 작업으로 받아들여지지만, 때때로 이해하기 어렵다. 에릭슨의 가장 유명한 임상 사례의 공통점은 일견 극복할 수 없어 보이는 문제가 경이롭게도 간단하고 풍부한 자원을 가진 방식으로 우아하게 해결된다는 점이다. 자세히 살펴보면 에릭슨의 기법이 지닌 미묘한 뉘앙스와 복잡도는 어마어마하다. 그러나 에릭슨에게 그러한 개입은 상식적인 추론으로부터 도출된 자연스러운 행위였다. 우리가 맞닥뜨린 문제는 에릭슨의 놀라운 임상적 직관을 과연 **어떻게 배울 수 있을까** 하는 점이다.

심리치료에 관한 에릭슨의 접근법을 배우려는 많은 시도는 그의 기법을 알아내고 따라 하는 것에 초점이 맞춰져 왔다. 많은 에릭소니언[1] 문헌들이 에릭슨의 말과 행동에 관한 미시적인 역동을 분석하고 제공하여 모방할 수 있도록 하였다. 이런 작업과 에릭슨의 무수한 혁신적인 기법에 관한 연구의 중요성이 과소평가되어서는 안 될 것이다. 밀턴 에릭슨의 기예를 공부하면서 그의 스킬에

---

1 밀턴 에릭슨 학파

더 많이 감사하게 된다.

에릭슨은 이를 다음과 같이 말했다. "개인이 사용할 수 있는 기법과 그 종류를 인지하는 것이 대단히 필요합니다."

기법을 공부하는 것이 좋은 시작점이긴 하지만, 상담가에 대한 교육이 기술적인 절차에 머무르게 된다면 치료가 무엇인가 환자에게 "주어지는" 것으로 잘못된 추정을 하게 된다. 기법은 심리치료에 있어 측정 가능한 긍정적 결과의 매우 작은 부분만을 차지한다는 것을 보여주는 수많은 연구 결과가 있다. 자신의 기술적 레퍼토리를 꾸준히 늘려가면서도 치료를 가능케 하는 변화의 더 넓은 개념을 아는 것이 필수적이다. 뒤에서 이야기하겠지만 환자의 내부적 자원이 발견되고 활용되지 않는다면 어떤 훌륭한 기법도 실패하게 될 것이다. 치유와 성장의 과정에 관한 넓고 탄탄한 이해를 바탕으로 할 때, 상담가는 적절한 치료적 판단을 내릴 수 있을 것이다.

에릭슨의 작업을 재현하는 데 있어 또 하나의 문제점은, 그가 구사한 구체적인 개입이 오늘날에 늘 적절한 것은 아니라는 점이다. 이 책에 나오는 개념을 설명하는 데 사용한 사례는 대부분 1930년대에서 1960년에 걸친 에릭슨의 사례에서 가져온 것이다. 시간이 흘러도 변하지 않는 교훈을 찾으면서도 동시에 시대와 환경, 사회적 자원을 반드시 고려해야 한다.

에릭슨이 활동하던 시기와 비교하면 사회적 자원과 목표가 크게 달라졌다. 에릭슨이 의사 생활을 하던 시절, 초기의 30년 동안 정신 병원에 수용된 환자 중 상당수가 독립적인 생활로 돌아갈 수 없었다. 요즘에는 "최소한의" 개입에 초점이 맞추어져 있고, 핫라인이나 재활시설, 크게 확대된 사회 보장 장애 급여 그리고 신체적, 정신적인 장애인을 위한 의료 급여 등과 같은 새로운 많은 자원이 있다. 게다가 에릭슨의 시대에는 향정신성 약물이 거의 없었고 그나마 있던 것들 대부분이 심신 쇠약을 초래하거나 파괴적인 부작용을 갖고 있었다. 반면에 생화학 분야의 최근 발견들은 만성적인 정신 질환 환자를 도울 수 있는 새로운 기회를 만들었다.

게다가 오늘날의 도시 사회에서는 에릭슨과 같이 개인적인 생활과 전문적인 치료를 통합하는 것이 거의 불가능하다. 에릭슨이 진료하던 시절에는 없던 책임, 한계 및 경계에 관한 명확한 표준이 자리 잡았다. 그가 강조했던 동지 관계를 맺는 것의 중요성은 언제나 유효하지만, 그 방법론의 일부는 더 이상 사회적으로나 직업적으로 올바르지 않다. 오늘날 상담가가 에릭슨과 완전히 똑같은 방법으로 진료하는 것은 현실적이지도 바람직하지도 않다.

어떤 분야든 학생이 선배의 경험으로부터 이득을 얻기 위해서는 구조화된 지식이 어느 정도 꼭 필요하다. 그러나 역사적으로 볼 때 맹목적인 반복과 보수적인 통설은 인류의 진보를 방해한다. 분야를 막론하고 전문가가 기술을 실행할 때 단계별 절차에 갇힌다면 새로운 혁신은 불가능하다. 심리 치료도 마찬가지다. 우리가 선구자의 어깨 위에 올라서기 위해서는 선구자의 틀을 그대로 이용하는 것이 아니라 선구자들이 디자인 한 것의 기능을 이해해야 한다. 이러한 혁신의 정신을 가지고 밀턴 H. 에릭슨의 상담 전략의 안내를 받으며 발견을 향한 여행을 시작해보자.

밀턴 에릭슨의 생애
A Biographical Sketch of Milton H. Erickson

개요

밀턴 H. 에릭슨에게 있어서 희망과 회복 탄력성은 삶이 반시이었다. 따라서 이는 그의 심리 치료 방법의 자연스러운 바탕이기도 하다. 에릭슨은 1920년대 후반부터 진료를 시작했는데 그때는 신경증 치료를 위한 심리 상담이 막 등장하던 시기였으며, 정신 질환의 유일한 해결책은 병원에 장기적으로 입원하는 것뿐이었다. 1940년대에 이르러 에릭슨은 치료에 관한 독특한 접근법으로 이미 높은 명성을 얻었다. 40개가 넘는 논문을 출판하였고, 최면 의학 분야에서 세계 최고의 전문가로 알려지게 될 것이었다. 50년이 넘는 기간 동안 출판된 119개의 사례를 통해 그는 자신의 치료 방법을 보여주었으며 에릭슨의 접근법을 연구한 사람들이 펴낸 책에서는 추가로 200개의 사례를 볼 수 있다.

에릭슨의 글과 세미나는 새로운 세대의 상담가에게 영감을 주었다. 모든 심리치료가 정신분석을 의미했던 시기에 에릭슨은 전략적이고 단기적인 심리 상담을 개척하였다. 치료 세션에 가족을 데려오는 비정통적인 진료 방법은 가족 치료를 탄생시키는데 일조하였다. 효과적인 상담은 단기간, 내면을 향하며, 현재와 미래의 삶에 내담자가 참여하고 즐기는 것에 초점을 맞춰야 한다는 것을 에릭슨은 보여주었다. 이는 긴 조사 절차가 특징인 이전의 심리치료 패러다임을 뒤집는 것이었다. 임상 연구에서 한 명의 환자만을 연구하는 것이 보편화되면서 환자의 필요에 맞는 개별적인 치료를 제공하는 것으로 상담은 계속 발전할 가능성이 높다. 바로 이것이 에릭슨 치료의 특징 중 하나였다.

그 자신의 공헌과 더불어 사회 과학 분야의 영향력 있는 사람들이 에릭슨과 공동 작업을 하였다. 그중에는 그레고리 베이트슨(인공두뇌학, 교육학, 가족 치료 및 생태학 분야에 기여한 과학자이자 철학자), 마거릿 미드Margaret Mead(인류학에 심리학적 작업을 가장 처음 수행했던, 세계적으로 유명한 인류학자), 루이스 월버그Lewis Wolberg(혁신적인 심리 역동 이론가이자 최면의학의 선구자), 로렌스 큐비Lawrence Kubie(뛰어난 심리 분석가), 존 라슨John Larson(거짓말 탐지기를 발명한 것으로 유명한 학자), 어니스트 로시(마음-몸 연구 분야의 선구자), 그리고 제이 헤일리(가족 치료의 창시자 중 하나) 등이 있었다.

가족적 배경

　에릭슨은 두 분의 단호한 부모님의 아들이었다. 에릭슨의 아버지 앨버트는 열두 살에 아버지를 잃었다. 삼 년 후 앨버트는 농부가 되려고 시카고를 떠났다. 그가 가진 것이라고는 약간의 옷과 기차 티켓뿐이었다. 가진 돈이 허락하는 만큼 최대한 서쪽으로 이동한 후에, 앨버트는 위스콘신 주 로웰의 농부 마을에서 일감을 찾기 시작했다. 그는 차를 얻어 타고 한 농부의 집으로 가서 일꾼으로 고용되었다. 그 집에서 그는 나무 뒤에서 자신을 바라보고 있는 예쁜 소녀를 발견하였다. 앨버트가 물었다. "너 누구 딸이야?" 소녀는 자신 있게 대답했다. "우리 아빠 딸이지." 그가 응수했다. "좋아, 너는 이제부터 내 여자야." 오 년 후에, 앨버트와 클라라는 결혼식을 올렸다. 그 후로 그들은 아홉 자녀를 두고 73번의 결혼기념일을 함께 하게 되었다.

　에릭슨의 어머니는 아버지 못지않은 단호함을 보여주었다. 그녀가 열여섯 살이었을 때, 그녀의 고모는 가문의 조상이 대단히 유명했지만, "하이랜드"라는 유명한 친척의 이름을 물려받을 만한 후손이 아무도 없음을 한탄하였다. 이에 어린 클라라는 용감하게 대답했다. "내가 자라서 결혼을 하고 남자아이를 낳으면 하이랜드라고 이름을 짓겠어요!" 그렇게 밀턴 하이랜드 에릭슨은 1901년 흙바닥이 뒷산으로 이어진 벽이 셋뿐인 통나무집에서 둘째로 태어났다. 이곳은 오래전에 버려진 은광 마을인 오럼이라는 곳의 시에라 네바다 산맥의 황량한 지역이었다. 가족이 점점 커지면서 앨버트와 클라라는 아이들을 위해 교육의 기회가 더 나은 곳을 원했고 마차를 타고 동쪽으로 이주하였다.

어린 시절

어려서부터 에릭슨에게는 뭔가 특별한 점이 있었다. 인쇄물이 부족한 시골 마을에 살았지만 독서에 관한 한 만족할 줄 모르는 욕심이 있었고 한 번에 몇 시간씩 사전을 읽는 것을 좋아했다. 하지만 역설적으로 그는 여러 가지 감각 장애가 있었고 독서 장애도 있었다. 에릭슨은 나중에 자신의 난독증을 묘사하며 한 일화를 들려주었다. 그가 여섯 살 때 에릭슨의 선생님이었던 왈쉬는 그가 문자를 바르게 이해할 수 있도록 많은 시간을 도와주었다. 그러던 어느 날 선생님이 숫자 "3"을 옆으로 돌려놓고 그 숫자의 가장 중요한 특징에 대하여 강조하고 있었다. 바로 그때 에릭슨에게 불현듯 어떤 통찰력이 솟구쳤다. 눈을 멀게 만들 만큼 번뜩이는 빛 속에서 에릭슨은 갑자기 "3"과 "m"의 차이를 알아볼 수 있게 되었다고 한다. 다른 많은 경우에도 선생님은 비슷한 방법으로 가르쳤는데, 무엇인가 아주 익숙한 것을 가지고 와서 갑자기 그것을 혼란스러운 영역에 두고는 했다. 에릭슨은 선생님이 그에게 가르쳐 준 것에 감사하며 그녀의 방식을 기억했는데, 이는 훗날 방향 전환 기법과 치료적 충격이라고 알려진 기법을 사용하는 것에 영감을 주었다.

문자를 해독하는 데 문제가 있었을 뿐 아니라, 에릭슨은 색맹에 음치이기도 했다. 하지만 이런 여러 불리한 조건에 실망하지 않고 에릭슨은 그를 둘러싼 세상을 주의 깊게 관찰하는 데 노력을 기울였다. 열다섯 살에 그는 "위스콘신의 농업인"이라는 잡지에 젊은 사람이 농장을 떠나는 문제와 왜 그들이 결국 떠나게 되었는지에 관한 글을 기고하기도 했다. 아주 어린 시절부터 에릭슨은 세상에 변화를 줄 수 있는 길을 모색했다. 이는 에릭슨이 마을의 시골 의사를 존경했던 한 가지 이유이다. 시골 의사는 두려움과 고립 속에 있었을 가정에 희망과 위로를 가져다주었기 때문이다.

청소년기

1919년, 에릭슨은 당시 가장 무서운 질병이었던 소아마비에 걸렸다. 의사의 진료 소견은 좋지 않았고 에릭슨은 의사가 자신의 부모에게 에릭슨이 다음 날 아침을 넘기기 힘들 것이라고 슬프게 말하는 것을 듣게 되었다. 에릭슨은 절망에 빠지기보다는 극도로 화가 났다. 어머니에게 아들이 다음날 아침을 넘기기 힘들다고 말할 권리를 가진 사람은 아무도 없다고 느꼈기 때문이다! 이런 암울한 예측에 반발하여 에릭슨은 자신에게 남아있는 아주 작은 목소리로 어머니에게 옷장을 침대 곁으로 비스듬히 옮겨 달라고 부탁하였다. 어머니는 그가 제정신이 아니라고 생각했지만 그의 부탁을 들어주었다. 그렇게 하자 에릭슨은 복도 끝 서쪽을 향한 다른 방의 창문 너머를 볼 수 있게 되었다. "해가 지는 것을 한 번 더 보지 못하고 죽는다면 지옥에 떨어질 것만 같았습니다." 에릭슨은 나중에 이렇게 떠올렸다. 해가 지는 것을 보고 난 후 에릭슨은 삼일 동안 의식을 잃었다.

에릭슨이 깨어났을 때, 그는 오직 두 눈만 움직일 수 있었으며 말하는 것은 무척 힘들었다. 그의 몸 대부분이 마비되었다. 어린 시절과 청소년기를 지나며 공들여 이룩한 독립성 전부가 순식간에 사라져 버렸다.

비록 육체적으로는 질병에 갇혀 있었어도, 에릭슨은 여전히 배움에 대한 양보할 수 없는 관심을 갖고 있었다. 그는 주위에서 들리는 소리에 귀를 기울이고 그것의 의미가 무엇일지 해석하면서 시간을 보냈다. 예를 들어 그는 발자국 소리를 들으며 지금 오고 있는 사람이 누구인지 또 그 사람의 기분이 어떨지 맞혀보고는 했다. 가족들이 그를 집에 홀로 남겨두었던 어느 날 그의 삶에서 가장 중요한 배움의 경험이 찾아왔다. 그의 몸은 일어나 앉은 채로 흔들의자에 놓여있었는데 방 안에서 전망이 좋지 않은 위치에 있었다. 그래서 에릭슨은 최소한 즐겁게 바깥세상을 볼 수 있도록 창문에 더 가까이 갈 수 있기를 바랐다. 창문에 더 가까이 간다면 어떨까를 생각하다가 그는 흔들의자가 천천히 흔들리기 시작하는 것을 알아차렸다. 에릭슨은 이를 비범한 발견이라고 믿었다. 단지 한 걸음 나아가는 것을 생각한 것만으로 그는 이전에 인지하지 못했던 근육의 잠재력을 깨울 수 있었던 것이다.

그 후로 수주 수개월 동안, 에릭슨은 동작을 만들어내는 것과 관련된 몸의 느낌의 기억을 되새겨 보았다. 그가 어떤 물건을 들었을 때 손가락의 느낌이 어땠는지 기억해보려고 하였다.

천천히 아주 조금씩 나아갈 수 있었다. 처음에 그는 손가락 하나를 꿈틀하게 되었다. 그리고 그것을 의식적으로 할 수 있도록 익혔다. 그리고는 더 많은 손가락을 움직이는 것을 익혔다. 그리고 잘 조절되지는 않았지만, 손가락 모두를 움직일 수 있도록 익혔다. 그리고는 움직임을 잘 조절할 수 있는 특별한 저항 운동을 개발했다.

에릭슨은 이제 막 걸음마를 시작한 막내 여동생의 움직임도 연구하였다. 자신이 연습할 수 있도록 일련의 작은 기술로 여동생의 행동을 나누었다. "아기 여동생이 일어서기를 익히는 모습을 관찰하면서 저도 일어서기를 익혔습니다. 두 손을 받치고 다리를 가지런하게 모으고 무릎을 더 넓게 벌려 지지하고 마지막으로 한 쪽 팔과 손에 힘을 좀 더 주면서 일어나는 것입니다." 사고의 힘 그리고 생각과 몸의 연결을 기꺼이 탐구하는 태도는 회복의 중요한 열쇠였다.

회복 기간 중에 한 대학 병원의 의사가 근육을 활기차게 사용할 것을 추천했다. 그래서 에릭슨은 밀워키의 락 강에서 미시시피 강을 거쳐 세인트루이스로 카누를 타고 노를 저으며 몸을 단련하기로 했다. 원래는 친구 한 명과 함께 가기로 했었으나 그 친구가 마지막에 예상치 못하게 마음을 바꿔버렸다. 결국 에릭슨은 비범한 결정을 내렸다. 그의 부모님은 그가 떠나는 것을 이미 내켜 하지 않았기 때문에 에릭슨은 그가 홀로 카누와 목발을 다루게 될 것이라는 것을 부모님께 말하지 않기로 했다. 1922년 여름, 에릭슨의 친구들이 그를 강으로 옮겨주었다. 그는 2주간의 식량과 조리도구, 텐트, 교과서, 약간의 현금, 그리고 어떤 상황이 닥치든 그것을 이용할 수 있는 자신의 능력에 대한 엄청난 확신을 갖고 여행길에 올랐다. 수많은 댐 중 첫 번째에 다다르자, 에릭슨은 나루터로 기어 올라가 누군가 지나가며 그가 왜 거기 있는지 묻기를 기다렸다. 에릭슨은 다른 사람이 자신에게 다가와 물을 때, 자진해서 도움을 줄 가능성이 크다는 것을 알게 되었다. 여행을 하며 그는 현지의 농부와 어부에게 일시적인 일을 얻기도 했다. 여행 중 400킬로미터의 구간은 그 강을 여행하던 두 남자에게 요리를 해주면서 식사를 해결하였다. 어부에게 이야기를 들려주면서 저녁을 해결한 적도 많았다.

에릭슨의 인간 행동에 관한 관심은 이 여행으로 더욱 깊어졌다. 그는 아주 다양한 삶의 방식을 볼 수 있었다. 6주 후 세인트루이스에서 북쪽 밀워키로 돌아갈 때에는 강의 흐름을 거슬러 노를 저을 만큼 에릭슨의 팔과 어깨는 엄청나게 강인해졌다. 그는 다시 걸을 수 있게 되었고 카누를 어깨에 짊어질 수도 있었다. 에릭슨은 강을 따라 총 1,930킬로미터 이동했고, 여전히 주머니에 5달러를 지닌 채 10주 후 집으로 돌아왔다.

전신이 마비되고 언어 능력을 부분적으로 잃었던 상태에서 목발을 짚고 걸을 수 있고 또렷이 말할 수 있는 능력을 되찾기까지 에릭슨은 11개월이 채 걸리지 않았다. 대략 2년 동안의 회복 기간 이후, 1920년 가을에 에릭슨은 위스콘신 대학의 신입생이 될 수 있었다. 사지를 사용하는 능력을 완전히 되찾고자 했던 에릭슨의 결단이 애초의 바람을 뛰어넘는 발견의 여행으로 그를 이끌었다.

활동 초기

클라크 헐과 함께 최면에 관한 연구에 참여한 후, 에릭슨은 위스콘신의 의학 대학원에 진학하였고 스물여섯 살의 나이에 의사 학위와 심리학 석사 학위를 취득하였다. 그는 위스콘신 주 통제국을 위해 심리학적 검사와 연구를 수행하면서 경력을 시작하였다. 의사 학위를 취득하고 난 이후에도 에릭슨은 자신을 심리학자이자 정신과 의사, 둘 다로 여기곤 했다.

에릭슨은 콜로라도 종합 병원에서 일반 의학 수련의 과정을 밟았다. 그리고 콜로라도 정신 병원 근방에서 프랭클린 에보 박사의 지도 아래 정신의학을 전공하였다. 정신의학 전공의 과정 동안 에릭슨은 자신의 장애를 유리하게 이용하는 방법을 익혔다. 그가 다리를 절어서 지팡이를 써야 했기 때문에 환자들은 그를 더 친근하게 여겼다. 그는 세상을 다른 사람들과 같은 방식으로 보지 않았기 때문에 병원에 입원된 사람들을 더 잘 이해할 수 있었다.

수련의 과정을 통해 받은 좋은 추천서 덕분에, 에릭슨은 명성이 높은 로드아일랜드 주립 정신 병원에서 조력 의사 자리를 얻을 수 있었다. 거기서 에릭슨은 정신 질환과 가족 및 환경적 요인의 관계에 관해 집중적으로 연구하였고 결과를 출판하였다. 그리고 한걸음 더 나아가 워체스터 소재 메사추세츠 주립 병원에서 일하게 되었다. 1930년에서 1934년 사이에 그는 신입 의사에서 정신과 연구 과장이 되었다. 그러나 불행하게도 이러한 빠른 진급과 함께 그의 결혼생활은 기울어지게 되었다.

1934년, 에릭슨은 첫 아내와 이혼을 하고 그의 어린 세 자녀의 완전한 양육권을 갖게 되었다. 그리고 미시간으로 이사하여 디트로이트 교외의 엘로이즈에 있는 웨인 카운티 병원에서 정신과 연구 및 교육 부장이 되었다. 가정생활의 차질 때문에 에릭슨은 건강한 가족 관계의 역동을 이해하려는 더욱 굳은 결심을 갖게 되었다. 에릭슨의 평생 좌우명은 실수를 귀중한 학습 경험으로 품는 것이 최선이라는 것이었다.

1936년에 그는 엘리자베스 무어와 결혼을 했고, 그녀는 가족의 세 자녀를 사랑하는 어머니가 되었다. 해가 거듭하면서 에릭슨 가족은 차츰 불어나 다섯 자녀를 더 두게 되었다. 그녀와 에릭슨은 서로를 향해 헌신했고 그것으로 남은 인생을 채웠다.

에릭슨은 가족과 함께하는 생활을 가치 있게 여겼다. 그는 직업과 가족의 삶을 함께 아울렀다. 엘로이즈에서 그리고 피닉스에서 30년 동안 개업의를 하며 에릭슨은 일터에서 가족과 함께 살았다. 병원에서 근무하던 14년 동안 그의 가족은 병원 경내의 아파트에서 살았으며 30년 동안의 개업 진료 기간 동안 에릭슨의 진료실은 집 안에 있었고 그의 아이들은 진료 사이사이에 그를 만났으며 만약에 환자가 원했다면 환자와도 교류하였다. 환자가 에릭슨의 자녀와 우정을 나눌 만한 나이였다면 에릭슨은 그 관계를 권장하기도 하고 때로는 그런 우정이 부적절하다는 것을 확실히 암시하기도 하였다.

그 후 강의를 다니며 여행을 할 때, 에릭슨은 종종 엘리자베스와 함께 하였다. 그녀와 다른 가족들은 종종 시범 내담자가 되기도 하였다.

에릭슨의 성장은 가족의 성장과 맞물려 있었다. 그는 항상 자신과 주변 사람들의 사고를 확장하는 방법을 찾았다. 집에서는 아무도 풀 수 없는 퍼즐이나 수수께끼를 내는 것을 즐겼다. 놀이와 시합, 문제를 내서 독창적인 풀이를 내놓는 사람을 크게 칭찬하였다.

이것은 장난삼아 이루어졌다. 그의 직업적 유산이나 매일 가족과의 교류를 볼 때, 에릭슨은 문제에 대한 새롭고 창조적인 해법을 찾는 것을 진정으로 즐겼음이 틀림없다. 가족의 중요성에 대한 진가를 알아본 그의 작업은 1940년대와 1950년대의 선구적인 업적으로 이어졌는데, 그때 에릭슨은 가족을 이용해 문제를 해결하고 개인의 안녕을 고취하려는 개척자들 중 한 명이었다.

1947년 에릭슨의 진로를 바꾸게 된 작은 사고가 일어났다. 자전거를 타다가 한 마리의 개와 부딪쳐 넘어진 것이다. 그 사고로 에릭슨은 팔과 이마의 피부가 찢어졌고 파상풍 주사를 맞았지만 심각한 부작용이 나타났다. 몸 상태가 매우 약해지고 잦은 알레르기 문제와 만성 근육 통증 때문에 에릭슨은 춥고 습한 미시간의 겨울을 더 이상 견딜 수가 없었다. 부서질 듯 쇠약해진 에릭슨은 두 명의 수련의와 함께 기차에 몸을 싣고 피닉스로 향했다.

애리조나의 주립 병원장을 맡고 있던 존 라슨 박사는 에릭슨의 친구이자 동료 의사로 따뜻한 기후를 가진 피닉스로 그를 초청했다. 에릭슨은 라슨 박사의 의료진이 되어 일했으며 피닉스로 옮긴 지 약 일 년 후 1949년 봄, 라슨 박사는 캘리포니아로 떠났다. 그때 에릭슨 또한 그 병원을 떠나 개업 진료를 하기로 결정하였다.

소아마비 후유증

 1953년 에릭슨은 지금은 소아마비 후유증으로 알려진 증상을 심하게 앓았다. 이 시기에 그의 고통은 아주 심각했다. 그의 근육 경련이 아주 극심해서 어떤 근육은 말 그대로 찢어져 버릴 정도였다. 이렇게 큰 어려움과 침대에만 누워 있어야 했던 시간 속에도 도움이 필요한 사람의 전화를 받을 수 있는 에너지와 집중력이 그에게는 있었다. 다른 사람을 향한 진심 어린 관심이 자신의 육체적인 고통으로부터 기꺼이 고개를 돌릴 수 있게 해 주었던 것이다.

 당시에는 소아마비에 두 번째 감염된 것으로 여겨졌던 에릭슨은 그로부터 회복된 이후 팔, 등, 배, 다리의 많은 근육이 빠졌다. 하지만 에릭슨은 여전히 국내외의 바쁜 강의 스케줄을 소화해 나갔다. 1953년의 증상만큼 심각하지는 않았으나 에릭슨은 극심한 고통과 침대에만 누워 있어야 하는 생활을 몇 번 더 견뎌내야 했다.

 1950년대는 에릭슨의 경력에서 가장 많은 일이 일어난 시기였다. 그가 전국적인 유명 인사가 된 것도 이 시기였다. 라이프와 같은 인기 뉴스 잡지에도 등장하였다. 심리학 및 인간 행동 전문가로서 유명 운동선수들, 미군, FBI, 우주 의학 연구소 등의 자문에 응하기도 했다. 1957년 에릭슨은 미국 최면 의학회를 공동 설립하였다. 그전에는 그와 네 사람의 동료들이 최면의 의학적, 치의학적, 심리학적 용법에 관한 세미나를 전국에 걸쳐 조직했었다. 에릭슨과 동료들은 이 사업에서 얻은 수익 중 50,000달러를 미국 최면 의학회의 교육 부문에 사용하기로 하였다. 에릭슨은 2년간 미국 최면 의학회의 초대 회장을 역임하였고, 10년간 미국 최면 의학회 학술지의 초대 편집인을 맡았다.

1967년이 되자 계속된 근육 약화로 에릭슨은 출장 갈 때마다 휠체어를 사용해야 했다. 1967년 9월, 델라웨어에 있는 동안 그의 마지막 강의 중 하나에서 에릭슨은 휠체어라는 유리한 장소에서 경험할 수 있는 새로운 일에서 기쁨을 찾는 법을 터득하고 있다고 말했다. 1969년에는 출장에 너무 지쳐 논문 쓰는 일, 편집인으로서의 일, 환자를 보고 상담가를 교육하는 일 등 그의 집에 있는 집 무실에서 할 수 있는 일에 에너지를 집중하였다. 어렸을 적 소아마비를 이겨낼 수 있게 했던 능력을 사용하여 에릭슨은 병자로 살아가기를 거부하고 "상처 입은 치유자"의 원형처럼 가능한 한 오랫동안 계속해서 다른 사람을 도울 수 있는 내적인 자원을 찾아냈다.

그의 주목할 만한 기여의 결과 1976년 제7차 국제 최면 학회에서 에릭슨은 최면의 이론 및 실제에서 최고 업적을 기리는 벤저민 프랭클린 금메달의 최초 수상자가 되었다.

노년기

일생 동안 만성 통증과 질병들에 시달렸음에도 불구하고 에릭슨은 그에게 주어진 삶에 대한 사랑을 간직하였다. 자신의 고통을 관통하며 에릭슨은 유머와 삶의 단순한 즐거움을 가치 있게 여기는 방법을 터득하였다. 예를 들어 몸이 약해져서 휠체어를 탈 때면 그는 휠체어에 경적을 하나 달고는 자신의 환자들과 "괴팍한 영감탱이"가 된 것에 관하여 농담을 하곤 했다. 진료실에서 행해진 교육 세미나는 거의 모든 연습 문제를 배우는 과정이 익살스럽고 즐거운 느낌을 주도록 유머러스한 방식으로 진행되었다.

상담가를 교육할 때 에릭슨이 가장 마음에 들어 했던 가르침들 중 하나로 그는 큰 화강암으로 보이는 물체를 사용하곤 했다. 그는 진료실에서 받침대를 옆에 두고 있다가 적당한 때를 보아서 몸을 굽히고는 화강암을 힘겹게 무릎 위에 올려놓기 시작했다. 학생들은 이것을 보고 있기가 힘들었다. 에릭슨에게 도움을 권하자니 그에게 모욕감을 줄 우려가 있었고 그렇다고 연약한 노인이 화강암을 무릎 위에 올리려고 애쓰는 것을 그저 앉아서 지켜보는 것도 불편했다. 드디어 화강암이 무릎 위에 올려졌을 때 에릭슨은 학생들 하나하나를 둘러보고는 그것을 천천히 들어 올려 경고도 없이 한 학생의 무릎 위로 힘들이지 않고 휙 집어던졌다. 무거운 바윗덩이로 보였던 것이 실은 무게가 거의 없는 스티로폼 조각이었던 것이다. 에릭슨은 놀란 학생에게 눈을 고정시키고는 "모든 것이 눈에 보이는 그대로는 아닙니다!"라고 말하곤 했다. 충격은 곧 가셨지만 그 가르침은 절대 잊힐 수 없었다.

 에릭슨의 가장 큰 즐거움은 공동체를 구축하는 것에서 유래하는 것 같았다. 수년간 말 그대로 수백 명에 이르는 환자들, 그리고 치료를 받는 동시에 학생이기도 했던 이들이, 에릭슨의 가족과 귀중하고 오랜 관계를 형성했다. 에릭슨이 세상을 뜬 지 25년이 지나고 나서도 그런 우정 중 상당수가 여전히 꽃 피고 있다. 이러한 유연성과 자원을 창조적으로 사용한 점이 나눔, 함께 성장하는 것, 공동체적인 뒷받침, 그리고 확장된 가족이라는 요소를 에릭슨의 치료에 더해 주었다.

 나이가 더 들어가면서 에릭슨의 신체적인 어려움이 기하급수적으로 커졌다. 1974년, 그는 고통이 너무 심하고 광범위해서 자기 자신의 몸에 대해 이방인이 된 것처럼 느껴졌다고 친구이자 동료인 로시에게 이야기하였다. 삶의 끝이 다가오면서 그는 오른팔을 들어 올리기가 아주 어려웠고 양손에는 거의 힘이 없었다. 얼굴과 입에 있는 상당수의 근육이 마비되었다. 이러한 신체적인 장애에도 불구하고, 에릭슨은 그에게 남아 있는 힘을 다하여 세계 각국에서 온 사람들에게 치료와 교육을 베풀었다.

 1980년 3월 25일 화요일 저녁, 죽음의 순간에도 에릭슨의 교육 스케줄은 그 해 끝까지 차 있었으며 아직 확정되지 않았지만 그의 스케줄을 다음 해 상당 기간 동안 연장시켰을 신청서들이 있었다. 세상에 변화를 만들어내는 그의 역할을 다하며 에릭슨은 삶의 가장 마지막 순간까지 활동적이었다.

이 짧은 전기에서 볼 수 있는 것처럼 에릭슨의 삶은 투지와 회복탄력성 그리고 희망으로 특징지을 수 있다. 그가 자신의 치료법에서 주창하였던 개념은 자신의 삶을 통해서 보여주었던 바로 그 개념이었다. 의미 있는 목표를 설정하려는 의지 그리고 그 목표를 향해 뭔가를 해내는 것으로 얻어지는 힘에 대한 깊은 감탄을 그는 갖고 있었다. 에릭슨에게 한 걸음 나아가는 것이란 "그의 방식대로" 일이 이루어지는 것이 아니었다. 그는 새로운 이해를 갖는 일, 그 자체에서 만족을 얻었다. 자신의 신체적인 장애로부터 무엇인가를 터득하려고 함으로써 자기 스스로를 더 이상 추스를 수 없다고 느끼는 사람들에게 희망을 주는 법을 에릭슨은 깨달았다. 그는 내담자의 잠재적인 능력을 전략적으로 일깨우는 방식으로 회복탄력성을 함양시켰다. 이것은 그의 치유 철학에서 중요한 부분이다. 그는 모든 사람이 어떤 도전에 직면하든 그에 대한 대답을 자신 안에 가지고 있다고 믿었다.

이 책에서 볼 수 있을 것처럼 에릭슨은 무언가 작은 것을 해냄으로써 "불가능한 일"을 성취하는 법을 알았다. 작은 성공이라는 작업틀을 세우고 미래를 향하는 즉각적인 성공을 이끌어내어 개인의 회복탄력성을 강화하였다.

밀턴 H. 에릭슨은 그의 투지와 참을성 있는 끈기, 인간성 그리고 배움에 관한 끝없는 사랑으로 계속 기억될 것이다. 그것은 에릭슨 자신의 삶의 효용뿐 아니라 그의 사후 수십 년 동안 심리치료 분야에서 더 넓은 스펙트럼을 창조하였으며 세계 각지의 사람에게 혜택을 주었다.

1부 치유와 건강의 본질

01 들어가며
Introduction

    기법과 이해 중 어느 것이 더 중요할까? 만약 이 책을 읽고 난 후에 독자가 주로 새로운 기법을 발견한 점에 들뜨게 된다면, 이 책의 핵심을 이해하기 위해 책을 다시 읽어야 할 것이다.

    테크니션과 전문가의 위상이 다르다는 점은 대부분의 사람이 동의할 것이다. 테크니션은 돈을 적게 벌고 교육을 덜 받으며 매뉴얼에서 찾아볼 수 있는 단계적 절차를 사용하는 작업을 한다. 반면에 전문가는 사고력으로 문제를 해결하며 새로운 환경을 만났을 때, 필요하다면 새로운 기법을 개발하기도 한다. 인간이 지닌 문제의 다양성과 복잡성을 고려하면 테크니션 수준에서 작업하는 사람이 주목할 만한 결과를 창출할 수 있을 것이라고 상상하기는 쉽지 않다. 치료 매뉴얼과 단계적인 절차에 전적으로 의존하는 사람을 상담-테크니션이라고 하고 지지적 관계를 맺고 사고력과 발견의 힘을 활용하는 사람을 상담-전문가라고 한다면, 개별 환자의 고유한 필요를 충족하는 데 있어 상식적으로 전자가 후자만큼 잘 준비되어 있지는 않을 것이다.

전문가의 상담에는 임상적 판단이 필요하다. 임상적 판단은 여러모로 치유와 정신 건강에 대하여 상담가가 얼마나 이해하고 있는가에 달려있다. 이러한 이해는 때로 오랜 시간에 걸친 경험을 통해 발달하기도 한다. 그러나 교육받은 전문가는 지적으로 준비된 출발점에 설 수 있기에 유리한 면이 있다. 이런 출발점은 과도하게 전문용어를 암기하거나 세부사항에 대하여 어렵게 분석함으로써 얻어지는 것이 아니다. 반대로 그것은 건강과 치유의 본질적 역동을 인식함으로써 자라난다. 이 지점이 바로 책의 시발점이다.

강력한 심리치료 기법을 사용하며 그것이 비롯된 더 광범위한 이해와 지식이 반드시 필요한 것은 아니다. 하지만 오직 기법을 사용하는 상황에서 성공이란 능숙한 분별력 보다 무작위 한 확률에 기대고 있을 가능성이 크다. 이 책에 쓰인 임상적 전략의 진가를 충분히 알아보려면 가장 먼저 정신 치유가 어떻게 일어나는가를 개념적으로 이해하는 것이 중요하다.

다음에 소개될 법칙들이 단지 학술적인 것으로 보일 수도 있다. 하지만 이는 임상적 판단을 뒷받침하는 논리적 타당성을 제공한다. 에릭슨이 그랬던 것처럼 개인별 맞춤 치료를 하려면 합리적 추론을 가능하게 하는 본질적인 법칙을 이해할 필요가 있다. 통합적인 상담 모델로 환자의 필요에 맞게 치료법을 구성하려는 상담가는 개별 사례에 적용할 수 있는 적합한 문제 해결 법칙을 결정하는 수단이 필요하다.

치유와 성장의 기본적인 철학을 갖게 되면 상담가는 넓은 범위의 치료적 선택지를 확보할 수 있고 어떤 상황적 조건에서도 가장 좋은 방향을 결정할 수 있다. 반면에 적절한 철학적 바탕 없이 치료적 기법만 공부하는 것은 해변의 방향을 모르는 채로 수영을 배우는 수상 안전 요원과 같다. 다음 장부터는 독자 여러분에게 핵심 목표에 관한 간략한 설명이 이어질 것이다. 가끔은 당혹스럽기도 한 임상적 환경을 헤쳐 나갈 수 있는 본질적인 이해를 최소한의 이론적 구성으로 제공하도록 하겠다.

어디로 가야 할지 알고 나면 다음으로 어떻게 가야 할지를 알아야 한다. 이 책의 2부에서는 능숙한 치료를 위해 사용되는 지적인 도구들에 초점을 맞출 것이다. 이런 도구들은 명확한 목표를 갖고 의도적으로 사용되기에 "전략"이라고 부르는 것이 가장 적당하다.

이 책은 에릭슨의 작업을 속속들이 엮고 있는 핵심 전략을 검토하였다. 그리고 각각의 전략적 원칙을 동일한 기능을 수행하는 몇 가지 기법으로 나누었다. 아울러 이러한 임상적 전략에 생명을 불어넣고 능숙한 임상적 작업을 체험하도록 에릭슨 및 다른 상담가의 임상 사례를 많이 포함하였다. 에릭슨의 작업을 체계적으로 공부해 본 사람이라면 이 사례들이 아직 출판된 적이 없다는 것을 알게 될 것이다. 설명한 기법의 핵심 기능을 명확하게 하기 위해 중요한 개념은 간단한 비유와 일상적인 지혜, 그리고 다른 심리 치료 학파의 설명을 덧붙였다. 독자는 이 책이 어떤 학파에 관하여 이야기하는지에 휘둘리지 말고 이러한 전략적 원칙의 영원성과 보편성을 이해하기 위해 노력하기 바란다. 이런 보조 장치는 독자가 에릭슨의 개입 및 전략을 더 잘 이해하도록 도울 뿐 아니라 에릭슨의 유한한 성취를 넘어서 그의 치료의 특징인 끝없이 확대되는 탐구와 혁신의 전통을 이해하게 해줄 것이다.

에릭슨은 환자를 대할 때 삶의 복잡성과 고유성에 대한 감탄과 존경심을 가졌다. 그의 치료법은 단계적 절차를 융통성 없이 적용하는 방식이 아니었다. 치유에 대한 에릭슨의 접근에서 유연성은 중요한 특징이기 때문에 **의사 결정 과정을 이끌어내는 것은** 딱딱한 규칙이 아니라 **임상적인 이해**여야 한다. 이 책을 읽으며 특정 상황에서 에릭슨이 어떻게 말하고 행동했는지 암기할 필요는 없다. 그보다는 독자가 이 책을 읽고 복잡한 임상 환경에 대한 새로운 해법을 자발적으로 형성할 준비가 되었다고 느끼기 바란다. 이는 과학적 환원주의와 균형을 맞추는 데 도움이 될 인본주의적 탐색 작업이다. 에릭슨이 그랬던 것처럼 사고력 있는 상담가라면 기꺼이 실험하고 각각의 내담자를 위해 새로운 치료적 접근법을 형성할 준비가 되어야 한다.

에릭슨의 논문, 수십 년간의 강의, 수백 개의 사례 그리고 가정에서 매일 이루어진 행동 방식 등 방대한 사항을 고려하여 저자들은 그의 목소리의 부활을 시도했다. 몇 개의 서로 다른 기법이 같은 기능을 수행한다는 개념과 모든 개입은 주의 깊은 의도를 가지고 수행되어야 한다는 신념은 밀턴 에릭슨의 직접적인 가르침으로부터 나온 것이다. 이 책의 1부를 읽고 난 후 독자는 치유 및 임상적 관계에 대한 근본적인 역동을 알게 될 것이다. 이런 철학적 모델은 임상 전략을 선택하고 실행할 수 있는 맥락을 만들어줄 것이다. 그리고 2부에서는 각각의 전략에 대하여 이야기할 것이다. 세부 전략은 폭넓고 단순한 방식으로 소개된 후, 그 전략의 임상적 기법에 대한 더 정교하고 복잡한 점검이 이어질 것이다. 이러한 기법을 공부하는 동안, 무한히 많은 해결책을 형성하는 데 기여하는 것은 폭넓은 개념이지 구체적인 기법이 아니라는 점을 이해하는 것이 중요하다. 이 책이 밀턴 에릭슨의 임상 사례의 모든 것은 아니지만, 그가 건강 문제의 해결에 접근하는 법을 어떻게 터득했는지에 관한 탄탄한 바탕을 제공하고 있다.

02   인간의 조건
The Human Condition

  이 장에서는 사람들이 은연중에 갖고 있는 기대와 완벽주의라는 숨은 문제를 알아본다. 에릭슨의 많은 세미나 중 소개된 한 가지 사례를 들어서 독자가 에릭슨의 작업에 관해 처음 내린 결론과 이 책의 분석을 서로 대조해 볼 수 있도록 했다. 이장의 사례는 8장에서 더 세부적으로 정교하게 다뤄질 것이다. 이렇게 이야기를 나누어 설명하는 것은 에릭슨의 다차원적 치유 작업의 특징을 묘사하는 데 도움이 되기 때문이다. 각 사례로부터 단 한 가지의 요점만 얻어낼 수 있는 것이 아니라는 점을 이해하는 것이 중요하다. 에릭슨이 의도한 바와 같이 각각의 이야기는 하나의 명쾌한 구성이나 이론으로 묶기 어려우며, 변하지 않는 교훈을 은유적으로 전달하고 있다.

◆ **사례 : 삶을 저주했던 남자**

휠체어에 앉은 남자가 에릭슨에게 왔다. 그의 팔과 무릎은 의자에 고정되어 있었다. 그는 매우 화가 나 있었고 지난 11년간 고통스러운 관절염으로 마비된 채 삶을 보낸 사실을 저주했다. 그는 오직 머리만을 자유롭게 움직일 수 있었고 한쪽 엄지손가락만 약간 움직일 수 있을 뿐이었다. 그는 아내에게 전적으로 의지했는데 아내는 그의 옷을 입히고 매일 아침 휠체어에 태우고 밥을 먹이고 밤에는 침대에 눕혀 주었다. 그러는 동안에도 그는 계속해서 자신의 불행한 삶을 저주했다.

에릭슨의 지시사항은 단순 명료했다. 그는 남자가 움직이지 않는 점을 나무랐다. "당신은 움직일 수 있는 엄지손가락이 있으니 그걸 움직이는 것이 좀 낫지 않겠소! $%@#한 시간을 매일 보내기 위해서 그 $%@#한 엄지손가락을 운동하는 게 나을 거요." ($%@# 표시는 비속어가 사용되었음을 나타낸다)

남자는 에릭슨의 의학적 조언에 대해 반발하며 "빌어먹을 엄지손가락을 매일 밤, 낮, 매주, 매달 꿈틀거릴 수 있지만 효과는 쥐똥만큼도 없을 것"이라는 점을 에릭슨에게 증명하고 싶었다.

남자는 자신의 주장을 입증하겠다고 단호히 결심한 채 집으로 돌아갔다. 하지만 엄지손가락 운동을 계속하면서 그는 집게손가락이 움직이는 것을 갑자기 알아차렸다. 엄지손가락의 움직임에 영향을 받을 가능성이 가장 큰 손가락이었던 것이다. 운동을 계속하면서 그는 더 많은 손가락을 움직일 수 있게 되었다. 그리고 이 사실에 흠뻑 빠져버렸다. 새로운 긍정적인 변화가 나타날 때마다 손가락으로 할 수 있는 작은 움직임을 더 많이 알아내는 것에 몰입하게 되었다. 그는 손목을 움직이게 되었고 마침내 팔을 움직일 수 있게 되었다.

이런 운동을 하는 것이 그가 시간을 보내는 방법이었다. 이윽고 첫 진료 일 년 후, 에릭슨은 그에게 작은 통나무집에 페인트칠을 해 보라고 했다. 남자는 욕을 하면서 상식이 있는 사람이라면 이렇게 조금 밖에 움직일 수 없는 사람에게 통나무집의 페인트칠을 시키지 않을 것이라고 말했다. 하지만 에릭슨은 끝까지 몰아붙였다.

남자가 이 과제를 해 내는 데 삼 주가 걸렸다. 여름이 끝나갈 무렵에는 점점 더 빨라져서 일주일 만에 2가구 주택을 페인트칠 할 수 있었다. 이런 성취를 이룬 후 그는 트럭 운전수 일자리를 구했다. 그리고 향우회에 가입하고 곧 그 모임의 장으로 선출되었다. 에릭슨과 계속 작업을 하는 동안 그는 대학 교육이 필요하다고 결정하고 대학에 갔다.

남자의 심한 관절염 증세 중 일부는 여전히 남아 있었다. 그럼에도 불구하고 에릭슨은 이렇게 말했다. "그는 매년 우기가 오기를 고대하는데 그 기간 중 삼일에서 칠일 동안은 고통스러운 관절염으로 침대에 누워 만 있어야 했습니다." 남자는 이따금씩 찾아오는 침대 생활을 견딜 수 있었는데, 그 이유는 읽고 싶었던 좋은 책을 다 읽을 수 있는 기회였기 때문이다. 그는 여전히 남아있는 관절염을 병의 재발로 보지 않고 "휴가"를 내는 것으로 생각하였다.

이 사례나 이 책의 다른 사례는 겉보기에 믿을 수 없을 만큼 놀라운 특성을 갖고 있기 때문에 실제로 달성된 것과 그렇지 않은 것 사이에 세심한 주의를 기울이는 것이 매우 중요하다. 에릭슨의 최면이 모종의 마법과 같은 치유를 낳았다는 생각에 현혹된다면 실수하는 것이다. 관절염에 걸린 남자의 치료 결과가 놀랍기는 하지만, 그의 관절염이 완전히 치유된 것은 아니라는 점을 아는 것이 핵심이다. 반대로 그가 처음 치료를 받으러 왔을 때와 마찬가지로 문제가 심각했던 때가 한정적이긴 하지만 남아있었다. 남아있는 관절염이 그를 쇠약하게 만들어 여전히 일시적으로 침대 생활을 해야 했던 것이다. 하지만 그가 더 이상 병약한 환자가 아니라는 점에서 치료는 대단히 성공적이다.

이를 통해 이해해야 하는 첫 번째 중요한 점은 완벽주의란 적절한 치료적 목표가 아니라는 것이다. 에릭슨의 설득의 힘은 종종 감탄할 만했지만, 에릭슨은 타인을 조종한다는 부적절한 개념을 피하기 위해 조심했다. 그는 사람들이 완벽주의를 따르도록 하지 않았다. 에릭슨의 말에 따르면, "완벽은 인간의 특성이 아니다" 따라서 그는 완전한 치유를 위해 노력하는 것의 문제점을 경고했다. 대신 에릭슨은 설령 불완전하더라도 환자의 건강을 향상시키는 일에 초점을 맞추었다. 그는 환자의 현재 상태와 비교해서 약간 나아질 수 있는 방법을 찾는 것이 중요하다고 느꼈다.

에릭슨은 모든 고통이 감소할 수 있다는 것을 전제로 치료에 임했다. 비록 삶에서 고통은 피할 수 없다 해도 그것에 압도당할 필요는 없다. 대신에 고통스러운 일은 그저 불편한 일, 단지 하나의 문제, 도전 과제, 무엇인가 개선될 수 있는 것으로 받아들였다.

약간의 성취가 다른 기대하지 않았던 결과를 이끌거나 심지어 완전히 예상치 못한 혜택으로 넘치는 일이 종종 일어난다. 관절염에 걸린 남자의 사례에서 에릭슨은 처음에 그 환자가 그토록 놀라운 향상을 이루리라고 생각지 못했다고 인정했다. 남자는 에너지의 대부분을 문제를 악화시키는 데 사용하고 있었다. 일단 이전에는 인지하지 못한 가능성을 향해 그 에너지의 방향이 바뀌자, 겉보기에는 극복 불가능한 상황을 뛰어넘을 수 있었다. 에릭슨이 남자를 치유하려고 했다면 아마도 실패했을 것이다. 대신 에릭슨은 작고 긍정적인 성취를 원했다.

두 번째로 중요한 점은 삶은 노력이 꼭 필요하다는 것이다. 이 점은 현대의 편리한 문화 속에서 간과하기 쉽다. 사람은 불완전할 뿐 아니라, 제대로 기능하기 위해서는 열심히 노력할 필요가 있다. 건강한 근육은 꾸준한 운동이 필요하다. 건강한 두뇌는 지속적인 자극과 노력을 들여 정보를 처리하는 과정이 필요하다. 건강한 가족은 지속적인 관심과 참여가 필수적이다. 대부분의 임상 작업에서 에릭슨은 환자의 수동적 역할을 암시하는 단어나 구절을 거의 사용하지 않았다. 그는 환자가 자신의 치유 과정에 적극적으로 참여하도록 독려하는 방법을 찾아냈다. 그는 농장에서 자랐기에 "네가 맡은 일은 네가 꼭 하라"라는 말의 진가를 충분히 인식하고 있었다. 하루 종일 피땀 흘려 일한 후 찾아오는 만족감을 이해했던 것이다.

그래서 에릭슨은 각각의 임상 사례에 많은 시간과 에너지를 들였다. 그는 한 세션 동안 이야기한 모든 것을 노트에 꼼꼼하게 적었다. 그리고 다음 세션에 할 모든 말과 행동을 고르고 그것이 어떤 영향을 끼칠지를 계획하고 점검했다. 어떤 사례에서는 환자가 어떤 환경에 놓여있는지 더 잘 이해하기 위해 환자의 집으로 차를 몰기도 하였다. 이는 에릭슨이 종종 상담 세션 그 자체보다 그것을 준비하는 데 더 많은 시간을 할애했다는 의미다. 에릭슨은 각각의 문제 해결 노력의 결과와 해결책을 찾기 위한 노력의 양은 비례한다고 생각했다.

관절염에 걸린 남자의 사례에서 에릭슨은 먼저 엄지손가락 운동을 열심히 하도록 했다. 이것이 결국 집에 페인트를 칠하는 것까지 이어졌다. 환자가 생산적인 노력을 기울이도록 함으로써, 그것이 처음에는 얼마나 작은 일이었는지 간에 마지막에는 엄청난 효과를 만들어 낸 것이다. 마찬가지로 에릭슨은 심신을 심하게 쇠약하게 만드는 고통을 겪는 다른 환자들에게도 몸이 조금 나을 때를 이용하여 생산적인 활동을 해보라고 가르쳤다.

신체적인 장애나 건강 상태와 관계없이, 노력 없이 나아지는 것은 없다. 아마도 이것이 많은 임상가가 "환자보다 더 노력하지 마라"라는 경구를 따름으로써 환자의 수동성을 지혜롭게 피하는 이유일 것이다. 에릭슨은 다음과 같이 말했다. "최면가의 역할이 무엇이든 간에 환자의 역할이 훨씬 더 적극적인 기능을 한다. 이는 환자의 모든 인격이 가진 역량과 배움 그리고 체험적 기억을 이끌어낸다." 환자의 능동적 참여가 아주 중요하기 때문에 임상가는 환자가 **하지 말아야 할 것**에 집착하는 것을 피해야 한다. 성장-지향의 치료법은 환자가 시작할 수 있는 것에 초점을 맞추는 것이다.

다음으로 삶이란 **상호 결정론**의 과정임을 아는 것이 중요하다. 사람이 가진 생각과 체험적 현실 세계는 물리적 세계의 영향을 받는다. 동시에 사람의 생각은 외부 세계에서 일어나는 일의 동력을 제공한다. 에릭슨은 아주 오래된 철학인 "사람은 생각하는 대로 된다"라는 말을 인용하면서 이러한 역동을 언급했다. 앞의 사례에서 남자는 관절염에 관한 새로운 관점을 갖게 되었다. "그가 여전히 다리를 약간 절기는 하지만, 매우 건강한 태도를 갖게 되었습니다."라고 에릭슨은 말했다. 다른 말로 표현하면 그는 자신의 상황을 더 나은 방식으로 받아들이고 육체적인 제약에 적응하는 법을 배운 것이다.

에릭슨은 이 사례를 통해 환자의 장애를 받아들이고 그것의 유용성을 찾아내는 것이 중요하다고 설명했다. 이것이 적응과 회복탄력성의 핵심이다. 매우 일반적으로 말하자면 적응과 회복탄력성이 끝나는 곳에서 죽음이 시작된다고 할 수 있다.

삶의 도전 앞에서 굳어버리지 않기 위해, 사람은 원치 않는 환경을 받아들일 수 있는 능력을 반드시 가져야 한다. 이 생각은 2003년 투르 드 프랑스[1]에 참가한 사이클 선수였던 타일러 해밀턴이 잘 표현하였다. 경주의 초반에 그는 쇄골이 부러지는 사고를 당했다. 극심한 고통에도 불구하고 그는 4등으로 경주를 마칠 수 있었다. 그가 어떻게 이렇게 놀라운 위업을 달성했는지 사람들이 물어보았을 때, 해밀턴은 고통을 받아들이는 법을 터득했다고 말했다. 고통에 대항하기를 멈추자, 그는 자세, 균형 그리고 생각을 알맞게 조정할 수 있었다. 에릭슨은 융통성 없는 경직성이 심리치료에서 다루어야 할 가장 일반적인 문제라고 말한 적이 있었는데 이것이 아마 에릭슨이 전달하고자 하는 의미일 것이다.

배움에서 수용성이 핵심인 것처럼 회복탄력성의 핵심은 유연성과 적응성이다. 환경, 마음 그리고 몸의 다루기 어려운 변화에 대

---

1 프랑스에서 매년 열리는 국제 사이클 도로 경기

항하여 계속해서 싸우기만 한다면 에너지는 낭비되고 회복은 방해된다. 예를 들어 베티 앨리스 에릭슨[2]은 끔찍한 교통사고를 목격한 것이 트라우마가 된 다섯 살 소년의 사례를 들려주었다. 그 어린 소년은 어떤 남자가 한쪽 다리가 잘린 채 도로에 누워있는 것을 보았다. 그것이 소년의 마음에 충격적인 이미지를 남겼다. 아이는 그 이야기를 아주 많이 했으며 다리와 몸의 그림을 여러 장 그렸다. 그 불행한 장면이 소년의 마음속에 계속 남아있는 것 같았다. 소년의 부모는 교통사고가 나는 것은 드문 일이라고 설명하면서 이제 그만 잊어버리고 더 이상 그런 그림을 그리지 말라고 했다. 그러나 아이는 그 끔찍한 장면에 고착된 채로 남아있었다.

베티 앨리스 에릭슨은 핵심적인 역동을 이해할 수 있도록 아버지에게 상담을 요청했다. 에릭슨이 그녀에게 말하길 그 아이가 직면한 것은 자신의 부모가 이런 참사를 겪을 수 있다는 가능성이었고 어린아이들이 그렇듯 자신의 미래가 걱정된 것이라고 하였다. 이는 아이로서 이해하기 어려운 것이었다. 에릭슨은 이런 종류의 걱정은 논리적으로 다루어서는 절대로 통하지 않을 것이라고 말했다. 그는 부모가 다리 잘린 사람의 그림을 보고 이를 칭찬해야 한다고 조언하였다. 부모는 피를 흘리는 상황을 아이가 얼마나 잘 포착했는지 알려줘야 한다. 게다가 그림의 세부 사항에 대해서, 이를테면 "그 사람과 잘린 다리 사이의 거리가 그 정도로 떨어져 있었

---

[2] 이 책의 저자 중 한 명으로 에릭슨의 딸

니?"와 같이 물어보아야 한다. 그 사람의 얼굴 표정을 아이와 함께 살펴보고 그것을 얼마나 정확히 표현했는지도 칭찬해 주어야 한다. 그러고 나서 아이에게 매우 진지하게 그 사람이 **의사의 치료를 받은 후의 모습을** 그릴 수 있도록 요청해야 한다.

에릭슨은 "아이는 자신의 해결 불가능한 딜레마로부터 벗어날 방법을 찾고 있는 거란다."라고 말했다. 그 나이의 아이에게 의사란 훌륭하고 놀라운 일을 해낼 수 있는 최고의 권위자로 보일 것이다. 에릭슨이 예측한 것처럼, 사고가 난 사람이 **의사의 치료를 받은 후의 모습을** 그린 것이 아이가 상처를 봉합하고 행복하게 살아가는데 필요한 희망을 주었다.

인간의 생각과 드러나는 현실이 밀접하게 연결되어 있다면, 치료에서 **전달되어야 할 가장 중요한 점은 변화가 가능하다는 생각**일 것이다. 에릭슨이 불가능해 보이는 치유를 약속하는 것을 피하고 때로는 역설적으로 실패가 불가피하다고 주장하기도 했던 이유가 바로 그것이다. 에릭슨은 다음과 같이 말했다.

환자가 약간의 실패를 받아들일 수 있다는 생각을 만들어가도록 해야 합니다. 여러분이 아무리 성공적이라 해도 매우 유감이지만 10퍼센트 정도는 실패할 수밖에 없다고 무기력한 환자에게 제안하는 것입니다. 환자가 10퍼센트는 실패할 것이라고 말하고 매우 유감이라고 하세요. 하지만 여러분이 그에게 정말로 말하고 있는 것은 그가 90퍼센트는 성공할 것이라는 점입니다.

에릭슨은 자신이 반드시 실패하고 말 것이라고 확신하는 환자에게 종종 이런 식으로 다가갔다. 그는 불완전성을 수용하는 약간의 여지는 남겨 놓으면서도 갑작스러운 변화가 가능하도록 말했다.

에릭슨은 가끔 "좋은 것은 모두 끝이 있게 마련이지요."라고 말하면서 트랜스를 끝내곤 했다. 이는 살아있는 존재가 맞닥뜨리는 가장 심오한 딜레마 중 하나이다. 우리의 현실은 결국 사라질 연약한 육체에 묶여 있다. 소아마비로 인한 불구를 겪은 사람으로서 에릭슨은 인간의 연약함을 이해했을 뿐 아니라 이를 수용하는 법을 보여주는 본보기이기도 했다. 이러한 인간의 조건에 대한 그의 응답은 "너의 몸이 곧 성전"이라고 한 성경 구절을 연상시킨다. **에릭슨의 치료법은 언제나 몸의 선함과 중요성을 지향하였다**. 에릭슨은 의사 경력 초기에 이렇게 말했다. "삶에 대한 건강한 관점을 갖기 위해 자신의 몸에 대한 자신감, 신뢰 그리고 확신의 느낌을 갖는 것이 얼마나 중요한지를 깨닫고 싶다면, 작은 소년이 자랑스럽게 자신의 근육을 보여주는 모습을 떠올려보세요." 이렇듯 그는 **개인을 심리치료를 위한 변화의 단위로 정의하고** 긍정적인 임상 결과에 대해서는 "인격의 모든 힘을 몸을 사용하는 것으로 방향 전환할 기회입니다. 이것이 여러분이 치료적 결과를 가져오도록 돕는 역할을 합니다."라고 말했다. 이런 생각에는 변화가 발생하는 사회적 맥락이라는 요소가 담겨있다.

개인이 변화의 단위이기는 하지만 변화 과정을 촉발시키고 더 큰 희망과 강한 회복탄력성을 가져오는 것은 종종 **지지적 인간관계**이다. 이런 도움은 부모, 상담가 또는 좋은 친구와 같은 한 사람으로부터 올 수 있다. 혹은 그룹 치료, 가족 치료 또는 지역 사회의 지원 그룹과 같이 서로 도우려는 뜻을 가진 개인의 모임일 수도 있다. 이들 각각은 그만의 고유한 장점이 있다.

관절염에 걸린 사람의 변화를 설명하면서 에릭슨은 그저 엄지손가락을 움직일 수 있고 그 엄지손가락이 몸의 다른 뼈와 연결되어 있으며 그 뼈는 또 다른 뼈와 연결되어 있고 그렇게 계속된다는 것을 알고 있다고 언급했을 뿐이다. 다시 말해 생명과 움직임이 있는 한, 몸의 어떤 부분은 항상 장애에 대항하여 사용될 수 있다. 그러나 잠재된 가능성이 인지되지 않는다면 내적 자원은 활성화될 수 없다.

불행히도, 고통을 겪는 사람은 형식적으로 특정한 기능을 수행하는 신체 부위만 활성화하는 것에 고립된 채로 애쓰는 경우가 많다. 만약 그런 노력이 성공적이지 않다면 결국 그 사람은 이 상황이 진실로 희망이 없다고 생각하여 장애에 굴복하고 만다. 그러나 자신의 소아마비 경험으로부터 에릭슨은 신체 기능의 상실이 아주 클지라도 마음과 몸의 다른 부위가 이를 대신할 수 있다는 점을 깨달았다.

치료를 받기 전 그 남자는 의식적으로 집게손가락을 움직일 수는 없었다. 그러나 엄지손가락을 꿈틀거리면서 그 옆 손가락의 움직임을 만들어낼 수 있었다. 이 발견이 작은 축소판이 되어 약간의 힘이 남아있는 근육을 사용하여 이미 위축된 근육의 움직임을 만들어낼 수 있다는 보상적 방법을 비춰주었다. 에릭슨의 안내에 따라 남자는 욕설로 낭비되고 있던 에너지를 엄지손가락, 다른 손가락, 팔, 그리고 몸 전체를 움직이는 방향으로 전환하였다. 변화의 경험이 누적되면서 모든 상황이 사실 그가 한때 믿었던 것만큼이나 극복 불가능한 것은 아니라는 것을 알게 되었다. 이 사례는 에릭슨의 작업에 "마법"은 없었음을 보여준다. 유익한 임상 결과를 가져온 것은 마법이 아니라 희망과 회복탄력성의 활성화였다.

03

정신 건강과 치유

Mental Health
and Healing

이 장에서는 치유의 과정과 정신 의료의 접점에 관하여 총체적으로 살펴보겠다. 치유라는 개념을 우리는 정신 건강의 추구라는 관점으로 본다. 혹자는 정신 질환이라는 개념이 어려운 상황에 처한 사람을 불필요하게 병자로 취급한다고 주장하기도 한다. 하지만 이 책에서 "정신 건강"이라는 용어는 개인이 생존과 행복을 위한 도전으로부터 승리하는 것을 말한다. 그리고 "치유"는 상처에서 회복되는 정신과 육체의 놀라운 능력이다. 이를 잘 보여주기 위해 이 장은 에릭슨이 환자에게 가졌던 회복탄력성에 대한 신념을 보여주는 좋은 사례와 함께 시작하겠다.

◆ 사례 : 레베카

레베카라는 일곱 살 소녀가 보호용 담요에 완전히 둘러싸인 채 에릭슨의 사무실로 왔다. 아이는 몇 주 동안 집을 벗어날 수 없었다. 아이는 밖으로 나가는 것을 생각만 해도 매우 고통스러웠고 구토, 설사, 실금, 심박 급속증 그리고 빈혈과 같은 격렬한 증상을 보였다. 아이가 생각하기에 담요를 얼마나 풀어도 좋을지, 또 얼마만큼은 그대로 남겨두어야 할지를 천천히 그리고 차근차근 의논하면서 에릭슨은 진료를 시작했다. 이는 의도적으로 긴 시간 신뢰와 안전의 느낌을 형성하는 절차였다. 그리고 마찬가지로 조심스럽게 아이가 에릭슨에게 얼마나 그리고 어디까지 이야기를 해도 좋을지 함께 살펴보았다.

아이가 이야기를 시작했다. 아이는 학교에서 돌아오다가 저먼 셰퍼드 종의 큰 개에게 물렸다. 아이는 끔찍하게 무서웠다. 그런데 밖으로 나온 개의 주인은 오히려 자기 개를 건드렸다고 아이를 심하게 꾸짖었다. 나중에 개가 격리 관찰을 받게 될 것이고 그 비용을 지불할 생각에 화가 난 것이다. 개에게 물린 상처가 회복된 후, 레베카는 학교에서 집으로 걸어오다가 그 개에게 또다시 공격당했다. 개를 운동시켜야 한다는 생각에 개 주인은 또 개를 묶어두지 않던 것이다. 그리고는 부모에게 법적 절차를 진행할 것이라면서 작은 소녀를 또다시 꾸짖었다. 레베카는 개에게 두 번째로 물린 상처를 회복하며 주말 내내 집에 머물러 있었다. 월요일이 되어 아이는 학교에 가려고 했지만 곧 기분이 좋지 않음을 느끼고 집으로 돌아왔다. 다음 날에는 현관문까지 갔을 뿐인데 몸이 아팠다. 셋째 날에는 아예 집을 나설 생각도 할 수 없었다.

에릭슨의 첫 반응은 그녀의 공포 및 그와 관련된 증상에 정당성을 부여하는 것이었다. 에릭슨은 깜짝 놀란 표정으로 아이에게 말했다. "넌 어쩜 그렇게 튼튼하고 건강하니! 정말 놀랐단다." 아이가 겪은 충격적인 사건을 언급하며 에릭슨은 말했다. "네 상태가 훨씬 더 나쁘지 않다니 놀랍구나. 네 심장이 더 빨리 뛸 수도 있었는데 말이다. 빈혈도 오래가지 않았고 설사도 더 이상 하지 않았다니 너의 튼튼하고 건강함에 놀랐단다." 나중에, 에릭슨은 자신의 접근법을 설명하면서 이렇게 말했다. "아이의 몸과 행동에 대한 긍정적인 의견을 주어야 했습니다." 에릭슨으로부터 튼튼하다는 칭찬을 듣고 나자, 레베카는 자신에 대하여 다른 생각을 갖기 시작했다. 아이는 웃으며 농담도 하기 시작했고 착한 바셋 종의 강아지라고 설명한 에릭슨의 개도 보고 싶어 했다. 여섯 번의 추가 진료 후 레베카는 더 이상의 치료가 필요하지 않았다.

앞에서 묘사한 것과 같은 끔찍한 트라우마를 겪고 난 후 치유는 어떻게 일어날까? 사람이 외부 세계를 다룰 준비가 되어 있는 상태로 되돌아오게 만드는 것은 무엇일까? 에릭슨의 심리치료는 "당신은 치유와 건강을 위한 역량이 있습니다."라는 생각을 전달하기 위한 절차들이 별자리와 같이 배치되어 있다. 레베카의 사례에서 에릭슨은 그녀가 튼튼하고 건강한 소녀라는 생각을 직접적으로 납득하도록 전달하였다. 그는 레베카의 신체가 지닌 좋은 점들을 재차 확언하였다. 그는 아이가 용기를 낼 수 있도록 도와주었다. 이 생각을 받아들이자 레베카는 치유될 수 있었고 건강한 정신 상태로 되돌아올 수 있었다.

치유란 회복 과정 동안 내적 자원을 활성화하는 일이다. 9장에서 더 자세히 설명하겠지만 치유의 많은 부분은 개인의 내면에 있는 긍정적 특징을 강조하고 그 위에 조금씩 쌓아올리는 것에서 온다. 이것이 에릭슨이 그의 경력 내내 치료는 제안의 산물이 아니라 경험이 재결합된 결과라고 주장한 이유다. 에릭슨은 몸의 좋은 점이라는 긍정적인 관점을 발견하고 독려하기를 강조했다는 점은 레베카의 사례에 잘 그려져 있다.

일반적으로 건강이란 내부에서 비롯된 능동적인 과정이다. 우리는 모두 잘 먹고 운동을 많이 하라는 의사의 조언에 익숙할 것이다. 그러나 건강은 스스로 잘 먹고 활기차게 움직이는 것보다 훨씬 더 큰 것이다. 모든 방면에서 자신을 성장시키는 의도가 필요하다. 건강은 의미 있는 일을 하고 위험한 것을 피하고 생존에 좋은 것이 무엇인지 민감하게 반응하며 행복한 가정을 추구하는 것이다. 이는 방향과 의미를 주는 장기적인 목표들이다. 또 깊이 호흡하고 좋은 친구와 대화하며 정원을 돌보고 혼자만의 시간을 갖는 것처럼 수많은 일상적인 건강 행동이 있다. 이런 단기 목표는 끊임

없이 변화하는 환경에 참여할 수 있는 동기가 된다. 그 결과 각자의 한계와 인간의 연약함을 인지하고 받아들이게 된다. 이 모든 목표는 마음과 몸의 다양한 역량을 발휘하려는 의도에서 비롯된다.

가능하다면 건강은 회복되기보다는 지켜져야 한다. 정신 건강에 대한 에릭슨의 접근은 가능한 선제적이었다. 예를 들어 1960년대 베티 앨리스 에릭슨과 그녀의 남편이었던 데이비드 앨리엇은 어린 아들 둘이 있었지만, 킴벌리라는 베트남 아기를 입양하였다. 베티 앨리스는 푸른 눈에 흰 피부였고 데이비드와 두 작은 소년도 금발에 푸른 눈이었다. 이 시기에 다른 인종의 아이를 입양하는 것은 흔치 않은 일이었고 많은 주에서는 심지어 불법이었다.

킴벌리가 눈에 띄게 달랐기 때문에 집이나 학교에서 큰 불편을 겪을 수도 있었다. 그렇지만 에릭슨은 그녀의 짙은 피부, 짙은 머리색, 그리고 눈을 훌륭한 특별함으로 만들었다. 그녀는 그의 "생강과자Gingerbread 소녀"가 되었다. 그는 이 별명을 다정하게 불렀고 생강과자 소녀에게 특별한 카드와 편지를 썼다. 가족이 방문했을 때, 에릭슨은 항상 식탁 위에 생강과자를 마련하여 오로지 생강과자 소녀만이 그것을 나누어줄 수 있도록 했다. 심지어 그녀의 오빠들이 짜증을 낼 정도였다. 또 에릭슨은 이모인 록사나로 하여금 생강과자 소녀 인형을 만들어 킴벌리에게 주도록 하기도 했다.

에릭슨과 킴벌리는 생강과자에 관한 특별한 대화를 많이 나눴다. "생강과자는 갈색이고 달콤하고 늘 가질 수 있는 것이 아닌 특별한 선물이야."라고 킴벌리는 오빠들에게 자랑스럽게 말하곤 했다. "나랑 할아버지는 그 이야기를 많이 해."

킴벌리가 미국 시민권을 획득했을 때, 에릭슨은 그녀에게 "축하해! 생강과자 소녀가 이제 미국 생강과자 소녀가 되었구나."라고 손으로 쓴 카드를 보냈다.

킴벌리가 가족과의 생리적 차이점을 다른 방식으로는 어떻게 대처했는지 알 수 없다. 하지만 에릭슨은 그녀의 할아버지로서 아주 특별하고 달콤하고 칼칼한 "생강과자" 방식으로 그녀의 짙은 피부를 특출한 것으로 규정했다. 심지어 오빠들의 질투심까지도 그 특별함을 긍정적으로 만들어주었다.

킴벌리가 유치원에 다니기 시작했을 때, 그녀의 선생님은 히스패닉 계통이었다. 첫날 수업이 끝나 차를 타고 집으로 돌아오면서 그녀는 엄마를 향해 자랑스럽게 말했다. "우리 선생님도 생강과자 선생님이야 선생님께 팔을 보여주면서 나도 생강과자 소녀라고 말해줬어."

건강을 임상의 종착점으로 대상화하기보다 우리는 그것을 일생에 걸친 과정으로 보아야 한다. 킴벌리의 말은 그녀의 성격이 건강하게 형성되고 있었음을 보여준다. 건강이 지속적인 노력인 것과 같이 치유도 그렇다. 외부 세계는 지속적인 생물학적, 심리적 위협이 존재하기 때문에 치유도 지속적으로 필요하다. 에릭슨은 **"삶은 재활의 연속적인 과정입니다."**라고 이야기하고는 했다. 불평이나 후회 없이 각자의 한계와 함께 쾌활하게 살아갈 새로운 기회는 매일 찾아온다. 영속적인 건강은 성공적인 치료보다 더 많은 것을 필요로 한다.

에릭슨이 인용했던 일반적인 사례가 있다. 그것은 음식물 섭취를 중단하거나 거식증에 걸려 병원에서 하루에 수천 칼로리를 튜브로 공급받았던 환자들에 관한 것이었다. 이렇게 풍부한 칼로리를 섭취함에도 불구하고 그들은 여전히 영양실조를 조심해야 했다. 튜브로 영양을 섭취하는 것은 치유를 활성화하지 못하는 치료였던 것이다. 빅터 프랭클도 유사한 조사 결과를 남겼다. 그는 괴저[1]가 발생하여 다리를 절단하는 치료를 받은 한 환자의 사례를 말했는데 그 환자는 다리를 잃은 사실에 대처할 수 없어서 자살해 버리고 말았다. 이렇듯 치유와 치료는 다르다. 치료는 외부로부터 비롯된 개입이다. 치유는 내부로부터 일어나며 몸의 모든 시스템과 관련이 있다. 19세기의 한 의사도 비슷한 차이를 분명하게 말한 적이 있다. 그는 "내가 그 상처에 붕대를 감았지만, 그것을 치유한 것은 하느님이었습니다."라고 말했다. 여러분이 이해해야 할 핵심은 생물학적이든 심리학적이든 지속 가능한 건강을 만드는 것은

---

1 괴사로 인하여 환부가 탈락 또는 부패하여 그 생리적 기능을 잃는 병

환자 자신의 역량과 자원이라는 것이다.

    치료와 치유의 가장 중요한 차이점은 치료가 치유로부터 독립적으로 작동할 수 없다는 점이다. 치유는 신체의 총체적인 자원의 산물이다. 반면 치료는 개인을 건강한 상태로 안내하는 노력의 일환으로 작용하는 외부 영향력이다. 비슷하게도 약물의 정의는 "정상적인 세포 기능을 위해서는 불필요하지만 비교적 적은 양으로 어떤 세포의 기능을 변화시키는 **외인성** 화학 물질"이다. 약물이 어떤 세포의 기능을 지속 가능한 건강 상태로 이끌 수 있을 때 의약품이 된다. 심리 치료 역시 "외부에서 생성된" 외인성 인자지만, 그 실체는 화학적인 것이 아니고 행동적인 것이다. 의료적이든 심리적이든 치료와 치유는 축적되는 효과가 있으나 치유의 과정이 없는 치료는 성공적일 수 없다.

    그러므로 임상가가 개별 환자를 위해 고려해야만 하는 문제는, "치유라는 타고난 능력을 체험하기 위해 이 사람에게 필요한 것은 무엇인가?"라는 점이다. 이 과정을 효율적으로 증진하기 위하여 임상가는 반드시 다음과 같은 에릭슨의 말을 기억해야 한다. "환자는 **치유될 것이고** 치유는 자신의 **내부로부터** 발생한다는 점을 환자가 깨닫도록 하세요." 그러나 심각한 손상을 입은 환자는 정신 건강을 향한 전진을 위해 새로운 현실의 방향성을 발견하는 길고 느린 과정이 필수적이다.

현실의 방향성은 학습, 기억 그리고 즉각적인 감각 경험의 결합에서 비롯된다. 생물학적으로 이는 복잡한 신경망으로 연결된 해부학적 위치에 분리되어 존재한다. 삶의 경험은 글자 그대로 두뇌의 물리적 영역이 된다. 이런 영역을 향하거나 멀어지는 의식적 지각의 움직임은 일련의 생각을 통해 내부적으로 시작되거나 외부의 신호, 즉 현실 경험의 한 조각이 외부 세계에 여전히 존재한다는 인식으로부터 촉발될 수 있다. 기능적 관점에서 **정신 건강은 삶의 경험이 저장되어 있는 정신 영역에 거리낌 없이 다가갈 수 있는 개인의 능력에 비례하여 증가한다.** 그런 능력이 없으면 개인은 외부 세계를 인식하고 다루는데 덜 효과적이다. 그에 따른 결과로 겪는 어려움이 곧 "증상"으로 분류되어 지각적 기능 및 감정, 생리작용과 일반적인 건강에 이르기까지 수많은 영역에 나타날 수 있다. 여러분이 꼭 알아야 할 점은 정신 건강은 표준화되어 상담가가 환자에게 강요하는 어떤 것이 아니라는 것이다. 그것은 각자의 인생 경험과 학습이라는 배경에서 고유하게 정의되는 주관적 승리다. 환자에게 의미 있는 결과를 상담가가 성취하기 위하여 환자의 기준 틀 안에서 작업할 수 있는 특별한 치료적 관계가 에릭소니언 상담에는 꼭 필요하다.

04

임상가의 역할
The Role of the Clinician

이 장에서는 에릭슨이 환자의 변화를 끌어내기 위해 사용한 관계 방식을 알아보자. 가장 먼저 읽어볼 내용은 에릭슨이 전문가로서 상담을 하면서도 우월감을 드러내지 않았던 점을 보여주는 사례이다. 이 사례는 특별히 효과적인데 왜냐하면 이 사례가 한 성인이 아이에게 이야기하는 내용이기 때문이다. 에릭슨은 성인이지만 아이의 개인적인 선택권을 계속해서 존중한다. 이 사례는 11장에서 더욱 자세하게 다루어질 것이다. 지금 우리는 주로 치료적 관계의 특성에 가장 관심을 두고 있지만, 두 번째로 이 사례를 보게 될 때는 에릭슨이 사용한 치료적 전략에 관한 중요한 통찰을 깨닫게 될 것이다.

◆ 사례 : 조니의 큰 덩치

한 아버지와 어머니가 열두 살 아들을 에릭슨에게 데려와 이야기했다. "이 녀석은 아기 때부터 매일 밤 침대에 오줌을 쌌죠!" 부모는 자신의 참을성이 한계에 도달했다고 말했다. 그들은 아이를 고칠 수 있는 알려진 모든 방법을 시도하였다. 아버지는 아이를 때리기도 하고 침대보를 스스로 세탁하게 하기도 했다. 음식과 물을 주지 않기도 했으며 심지어 조니의 얼굴에 오줌으로 적셔진 침대보를 비비기도 했다. 부모는 상상할 수 있는 모든 종류의 벌을 주었으나 소년은 여전히 침대에 오줌을 쌌다. 에릭슨은 부모의 독재자 같은 발언에 똑같이 강렬하고 권위적인 말로 답했다. "이제 조니는 제 환자입니다. 제가 아드님께 행하는 치료에 간섭하지 않기를 바랍니다." 그리고 상황을 가늠해 본 후, "당신들은 마른 침대를 원하죠. 저는 치료를 할 테니 저와 아드님을 그냥 내버려 두 길 바랍니다. 제가 당신 아들과 모든 작업을 할 수 있도록 입을 다물고 제 환자에게 정중하게 대하도록 하세요." 절박한 마음으로 부모는 에릭슨의 조건에 동의했다.

열두 살 조니와 개별 면담을 하면서 에릭슨은 그가 부모들에게 어떻게 지시했는지를 알려주었다. 조니는 그 조건을 마음에 들어했다. 그리고 에릭슨은 조니에게 말했다. "있잖아 조니야. 네 아버지는 키가 188센티미터의 덩치 크고 힘세고 강한 남자야. 너는 이제 열두 살 아이로구나. 키가 몇이니?" 조니는 175센티미터라고 대답했다. 에릭슨이 물었다. "네 아버지는 몸무게가 몇이니?" "100킬로그램이에요." 에릭슨은 아이 아버지가 100킬로그램이나 나가면서도 전혀 뚱뚱하지 않은 점에 주목했다.

그리고 조니의 몸무게는 얼마나 되는지 물어보았다. 에릭슨은 그의 대답에 깜짝 놀란 듯 행동했다. "너 몸무게가 77킬로그램이나 나가는데 아직 열두 살이라고? 열두 살 아이가 그렇게 크고 멋진 덩치가 되려면 몸속 에너지와 힘이 얼마나 많이 필요했을지 상상이 되니?"

그를 바라보며 에릭슨이 덧붙였다. "네가 가진 모든 근육, 네가 가진 모든 힘을 생각해 보렴. 12년이란 짧은 시간 동안 그 모든 것을 만드는데 정말 많은 에너지가 들었겠구나. 네 아버지 나이가 되면 어떨 것 같으냐? 겨우 작은 188센티미터에 100킬로그램일까? 아니면 네 아버지보다 크고 더 무게가 나갈 것 같니? 너는 이제 열두 살이지만 벌써 77킬로그램이나 나가지. 네 아버지는 너보다 고작 23킬로그램이 더 무거울 뿐이란다. 너보다 나이가 훨씬 많은데 말이야!"

조니는 이렇게 새롭고 다른 관점에 확연히 좋아하며 이 질문에 대해 곰곰이 생각해 보았다. 그는 신체적 성장을 중요한 성취라고 여겨본 적이 없었다.

에릭슨은 계속해서 말했다. "부모님은 내게 네가 잠자리를 적시는 것을 고쳐달라고 말했었단다. 그렇게 하려고 못된 짓 했던 것도 이야기했지. 좋아, 이제 확실히 해 보자. 조니야, 나는 네가 잠자리를 적시는 것을 고쳐주지 않을 거야. 대신 네게 몇 가지 이야기를 해 줄게. 너는 열두 살 소년이면서 이렇게 아주 크고 멋진 덩치를 키우느라 엄청나게 많은 에너지와 힘을 들였어. 너는 대학에 가서 미식축구 스타가 될 거야. 대학에서 운동선수가 될 거야. 얼마 남지 않았어! 겨우 23킬로그램이면 아버지보다 무거워진단다! 9년만 있으면 성인이 돼, 23킬로그램 느는 데 9년! 너는 할 수 있어. 너도 알고 나도 알지."

상담에서 **임상가의 주된 역할은 정신과 신체 모두를 주요한 치유의 힘으로 사용하도록 기폭제가 되는 것이다.** 이 역할에서 상담가는 환자가 새로운 가능성을 알아차리도록 도울 책임이 있다. 앞의 사례에서 오줌싸개로서의 삶 이외에 다른 대안을 보지 못했던 한 소년은 미래의 가능성에 대한 탄력적 희망을 창조하는 새로운 생각에 자극되었다. 에릭슨의 말대로 "조니의 마음이 모든 방향으로 공중제비 도는 것을 볼 수 있었을 것입니다. 그는 남성으로서 새로운 신체 이미지를 갖게 되었습니다."

경력 초기부터 에릭슨은 상담이 **학습의 과정**임을 이해하였다. 그는 임상가의 역할이 환자의 재교육을 용이하게 돕는 것이라고 주장했다. 이 목표는 경험적 학습 과정을 통해 달성되는데 그것을 가능하게 하는 가장 좋은 방법은 최면 치료, 게슈탈트 치료, 사이코드라마 등과 같은 능동적인 치료법이다. 최면 치료에 대한 자신의 창조적 용법을 묘사하며 에릭슨은 말했다. "효과적인 결과는… 오로지 환자의 활동에서 비롯됩니다. **치료자는 단지 환자가 활동적이 되도록 자극을 주는 것뿐입니다.**" 비슷하게도 직접적 개인적 경험에 의해 태도가 형성될 때, 간접적 정보에 노출된 결과로 형성되었을 때보다 더 정확하게 행동을 예측한다는 연구 결과가 있다.

기폭제로서 치료자는 학습 과정에서 환자를 어떻게 안내할지 결정하기 위해 임상적 판단을 내려야 한다. 환자가 할 일은 자신의 경험적 삶에 대해 새롭게 이해하는 것이다. 학업을 위한 교육과는 달리 상담에서 중요한 것은 치료자의 생각이나 의견이 아니다. 에릭슨은 다음과 같이 말했다. "물론 재교육은 반드시 환자의 인생 경험과 그에 대한 이해, 기억, 태도 그리고 생각에 관한 것이어야 합니다." 이런 형태의 상담에서 치료자는 환자를 성장과 발견의 과정으로 안내하여 변화의 동력을 만들어내는, 수동적이기 보다 능동적인 역할을 수행한다.

환자와 함께 길을 떠나며 다양한 경험적 현실을 통해 임상가에게 지극히 중요한 점은 환자의 협력과 참여를 이끌어내는 것이 중요하다는 점을 이해하는 것이다. 에릭슨은 1966년 한 강의에서 이런 역동을 정의하면서 다음과 같이 말했다. "환자와 임상가의 관계에서 여러분은 한 가지 목표를 환자와 공유하고 있습니다. 환자는 모종의 보살핌을 원하고 여러분은 환자가 원하는 보살핌을 제공할 준비가 되어 있지요. 두 사람이 연결되어 환자의 행복이라는 공동의 목표를 위해 힘쓰는 것입니다." 그러나 이러한 협력적 관계는 엄격한 절차와 정해진 치료 방법을 따르는 것으로는 성립될 수는 없다. "인간 행동과 그 바탕에 있는 의도의 복잡성 때문에 두 사람의 공동 활동에서 일어나는 모든 상황에 존재하는 요인을 인지해야 합니다." 달리 말하면 상호적 협력이 더욱 용이하도록 임상가는 환자의 필요에 협력할 준비가 되어야 한다.

에릭슨은 상호 작용의 유용성을 매우 신뢰했다. 그러므로 치료적 관계는 동지 관계 및 상호 작용성을 가져야 한다. 에릭슨은 이 역동을 묘사하면서 이렇게 말했다. "이제 저는 무엇을 할까요? 당신은 무엇을 할 수 있나요? 먼저 제가 이것을 하면 다음에 당신은 그것을 하시지요." 에릭슨은 또 이렇게 말했다. "상대방이 무력한 노예가 되는 것을 원치 않는다면 웬만해서는 명령을 내리지 마세요. 자유로운 노동자에 비해 노예의 노동량은 적은 법입니다." 치료적 관계는 통제나 지배로 이루어지지 않기 때문에 환자가 치료자에게 양보해야 할 때도 있고 치료자가 환자에게 양보해야 할 때도 있다.

역설적으로 환자를 통제하려고 시도하는 것의 한 가지 문제점은 이러한 노력이 결국 치료자의 위치를 약화한다는 점이다. 치료의 효과는 신뢰 관계에 근거를 두고 있다. 환자가 상담가에 대한 신뢰가 없거나, 자신의 진정한 바람이 드러나 제재를 당할 것을 두려워한다면 그들은 치료적 노력을 지속하기 쉽지 않을 것이다. 정부의 법적 통제는 개인의 의지와 관계없이 부과될 수 있지만 치료적 영향력은 오히려 자발적 순응에 바탕을 두고 있다. 따라서 "비자발적 치료"라는 말은 모순된 용어이다. 강압으로 행동을 변화시킬 수는 있겠지만 그것이 내적인 치유 과정을 시작하게 만들지는 못한다.

이런 이유로 임상가는 미묘한 통제 투쟁이 생길지 모르는 상황에 항상 주의해야 한다. 상담가가 필요하다고 생각하는 정도로 환자가 응답하지 않을 때, 상담가는 원하는 결과를 얻기 위해 더욱 강하게 몰아가려는 유혹이 있다. 통제 투쟁이 발생하면 에너지가 치유 과정에서 멀어지고 내적 자원과 인지되지 않은 역량을 환자가 발견할 기회를 잃는다. 경력의 말기에 에릭슨은 어떤 경험이 그를 더 나은 치료자가 되도록 가르쳤는지에 대한 질문을 받았다. 그는 조금 더 적게 통제하려고 항상 노력했다고 대답했다. 이와 마찬가지로 1950년대와 1960년대의 수많은 강의에서 에릭슨은 "[치유에서] 중요한 것은 여러분이 아니라 환자라는 것을 항상 기억해야 합니다."라고 말하고는 했다. 에릭슨은 한 사례에서 그의 작업을 설명하며 이 문제를 더욱 분명히 하였다. "책임 부담은 그녀의 것이었고, [치료의] 방법도 그녀의 것이었죠."

고통을 받고 있는 사람에게 도움을 제공하면서도 에릭슨은 치료적 진전이 환자의 의지에 달려있음을 확실하게 이해했다. 그는 종종 그가 도움을 제안했을 때 환자가 어떻게 대응할지 완전히 알지는 못했다는 것을 인정했다. 그는 두 사람의 협력이 유용한 행동을 이끌어주기를 바랐던 것이다. 에릭슨이 우리에게 상기시켜 주는 것은 상담가는 "항상 환자가 자신만의 자발적 행동 방식을 따를 수 있게 해야" 한다는 점이다. 그럴 때 이전에 인지되지 않았던 역량과 내부 자원을 발견하기가 더욱 쉬워지고 통제 투쟁을 피하게 된다.

치료적 자극에 환자가 어떻게 반응을 하든지 거기에는 환자와 관계하는 또 다른 기회가 나타난다. 방향 전환이 필요할 때, 상담가는 환자 내부에 이미 존재하는 동기의 힘에 호소해야 한다. 테니스의 비유를 들 수 있겠다. 라켓으로 날아오는 공을 받을 때, 날아오는 물체의 방향이나 속도를 조절할 수는 없다. 그러나 라켓을 살짝 위나 아래로 기울일 수 있고 그에 따라 공은 매우 다른 방식으로 반응할 것이다. 공의 방향을 적절히 조절하기 위해 통제의 초점이 되어야 할 것은 라켓의 표면이지 테니스공의 성질이 아니다. 상담실 안에서 환자가 보여주는 행동이 무엇이든 그것은 가능하다면 적절한 행동을 하고 있는 것으로 다뤄져야 한다.

조니의 사례에서 에릭슨은 조니의 행동을 멈추게 하려고 시도하지 않았다. 대신 그는 조니가 성취한 것으로 주의 초점을 돌렸다. 그것은 그의 신체에서 좋은 점을 보여주는 성취였다. 이렇게 조니의 정상적이고 자연스러운 발달 과정이 그로 하여금 문제에서 벗어나 자랄 수 있게 하는 방식으로 상황을 (라켓을 기울이는 것처럼) 기울여 주었다. 이 사례를 묘사하면서 에릭슨은 이렇게 말했다. "그가 언제 처음으로 잠자리를 적시지 않을지 **'우리가'** 기다려 보아야 할 것이라고 말해 주었지요." 이것이 바로 치유의 과정에서 에릭슨이 각자의 역할을 상황에 맞게 정의한 방식이다. 조니에게 무엇을 해야 할지 말해주는 것은 에릭슨이 할 일이 아니었다. 대신 그는 조니의 개인적인 목표를 걸어둘 수 있는 믿음의 구조가 된, 성공에 대한 일반적인 기대감을 만들어냈다. 조니가 어떻게 반응하든 조니가 모종의 성취를 달성하는 한, 에릭슨은 자신의 목표를 달성한 것이다.

에릭슨의 모든 문제 해결 노력은 개인의 성장에 초점을 맞추는 것이 특징이다. 부모로서 에릭슨은 그가 임상가로서 보여준 것과 동일한 모습을 보여주었다. 아버지로서 그는 아이들 각각이 자신만의 성공의 길을 찾을 수 있도록 격려하고, 가능성을 제시하고 개인적인 성장을 뒷받침하였다. 존경받는 멘토로서 그는 학생에게 자신의 치료 방법을 주입하기를 거부하고 대신 자신의 삶이 그러한 것처럼 지속적인 성장과 자아의 발견을 독려하였다.

하지만 사람은 고립된 섬이 아니다. 에릭슨은 각 개인이 사회의 통합된 한 부분으로서 그것에 기여하기도 하고 혜택을 받기도 한다고 가르쳤다. 변화를 위한 기회는 심리적, 행동적, 생물학적 또는 사회적 환경에서 발생할 수 있는데, 이런 변화는 개인적 삶의 경험의 다른 모든 측면에도 영향을 미친다. 변화가 어떤 무대에서 시작되는지는 중요하지 않다. 에릭슨의 개입은 종종 이 무대들 중 일부, 많은 부분, 혹은 전부를 연결하여 사용하거나 활용하였다. 에릭슨이 보여준 것처럼, 관계가 서로에게 유익하다면 상호 협력은 추진력으로 활용할 수 있다.

05

철학적 체계
A Philosophical Framework

 이 장에서는 에릭슨이 희망을 어떻게 임상적으로 구조화했는지 이해하기 위해 그의 글이나 강의에는 나오지 않은 철학적 배경을 알아보겠다. 이 장에서 해답을 찾을 수 있는 중요한 질문은 다음과 같다. "도움을 받기 위해 자신의 외부에 있는 누군가에게 의지하면서도 환자는 어떻게 자기 자신의 의지를 통합적으로 유지할 수 있을까?" 이 장에서 불필요한 전문 용어의 사용은 피하려고 노력했다. 그러면서도 다른 이름 높은 사상가와의 관계 속에서 에릭슨의 위치를 찾는 데 도움이 될 것이다.

◆ **사례 : 레이노 병에 걸린 여자**

 레이노 병을 진단받은 50세 여자가 극심한 고통과 수면 부족 상태에서 에릭슨의 상담실에 왔다. 그녀는 에릭슨에게 손을 보여주며 말했다. "손에 혈액 순환이 되지 않아 손가락에 궤양이 생겼어요. 벌써 손가락 하나를 절단했는데 이제 하나를 더 절단할 것 같아요." 그녀는 고통이 너무 심해서 한 번에 한두 시간 밖에 잘 수 없다고 말했다.

에릭슨은 레이노 병을 치료하는 법에 대해서는 아는 바가 많지 않다고 대답했다. 하지만 이를 위해 할 수 있는 것은 바로 그녀 자신의 "신체적 학습"을 신뢰하는 것이라고 말했다. 그녀에게 트랜스에 들어가는 방법을 알려주면서 그녀는 이미 엄청나게 많은 신체적 학습을 갖고 있다고, 다시 말해 우리 모두는 일생에 걸친 경험을 통해 축적되는 본능적인 능력이 있다고 설명하였다. 에릭슨은 낮 동안에는 무의식이 그녀를 위하여 모든 신체적 학습을 상호 연결하는 것에 완전히 몰입하도록 제안하였다. 그리고 잠들기 전에는 의자에 앉아 트랜스 상태에 들어가서 모든 신체적 학습이 작동하도록 하였다. 마지막으로 트랜스에서 나온 뒤에는 에릭슨에게 전화를 하도록 하였다.

그녀는 에릭슨이 처방한 일과를 따랐다. 잠자리에 들기 전에 트랜스에 들어갔다. 그리고 밤 10시 30분에 에릭슨에게 전화해서 떨리는 목소리로 말했다. "저는 수화기를 들고 있기도 힘들어서 남편이 대신 들어주고 있어요. 무서워요! 의자에도 겨우 앉았어요. 선생님이 말씀하신 대로 했어요. 의자에 앉아서 트랜스에 들어갔는데 갑자기 추워지기 시작했어요. 어릴 적 미네소타에 있을 때처럼 점점 더 추워졌어요. 거의 20분 동안 온몸을 떨었어요. 이가 딱딱거릴 정도로 추웠어요! 그러더니 갑자기 추위가 사라지고 따뜻해지기 시작했어요. 온몸이 타는 것처럼 뜨거워졌어요! 지금은 몸이 이완되고 피로해진 느낌이 깊숙이 느껴져요."

에릭슨이 답했다. "축하드립니다. 이런 문제를 어떻게 다루어야 하는지 제게 알려주셨네요. 이제 잠자리에 드시고 일어나면 전화 주세요." 에릭슨은 아침 8시에 전화를 받았다. 그녀는 10년 만에 처음으로 밤새 한 번도 깨지 않고 잠을 잔 것이다.

에릭슨은 이 성공에 관해 설명하며 이렇게 말했다. "그녀 자신의 방식대로, 그녀 자신의 특별한 신체적 학습을 사용하라고 한 것 외에는 아무것도 하지 않았습니다." 몇 달 뒤 그는 그녀가 같은 방식으로 팔, 손목, 손의 모세 혈관을 확장하여 고통 없이 지낼 수 있었다는 내용의 편지를 받았다. 매일 밤, 잠자리에 들기 전에 그녀는 혈액 순환을 변화시켜 손을 편안하게 할 수 있었고 밤새 잠을 잘 수 있었다.

에릭슨의 가르침과 치료의 밑바탕이 되는 근본적인 특징 중 하나는 **개인의 특성에 대한 깊은 존경심이다.** 임상 작업에서 그는 환자가 자신의 목표를 **스스로의 방법으로** 달성할 수 있는 치료적 공간을 만들어내기 위하여 주의를 기울였다. 에릭슨은 환자가 변화에 관한 다른 사람의 이론적 모델을 따르도록 해야 한다고 믿지 않았다. 그는 변화의 철학은 교과서가 아니라 **환자로부터 나와야 한다고 믿었다.**

에릭슨은 치료에 관한 어떤 목표도 지지하는 것을 거부하고 존재하고 있는 어떤 심리치료 학파도 각 개인의 고유성의 총합을 적절하게 고려할 수 있다고 믿지 않았다. 그의 고유한 접근 방식은 비지시적이라고 묘사되어 왔다. 그러나 이는 치료자의 역할을 능동적이기보다 수동적으로 나타내기 때문에 적절하지 않다. 앞의 사례에서 볼 수 있듯이 에릭슨은 수동적이기보다는 선제적이었다. 그는 전략적인 방식으로 작업하였고 문제가 저절로 풀릴 때까지 단순히 기다리고 있지 않았다.

심리치료에서 전략적 접근 방식은 환자가 문제에 대해 어떻게 믿고 있는지 평가하고 가능한 환자의 신념 체계와 일관된 방식으로 제시된 치유 의식^{ritual}을 만들어낸다. 이는 내담자 중심 접근 방법의 맥락에서 더욱 정제되어 치료의 방향을 지속적으로 평가하고 재조정하게 된다. 에릭슨의 기법 중 상당수는 사람이 자신의 개인적 목표를 인지하고 달성하도록 돕는 방법을 아는 것에 있다. 사실 그것이 에릭슨의 가장 중요한 목표였다.

에릭슨의 접근 방식은 메타-목적론이라고 말할 수 있다. 철학에서 "목적론^{teleology}"이란 목적과 그것의 부산물인 목표 설정에 관한 연구를 지칭한다. **목적론적** 관점은 사람이 어떤 목표를 바라봄으로써 삶의 방향을 찾으려고 노력하는 것을 인식하도록 한다. "메타"라는 용어는 한 기준점 바깥에 존재하는 어떤 것을 표현하기 위해 사용되는 접두사이다. 메타는 한 분야의 모든 가능성을 포괄한다. 따라서 어떤 사람이 다른 사람이 의미 있는 목표를 세우는 것을 도우려 한다면 이는 메타-목적론적 접근 방식이라 할 수 있다. 이것이 이 책에서 말하는 치료적 목표를 가장 적절하게 설명하는 철학적 용어이다.

최면에 대한 에릭슨의 창조적인 사용 방법은 최면 기법의 최종 목표는 제안이라는 전통적인 관념에 대한 도전이었다. 그가 개척한 최면 방식에서는 일반적인 사람의 경향성과 개인의 특징이 주요한 초점이 된다. 에릭소니언 상담에서 모든 문제 해결 전략은 환자의 의지를 인지하고 촉진하는 것과 떼려야 뗄 수 없다. 이러한 메타-목적론에서 제안, 영감을 주는 것 그리고 격려는 내적 자원을 활성화하는 기제가 된다. **환자가 스스로 할 수 있는 것에 대해 새로이 감사할 때마다 임상적 돌파구가 발생한다.**

레이노 병에 걸린 여자의 사례에서 촉매가 된 것은 의학 전문가인 에릭슨의 격려였다. 이는 그녀가 이전에는 인지하지 못했던 엄청나게 많은 학습량, 그리고 이러한 본능적 학습이 그녀의 목표 달성에 쓰일 수 있음을 깨닫게 하였다.

희망과 유능감의 조합으로 생성되는 강력한 치유의 힘이 있는데, 이것은 더욱 커다란 회복탄력성을 가져온다. 건강을 유지하기 위해 환자는 자신의 문제와 관련하여 무엇인가 의미 있는 일을 할 수 있다는 것을 인식할 필요가 있다. 행동에 나설 이유 없이는 결단도 없는 것이다. 긍정적 기대에 관한 수많은 연구에서 볼 수 있는 것처럼 희망은 증상을 완화하고 육체적 치유를 촉진한다. 이런 연구는 플라시보 치료가 희망을 생성하는 한 방법이 되어 관절염을 완화하고 천식 발작의 주기를 늦추고 건초열을 누그러뜨리고 기침을 막고 긴장과 불안을 감소시키고 두통을 치료하고 고통을 줄이고 감기를 예방하고 궤양을 치료하고 마약의 금단 증상을 억제하고 위장 기능을 변화시키고 당뇨 환자의 혈당을 조절하고 야뇨증을 줄이고 협심 발작의 주기와 심각도를 감소시키며 악성 종양의 증식을 되돌린다는 점을 보여준다. 반면 부정적 감정 상태는 육체적 질병에 대한 취약성을 증가시키고 기존의 질병을 악화하며 치유 과정을 지연시킨다. 따라서 희망은 증상의 완화를 북돋을 뿐 아니라 육체적 치유를 촉진하는 것으로 보인다.

　문제 상황에 대한 회복 탄력적 대응은 자기의 타고난 선함에 대한 믿음에서 나온다. 건강한 자기-감사가 없으면 사람은 자신의 에너지를 자기에 대항하도록 사용하거나 (예를 들어 거식증 때문에 굶는 사람), 최소한 자신의 자원을 불러오는 것이 불가능하다. 에릭슨은 환자의 신체가 좋고 건실하다는 점을 전달하는 것이 자신의 목표임을 분명히 하였다. 에릭슨에 따르면 환자는 자신의 신체에 대한 안도감이 필요하다. 자신의 마음, 심장, 소화계 또는 심리적으로 잃어버린 신체의 다른 부위가 가진 좋은 점에 대해 확신하게 될 때, 새로운 자기-효능감이 생긴다.

제퍼슨 피시Jefferson Fish도 이와 비슷한 주장을 펼쳤다. 중요한 점은 환자의 회복을 가져오는 것은 치료자가 무엇을 하는가가 아니라, 환자 자신이 무엇을 하는가라는 점을 환자가 이해해야 한다는 것이다. 이런 믿음이 결정적인 이유는 환자가 자신의 행동의 노예가 아니라 주인이라는 점을 의미하기 때문이다.

오늘날의 연구 결과가 보여주는 것처럼 회복탄력성의 비밀은 시련의 때에 일어나는 일에 대한 통제감이다. 이러한 개인적 유능감은 환자가 자신의 목표를 달성하기 위해 내적인 역량과 경험적 학습을 사용할 수 있게 한다.

레이노 병에 걸린 여자의 사례에서 조명하고 있는 또 하나의 중요한 요소는 자신의 무의식을 신뢰하라는 에릭슨의 지시였다. 이것이 그녀에게 유능감과 희망을 주었다. 그녀는 자신의 정신적 자원의 좋은 점을 주목하게 되었다. 무의식에 관한 프로이트의 생각과 달리 에릭슨은 항상 환자가 지닌 무의식의 좋은 점을 강조하였다. 환자에게 아직 인지되지 않았으나 신뢰하고 기댈 수 있는 힘, 언제나 완전히 알 수 없는 훨씬 많은 잠재력을 지닌 어떤 힘이 있다는 생각을 전달하기 위해 에릭슨은 종종 무의식이라는 개념을 사용하였다. 이것이 격려를 사용하는 에릭슨 접근법의 특징이다.

심리치료 과정에서 추구하는 수많은 목표가 있지만, 항로가 되는 지점을 제공하는 하나의 임상적 목표가 항상 있어야 한다. 높은 산 위의 항로 표지와 비슷하게 이러한 주요 목표는 상담가가 방향감각을 유지하면서 다양한 장애물을 피할 수 있도록 한다. 이 목표는 다른 모든 하위 목표를 타당하게 하는 가장 높은 지점이다. 에릭소니언 상담의 맥락에서 **모든 심리 치료적 노력을 뒷받침하는 가장 중요한 목표는 환자가 자신의 의지로 결정한 목표를 위해 인지되지 않은 능력을 활성화하는 것이다.** 이것이 바로 변화의 메타-목적론이다.

> "우리가 행하는 모든 것은
> 무엇인가 다른 것을 염두에 두고 행해진다."
> – 아리스토텔레스

요약

치유에 관한 에릭슨의 접근법을 뒷받침하는 철학을 공부하며 치료란 환자의 욕구와 관련한 무엇인가 의미 있는 것을 환자와 치료자가 함께 하는 기회라는 것을 명확히 알게 된다. 이런 에너지가 나아갈 방향은 변화에 관한 어떤 외부적 신조가 아니라 환자의 의

지이다. 치료자의 목표는 건강을 향한 환자의 목표를 전략적으로 촉진하는 것이다. 이렇듯 치료는 강압, 우월, 주입의 정신을 **따르지 않고** 반대로 상호 간의 학습과 발견 과정을 특징으로 한다.

의사에게 다양한 의약품 선택지가 있는 것과 마찬가지로 끝없이 다양한 심리적 과정과 이를 활성화하는 똑같이 폭넓고 다양한 기법으로 치료를 달성할 수 있다. 이런 기법을 이끌어낸 임상적 전략은 치료의 매개체라기보다는 심리적 면역 체계를 북돋우고 내적 치유 과정을 자극하는 수단으로 보아야 한다. 따라서 강조되어야 하는 것은 치료자의 행동이 아니라 환자의 내적 역량이다. 마지막으로 완벽주의적 목표와 독선적인 생각은 피해야 한다. "이 문제의 해결책을 찾아내야만 해."라고 생각하기보다는 환자의 회복탄력성과 미래에 대한 희망의 관점에서 생각하는 것이 에릭슨의 접근 방법이었다.

2부 임상 전략

06 여섯 가지 핵심 전략

Introduction to
the Six Core Strategies

주의 분산 : 의도치 않은 진전이 자기 파괴를 막는다.

분할 : 모든 것을 바로잡을 수 없을 때라도 무엇인가 한 가지는 바로잡을 수 있으면 좋다.

진전 : 모든 질병을 치료할 수는 없다. 하지만 고통을 겪는 사람들을 위해 할 수 있는 좋은 일은 항상 있다.

제안 : 모든 문제 해결은 변화가 가능하다는 생각에서 시작한다.

방향 전환 : 심리적 문제가 복잡할수록, 간단한 해결책을 발견할 기회도 많아진다.

활용 : 누군가를 변화시키려고 하면 반감을 불러일으키게 된다. 하지만 상대에게 기회를 주려고 하면 오히려 에너지를 절약할 수 있다.

이 여섯 가지 문장은 밀턴 에릭슨이 남긴 가장 중요한 가르침 중 일부이다. 이 원칙들은 앞으로 다루어질 모든 내용의 실용적인 정의를 축약해 보여준다. 단어 선택은 댄 쇼트[1]가 한 것이지만 이 개념은 정신 의학과 심리학 분야의 가장 전설적인 인물 중 한 사람으로부터 나온 것이다.

기술의 장인, 복잡한 과업에서 굉장한 성취를 이룬 사람은 문제를 재빨리 풀 수 있는 탄탄한 전략을 적용할 능력을 갖고 있다. 어떤 능력을 자동적으로 사용할 수 있을 만큼 연습하게 되면 의식적인 생각은 점점 덜 필요하고 보다 자발적인 반응이 나타나기 쉽다. 그래서 하나의 의식적 결정은 수많은 암묵적 사고의 추론 연쇄를 담게 되어 효율성이 크게 증가한다. 이것이 베테랑 임상가가 자신이 사용하는 임상 전략을 정확히 표현하는데 종종 어려움을 겪는 이유이다. 그들은 자신의 반응에 아주 익숙해져서 의식적으로 각 단계를 생각하는 일은 오히려 그들을 더듬거리게 한다.

심리 치료에서 흔히 "임상적 직관"이라고 불리는 것은 더 정확히는 암묵적 사고라고 이해할 수 있다. 이는 창조적 추측이나 "운"과는 눈에 띄게 구별되는 논리적 과정이다. 에릭슨이 가진 문제 해결 능력을 갖고자 하는 사람은 천재의 불가사의한 전략을 명확히 하는 작업으로부터 배울 수 있다.

1　이 책의 저자, 에릭소니언 임상의

이 책의 2부는 임상적 문제 해결을 위한 에릭슨의 전략을 자세히 설명할 수 있도록 계획되었다. 마치 만능열쇠처럼 각 전략은 다양한 문제 상황에 적용되어 새롭고 독특한 해결책에 도달할 수 있다. 확실한 것은 적용 범위가 넓은 전략을 더 많이 사용할 수 있다는 것이다.

임상 전략은 인간 문제 해결의 근본 원리로 간단하게 정의된다. 임상 전략은 전문 임상가가 넓은 범위의 감정적, 심리적 도전을 다루기 위해 문제마다 고유한 기법을 계획할 수 있도록 한다. 기법과 전략의 차이를 알 수 있도록, 이중 속박, 증상 처방 그리고 역설적 지시와 같은 서로 다른 심리 치료적 기법이 어떤 공통된 기능을 하는지 범주화하고 묶어서 이해해야 한다. 상담가가 전략적으로 작업할 수 있게 해 주는 것은 기법에 대한 이런 기능적 이해이다. 기법을 지배하는 전략에 대한 이해를 증진하는 것이 아주 중요한 이유가 이것이다. 상담가가 임상적 기능에 대해 완벽히 이해하지 않은 채로 치료적 기법을 맹목적으로 적용하게 되면 자원의 활용은 방해를 받고 성공은 무작위적이게 된다.

임상 전략을 이해하면 미리 정해진 절차에 대한 의존도는 낮추고 임상적 판단은 더욱 많이 할 수 있다. 비록 임상적 판단은 심리 치료에서 핵심적 요소로 보편적으로 받아들여지고 있지만 그것을 가르칠 수 있는 수단을 제공하는 치료법은 거의 없다. 치료 상황에서 자동 반응의 문제점을 에릭슨은 다음과 같이 말했다.

치료적 접근에서 개인의 실제 성격을 항상 고려해야 합니다. 환자가 지나치게 친절한가요? 공격적인가요? 반항적인가요? 외향적인가요? 내향적인가요? 치료자는 상당히 유연하게 행동해야 합니다. 왜냐하면 융통성이 없으면 환자로부터 융통성 없는 행동을 이끌어 내기 때문입니다.

이 책은 치료적 기법에 관한 것이 아니다. 각 치료 세션에서 적용하고 외워야 하는 엄격한 절차와 공식은 없다. 이 책의 목표는 훨씬 야심차다. 에릭슨이 거의 모든 사례에서 새로운 기법을 계획할 수 있었던 것처럼, 이 책의 임상 전략은 유연한 임상적 판단을 위한 바탕이 될 것이다. 비록 각 장이 에릭슨과 다른 사람이 사용하는 일련의 기법을 포함하고 있지만 이러한 행동 절차를 맹목적으로 흉내 내서는 안 된다. 모든 치료 상황에는 수많은 고유의 임상 변수를 충족하기 위하여 기법을 계획하고 조정하기 위한 충분한 임상적 판단이 필요하다.

치유의 과정에서 강력하고 세련된 심리치료가 단 하나의 임상 전략을 수반하는 경우는 거의 없다. 절차를 능숙하게 조합할 때 변화가 가능하다는 생각을 촉진할 수 있다. 효과적인 치료가 둘 이상의 기법을 사용해야 한다는 것은 명백하지만 각 치료 학파가 제공하는 전략의 숫자는 거의 고려되지 않고 있다. 에릭소니언 상담만큼 치유에 관한 다수의 전략을 포함하는 심리 치료 접근법은 거의 없다. 에릭슨의 작업에는 최소한 여섯 가지 전략적 방법이 있다. 이는 **주의 분산, 분할, 진전, 제안, 방향 전환** 그리고 **활용**이다.

이 전략은 결코 상호 배타적이지 않다. 이는 마치 원색과 같다. 주어진 문제에 대해 폭넓고 고도로 정확한 대응을 위하여 다른 것과 함께 배치하고 섞을 수 있다. 에릭슨이 두 아이를 위해 창조적으로 문제를 해결한 과정이 그 좋은 예이다. 당시 록사나 에릭슨-클라인[2]은 겨우 다섯 살이었는데 그의 큰 오빠인 랜스가 그녀를 다치게 했다. 랜스가 사고로 문 아래에 록사나의 발을 찧어서 그녀의 엄지발톱이 찢어지고 만 것이다. 록사나는 몸의 상처로 아프기도 했지만 오빠가 충분히 미안해하지 않는 것 같아서 속상했다.

상처를 치료하고 나서 에릭슨은 록사나를 상담실로 데려와 만약에 랜스가 그녀를 어깨 위에 올려 주면 천장에 있는 비밀 "스위치"를 찾을 수 있을 거라고 조심스럽게 알려주었다. 그녀가 무엇을 찾고 있는지는 랜스에게 이야기하면 안 되지만, 일단 그것을 찾으면 어떤 방법이든 마음대로 설치하고 작동해도 좋다고 알려주었다. 록사나는 오빠에게 갔고 랜스는 목말을 태워달라는 그녀의 요구를 기분 좋게 들어주었다. 록사나는 어렵지 않게 상상 속 스위치를 찾을 수 있었지만 그것을 옷 안쪽에 달지 바깥쪽에 달지 결정할 수 없었다. 록사나는 발가락의 상처에 더 이상 신경 쓰지 않았을 뿐 아니라 오빠 덕에 기분이 좋아졌고 그 사건이 더 이상 괴롭

---

2 이 책의 저자, 에릭슨의 딸

지 않았다. 이것은 고도로 개인적인 절차를 일반적인 기법 형태로 복제하는 것은 불가능하다는 것을 보여준다. "어부바" 기법을 발가락이 다친 환자 모두에게 사용하는 것을 상상해보라. 완전히 우스꽝스러운 일일 것이다.

하지만 이 사례를 두 전략, 주의 분산과 방향 전환의 결합으로 보면 이해가 더 잘 되기 시작한다. 상상 속의 스위치를 찾으면서 록사나는 고통에서 주의를 돌리게 되었다. 그녀는 소중한 물건을 찾고 이를 어디에 달아야 할지, 어떻게 작동시킬지를 결정하는 일로 주의가 더욱 분산되었다. 근본적인 방향 전환은 그녀가 자신의 고통을 조절하고 오빠를 조종할 수 있는 새로운 가능성을 발견한 것이다. 그녀는 더 이상 오빠와의 관계에서 "낮은" 위치가 아니었다. 게다가 랜스는 여동생의 부탁을 들어주고 그녀의 기분이 나아지도록 하는 개입의 한 부분이 되어 자신의 죄책감을 해결할 수 있었다. 이러한 일련의 사건을 이 수준에서 이해할 때 기능적 요소가 무한히 다양한 형태로 전략적으로 복제될 수 있다.

이 책의 1부와 마찬가지로 각 전략은 사례와 함께 소개될 것이다. 사례에 대해 즉시 설명하기 보다 독자는 근본적인 원칙과 일반적 적용을 읽으며 임상적 이야기의 흐름을 생각해보도록 하였다. 다음과 같은 질문을 해보라. "에릭슨은 왜 이렇게 했을까?" 각 장의 개요는 공통의 기능을 수행하는 수많은 기법의 상세한 설명과 추가적인 사례로 채웠다. 각 절의 끝부분에는 첫 부분에 소개된 사례를 다시 살펴보고 분석한다. 각 장의 마지막 절은 다양한 임상 상황의 지침이 되는 일반적인 원칙을 소개한다. 앞으로의 내용이 진부한 교리처럼 외워지기보다는 상상력과 지속적인 발견을 촉발하는 불꽃이 되기 바란다.

07 주의 분산
Distraction

이 장에서는 주로 고통에 대처하기 위해 가장 많이 사용하는 전략을 소개한다. 하지만 수술을 앞둔 것과 같은 강렬한 두려움을 일으키는 것은 환자의 협력을 얻기 위한 전략이 필요하다. 심리치료에서는 더욱 그렇다. 에릭슨은 다음과 같이 말했다. "심리치료의 비밀은 환자가 보통 때라면 하지 않지만 자신에게 꼭 필요한 행동을 하도록 만드는 것입니다." 이것이 이 장에서 본질적으로 전달하고자 하는 내용이다.

◆ **사례 : 엘리베이터가 무서웠던 나이 든 신사**

한 나이 든 신사가 엘리베이터에 대한 오랜 공포증을 해결하려고 에릭슨에게 왔다. 그는 오랫동안 높은 건물의 꼭대기에서 일했고 항상 계단으로 걸어 올라가야만 했다. 그러나 점점 나이가 들면서 걸어서 사무실에 올라가는 것이 어려워졌다. 에릭슨은 그가 정숙한 아내와 결혼한 정숙한 남자임을 알았다. 남자가 엘리베이터 공포증의 해결에 도움을 받을 수 있을지 묻자. 에릭슨은 자신 있게 대답했다. "아마 섬뜩하게 놀라실 거예요. 위쪽이 아니라 다른 쪽으로요." 남자는 자신에게 엘리베이터 공포증보다 무서운 것은 없다고 대답했다.

당시는 1940년대로 엘리베이터에는 승무원이 있었다. 그 남자가 일하는 건물의 승무원은 젊은 여성들이었다. 에릭슨은 특별한 계획을 세우기 위해 한 승무원과 미리 만났다. 그녀는 에릭슨의 생각이 재미있을 것 같다며 협조하기로 하였다. 다음날 에릭슨은 남자와 사무실이 있는 건물로 함께 갔다. 남자가 앞서 말한 것처럼 그는 엘리베이터 안으로 걸어 들어가는 것은 두렵지 않았으나 일단 움직이기 시작하면 견딜 수 없었다. 먼저 에릭슨은 남자에게 엘리베이터에 들어갔다 나갔다 하는 것을 연습시켰다. 그리고 에릭슨과 남자가 완전히 엘리베이터 안으로 들어갔을 때, 에릭슨은 승무원에게 문을 닫으라고 한 후 말했다. "올라갑시다." 그녀는 엘리베이터가 한 층 올라가게 한 후, 두 층 사이에 멈추었다.

남자가 소리를 지르기 시작했다. "뭐가 잘못됐소? 엘리베이터 승무원이 당신에게 키스를 하고 싶은 모양이군요." 에릭슨이 말했다. 경악을 하며 남자가 말했다. "그렇지만 나는 결혼했어요!" 승무원이 말했다. "그런 건 상관없어요." 그녀는 남자에게 걸어갔다. 그는 뒤로 물러나며 말했다. "얼른 엘리베이터나 움직이세요!" 그래서 그녀는 엘리베이터를 움직였다. 그녀는 4층까지 올라가서 또다시 층 사이에 멈추었다. 그리고 말했다. "저는 정말 키스가 하고 싶어요." 그가 말했다. "당신이 할 일이나 하세요." 남자는 엘리베이터가 움직이기를 원했다. 가만히 멈추어 있기를 원하지 않았다. 그녀가 대답했다. "좋아요. 내려가서 처음부터 다시 시작해보죠." 그리고 그녀는 엘리베이터를 아래로 움직이기 시작했다. 그가 말했다. "아래 말고, 위쪽으로!" 그는 지금까지의 일을 또다시 반복하고 싶지 않았던 것이다. 그녀는 엘리베이터를 움직이고는 또다시 층 사이에 세우고 말했다. "일이 끝나면 저랑 같이 엘리베이터를 타고 내려가겠다고 약속하시나요?" 그가 말했다. "내게 키스하지 않겠다고 약속한다면 어떤 약속도 할 수 있소." 그때부터 그는 두려움 없이 엘리베이터를 탈 수 있었다.

아마도 근래 가장 성공적인 광고 메시지 중 하나는 나이키 광고 문구인 "그냥 해.(Just do it)"일 것이다. 이 간단한 명령어는 일상에서 벗어난 상황을 직면하는 힘든 순간에 해답을 제시한다. 우리는 보통 해야 할 일을 **어떻게 할지** 미리 알고 싶어 한다. 하지만 새로운 성취는 주로 직접 행동함으로써 배울 수 있다. 탐험가인 루이스와 클라크[1]가 미지의 대륙을 끝에서 끝까지 가로지르는 법을 다

---

1. 미국 대륙을 가로지르는 임무를 수행한 탐험가

른 어떤 방법으로 알 수 있었을까? 첫걸음은 행동하는 것이다. 마찬가지로 환자가 완전히 다른 방식의 삶을 살아가는 방법을 일단 해보지 않고 어떻게 알 수 있을까? 그러나 공포에 마비되어 익숙하지 않은 행동에 나서고 싶지 않은 개인을 임상에서 마주치는 것은 드문 일이 아니다. 그러면 **그냥 행동하지 않는** 사람을 어떻게 도울까? 정답은 그들의 눈과 마음을 뭔가 다른 것에 고정시키는 것이다. 기본 전제는 고소공포증이 있으나 높은 다리를 건너야 하는 사람을 아래쪽이 아닌 다른 곳을 바라보도록 하는 것과 비슷하다. 시각을 분산시키는 것이 핵심은 아니라는 점을 알아야 한다. 그보다는 저항하기 힘든 생각으로부터 마음을 분산시키는 것이다.

주의 분산이라는 임상 전략은 일시적으로 생각과 행동을 분리시켜 고도로 자동화된 행동 양식에 더욱 의존하도록 하는 것으로 정의할 수 있다. 몸이 한 가지 중요한 일에 몰두하는 동안 마음은 다른 곳에 초점을 맞춘다. 아마 이 자연스러운 행동의 가장 흔한 예는 자동차를 운전하는 사람이 집에서 사무실로 가면서 어떤 방식으로 거기에 가게 되었는지 의식적인 기억이 없는 경우다. 그의 몸이 필요한 일에 자동적으로 반응하여 안전하게 차량들 사이로 운전하는 동안 그의 마음은 다른 중요한 일로 분산되어 있었던 것이다.

주의 분산은 자기 충족적 예언이나 공포 자극에 대단히 조건반사적으로 반응하는 증상에 특히 유용하다. 아마도 가장 고전적인 예는 주사를 맞아야만 해서 두려워하는 아이(혹은 어른)일 것이다. 주삿바늘을 보기만 해도 신경이 과민해지고 근육은 과긴장 상태가 된다. 어떤 아이는 심지어 도망치려고 시도할지도 모른다. 저지를 받게 되면 그것이 상황에 대한 공포를 증가시켜 악순환에 빠진다. 그 결과 아이가 경험하는 고통이 극적으로 증가하여 결국 정신적 외상을 입는다. 그러나 아이에게 사탕 그릇을 보여주고 어떤 색이 좋을지 결정하라고 하면서 주삿바늘을 보이지 않게 하면, 약간 따끔한 것은 모르고 지나칠 수도 있다. 레지던트 근무 기간 중 에릭슨은 비슷한 상황의 기발한 주의 분산 방법을 개발했다. 환자가 고통스러운 의료 절차를 기다리며 앉아 있는 동안, 에릭슨은 이렇게 말했다. "저렇게 느리게 주사하는 간호사를 만나지 않기를 바랍니다. 손이 빠른 간호사를 만나면 훨씬 덜 아프거든요." 이렇게 하면 어떤 간호사를 만나고 에릭슨이 어떻게 반응하는지 보는 것에 환자의 주의가 완전히 분산된다. 에릭슨이 안심하는 것 같은가? 만약 그렇다면 환자는 마음을 놓고 그저 만약에 잘못된 간호사를 만났다면 얼마나 아팠을지 생각해보았을 것이다.

심리적 고통에는 자기 충족적 예언의 효과 때문에 만성화되거나 갈수록 나빠지는 증상이 많다. 환자가 부정적 결과를 강하게 예상할 때마다, 이런 예상 하나만으로도 증상 행동을 지속시킬 수 있다. 그렇지 않았으면 그러한 행동을 줄일 수도 있었을 것이다. 한 가지 예는 너무도 초조해서 대화 중 말을 더듬다가 거의 말을 할 수 없게 되는 사람이 보여주는 악순환이다. 또 다른 예는 천식에 걸린 어린아이가 한 번 더 발작이 올까 봐 너무 두려워서 가슴의 모든 근육이 긴장되어 폐가 팽창할 공간이 거의 남아있지 않는 경우이다. 우울증과 관련된 흔한 시나리오는 환자가 희망과 가치가 없는 느낌을 경험하기 시작하면 하루 종일 침대에 있거나, 열두 시간 연속으로 TV를 보거나, 보드카 한 병을 다 마셔버리기도 한다. 이런 행동은 자신에 대해 더욱 나쁜 느낌을 갖게 만들고 우울증 사이클을 더욱 가중시킨다. "나는 정말 형편없는 인간이구먼!" 이런 경우 자신의 부정적인 예상과 양립할 수 없는 활동에 주의가 분산될 때 저절로 돌아가는 사이클을 멈출 수 있다. 부정적인 예상이 실현되지 않을 때마다 새로운 학습을 위한 에너지가 이용 가능해진다.

앞서 언급된 사례에서 남자의 엘리베이터 공포증은 그 모든 상황에서 생긴 불편함에 기인할 가능성이 아주 크다. 그는 항상 엘리베이터를 피했고, 갑작스러운 위 쪽 움직임으로 생기는 내적 감각에 아마도 익숙하지 않았을 것이다. 그는 또 "올바른" 신사여서 젊은 여성이 조종하는 탈것의 승객이 되는 것이 익숙지 않았을지도 모른다. 좁은 공간에 젊은 여성과 단둘이 있게 되는 상황도 그로서는 아주 불편했을 수 있다. 에릭슨이 강조한 것과 같이 그는 엘리베이터를 타고 내리는 것 자체는 두렵지 않았고 그의 사무실이 꼭대기 층에 있는 것도 그랬다. 이것이 폐쇄 공포증이나 고소 공포증이 아니라 위쪽 방향의 움직임이 치료의 주제가 된 이유이다. 엘리베이터 승무원이 모두 젊은 여성이었음을 생각하면 에릭슨이 처음에 "아마 섬뜩하게 놀라실 거예요. 위쪽이 아니라 다른 쪽으로요."라고 한 점은 흥미롭다. 엘리베이터는 위쪽으로 움직이고 그것이 남자가 현재 두려워하고 있는 점이라면 유일한 다른 쪽은 아래쪽일 것이다. 이런 식으로 에릭슨은 성적 뉘앙스를 가진 개입을 하려는 복선을 깔았다. 엘리베이터 승무원이 두려움에 빠진 남자에게 키스하겠다고 위협함으로써 그의 주의는 갑자기 그녀의 입술을 향하게 되었고 자신의 몸에 대한 감각에서 벗어나게 되었다. 게다가 그는 더 이상 자신의 발과 땅 사이의 공간에 대해 그와 젊은 여성 사이의 공간만큼 신경 쓰지 않게 되었다. 이러한 주의 분산은 실제적으로 저항할 수 없는 것이었고 결과적으로 그 **낡은 엘리베이터를 타고 올라가는 것**에 새로운 의미가 부여되었다.

훈제 청어

◆ 사례 : 엿보이는 것을 참을 수 없었던 소녀

극심한 불안감을 가진 한 소녀가 에릭슨에게 치료를 받으러 피닉스에 왔다. 그녀의 행동은 극도로 융통성이 없었고 제한적이었다. 그녀는 옷을 입는 의식^{ritual}이 있었다. 꼭 특정 방식으로 입어야만 했다. 편지를 읽을 때에도 융통성이 없는 의식이 있었다. 꼭 특정한 물건 위에만 앉았으며 오직 특정 아파트에만 살려고 했다. 그리고 그녀는 자신을 깨끗이 하려는 끊임없는 강박이 있었다. 어떤 날은 목욕을 하면서 열아홉 시간을 보내곤 했다.

에릭슨은 이렇게 설명했다. "저는 가장 먼저 그녀가 자신을 깨끗이 하는 동안 느끼는 아주 극심한 불안감이 무엇인지 제게 이야기하도록 했습니다." 이 대화를 하면서 그녀는 자신이 이렇게 엄청난 불안감에 완전히 사로잡혀 있음을 에릭슨에게 납득시키려 했다. 에릭슨은 그녀가 상세히 자신의 이야기를 하도록 하고 불안감이 너무 지독해서 다른 어떤 것도 알아차릴 수 없을 정도라고 그녀 스스로 납득하자, 그녀에게 동의하였다. 그리고 큰 호기심을 갖고 물었다. "이렇게 지독한 불안감에 빠져있을 테니까 샤워할 때, 내가 너를 엿보아도 신경 쓰이지 않겠구나." 그 말을 듣고 그녀는 너무 충격을 받았다. "…거의 이에서 뭔가 빠져버린 것 같았어요!"

에릭슨이 그런 행동을 실제로 하려고 그렇게 말한 것은 아니다. 그는 그저 그녀의 융통성 없는 관점을 넓히려고 별난 질문을 던진 것이다. 그러나 그녀는 그런 가능성을 생각조차 하고 싶지 않았다. 그녀는 그런 행동을 참을 수 없다는 것을 인정할 수밖에 없었다. "분명히 너는 불안감에 깊이 사로잡혀 누군가 거기 있는 것을 알지 못할 거야."라는 이전의 입장과 부딪치기에 이제 그녀는 샤워하는 것에 대한 불안감에 깊이 빠지지 않게 되었다.

그리고 에릭슨이 말했다. "실제로 네 불안감은 누군가 엿보는 것을 알 수 없을 만큼 심각하지 않단다. 사실 장담하건대 내가 욕실

문을 살짝 달그락거리기만 해도 너는 그것을 알아차릴 거야." 그리고 에릭슨은 그가 그녀의 집에 가서 달그락 소리를 내는 것을 그녀가 떠올리기만 해도 이전에는 빠져나올 수 없는 불안감이라고 생각했던 것에서 주의를 분산시키기 충분하다고 말했다.

"훈제 청어[2]"라는 표현은 지명수배를 당한 사람이 사냥개의 주의를 분산시키기 위해 이 생선을 자신의 발자취와 다른 방향으로 끌고 다닌 일에서 비롯되었다. 치료에서 감정적으로 강렬한 미끼를 사용하여 환자의 주의를 분산시켜서 주의 초점을 좁히고 압도되는 상황으로부터 거리를 둘 수 있다.

에릭슨은 종종 치과의 예를 들어 이 기법을 설명했다. 그의 환자 중 많은 사람이 치과에 가는 것을 두려워했는데 주사기를 사용할 예정이라면 더욱 그랬다. 그래서 에릭슨은 치과 의사에게 환자가 크고 긴 주삿바늘이 놓인 쟁반을 볼 수 있도록 앉히라고 조언했다. 치료실에 들어가 의사는 이렇게 말한다. "먼저 최면을 사용할 텐데 그러면 고통을 막아줄 겁니다. 하지만 불편해지기 시작하면 저기 있는 주사기를 사용할 수도 있습니다." 주삿바늘이 바로 의사가 환자의 치아를 치료하는 것으로부터 환자의 주의를 분산시키는 훈제 청어다.

---

2 지독한 냄새가 나는 생선

앞의 사례는 주의 분산이 다양한 차원에서 어떻게 실행되는지를 보여주는 아름다운 사례이다. 소녀가 자신의 목욕 습관을 묘사하도록 함으로써 에릭슨은 체계적인 탈민감화 과정을 시작했다. 그녀는 이를 인지하지 못했기 때문에 저항하지 않았다. 그녀는 **목욕을 하는 동안** 자신이 얼마나 불안감을 많이 경험하는지 에릭슨에게 납득시키는 것에 주의가 분산되어서 자신이 옷을 벗는 것에 대한 이야기를 하면서도 다른 사람을 의식하지 않았다. 그녀가 자신의 목욕과 관련된 것을 남성에게 말했음을 알아차렸을 때는 이미 늦었다. 이 상황을 벗어나는 유일한 방법은 자신의 불안감이 그렇게 심하지 않아서 누군가 자신을 엿본다면 확실히 알아차렸을 거라고 에릭슨을 납득시키는 것뿐이었다.

그녀가 기어를 바꾸고 에릭슨의 치료적 메시지에 반박하기 시작하면서 에릭슨은 그녀의 새로운 주장("저는 그렇게까지 불안하지는 않아요.")을 강화하고 확장하였다. 그렇게 불안감의 강도를 더욱 약화시킬 수 있었다. 이 개입이 성공한 것은 에릭슨의 진실성과 환자에 대한 존중이었음을 주목해야 한다. 만약 환자가 성적인 제안을 받고 있다고 의심했다면 결과는 처참했을 것이다. 에릭슨이 어떻게 라포르를 쌓고 치료를 위해 안전한 환경을 마련했는지는 이 짧은 이야기에 상세하게 설명되지 않았다.

전제 질문

◆ 사례 : 엘리베이터 안의 살인 환자

밤늦게 정신 병원에서 일을 하던 중, 에릭슨은 갑자기 위험한 상황에 빠졌음을 알게 되었다. 살인 환자가 엘리베이터 안에 몸을 숨기고 있었는데 에릭슨은 엘리베이터에 타고 문을 닫고서야 그를 발견하였다. 문은 자동으로 잠겼고 에릭슨은 열쇠를 갖고 있었지만 빠져나갈 만한 시간이 없었다. 살인 환자는 차분하게 말했다. "당신이 저녁 회진을 돌 때까지 기다렸소. 다른 사람은 모두 병동 반대 끝에 있지. 나는 당신을 죽일 거요." 에릭슨의 대답은 참으로 단순했다. "흠 저기서 나를 죽일 겁니까? 아니면 저쪽에서?" 환자는 에릭슨이 고른 첫 번째 위치를 보고 그다음 두 번째 위치를 보았다. 그가 그러는 동안 에릭슨은 문을 열며 말했다. "물론 저쪽에는 이후에 앉을 수 있는 의자가 있소. 당신도 알겠지. 그리고 저 아래에도 의자가 있소." 그렇게 말을 하며 에릭슨은 걷기 시작했다. "그리고 저쪽에 의자 하나가 더 있고 복도 끝에 한곳이 더 있소." 환자는 에릭슨을 따라 걸으면서 에릭슨의 죽음을 위해 그가 고를 수 있는 각각의 자리를 보았다. 마침내 그들은 간병인이 모여 있는 대기소에 도착하였다.

즉각적인 주의 분산을 만들어내는 가장 효과적인 방법 중 하나는 질문을 하는 것이다. 질문은 주의를 크게 분산시키고 보통 듣는 사람이 물음에 대해 생각하도록 강제한다. 사실 대부분의 사람은 일단 질문을 받으면 그것에 대해 생각해보고 대답을 해야 한다는 생각에 조건화되어있다. 이것이 판매 사원이 상대방의 저항에 대응하여 복잡한 일련의 질문을 던지도록 훈련받는 이유다. 판매 교육을 받는 사람은 이 말을 반복해서 배운다. "질문을 던지는 사람이 그 대화를 지배하는 사람이다."

전제라는 용어는 하나의 문장이 또 다른 문장의 유효성을 예상하도록 하는 언어 전략이다. 전제는 질문을 사용하지 않고도 일어날 수 있지만, 질문의 표면 아래 숨겨진 암시적 의미와 함께 특히 잘 작동한다. 예를 들어 "이 첫 번째 방문에서 이룬 진전을 알아차렸나요?"라는 질문은 진전이 일어났다는 점을 명확하게 암시한다. 하지만 환자의 주의는 알아차린 진전에 관한 질문으로 분산된다. "그 습관을 이번 주나 다음 주에 극복할 준비가 되었나요?"라는 질문은 또한 이중 속박으로도 볼 수 있다. 하지만 본질적으로 이 질문은 "나는 절대 회복되지 않을지도 몰라."라는 바람직하지 않은 생각으로부터 주의를 분산시키는 작용을 한다. 의미 있고 중요하다고 생각되는 흥미로운 질문과 마주하면, 환자는 밑바탕의 암시보다는 자신의 대답에 주의를 기울이기 쉽다. 시간의 문제에 주의를 기울이도록 하는 질문은 원하는 결과를 이루게 될 것이라는 강력한 심리적 암시를 담고 있다.

원칙적으로 감정이 관련되어 있을 때, 주의 분산 방식에 더욱 힘이 실린다. 필요하다면 에릭슨은 말에 암시된 의미로부터 주의를 더욱 분산시키기 위해 겉보기에 무례하거나 당황스러운 질문을 하곤 했다. 에릭슨은 이렇게 말했다. "환자가 위험한 의료 절차에 들어가기 전에 치료가 끝나고 집에 돌아가면 망할 스튜[3] 요리법을 보내 줄 의향이 있는지 물어보세요. 그리고 여러분이 망할 스튜를 얼마나 좋아하는지 이야기하세요." 이러한 삶의 위기 순간에 환자는 의사의 자기중심성에 약간 거부감을 느낄 가능성이 있지만 그녀가 회복하여 병원에서 집으로 돌아가게 된다는 절대적 확신이 담긴 암시는 의식적으로 인지하지 못한다. 이미 받아들였다는 것을 알지 못하는 말을 거부하기는 어렵다. 에릭슨은 야뇨증을 앓는 환자에게 똑같은 기법을 사용하여 회복에 관한 생각을 소리 내어 말하도록 했다. "월요일이나 화요일 아니면 금요일에는 처음으로 깔끔한 잠자리가 될 수 있을까요? 확실히 이번 주 일요일은 너무 이르죠." 요일을 지칭하는 주의 분산은 환자가 결코 깔끔한 잠자리를 가질 수 없을 것이라는 불행한 생각으로부터 벗어나도록 한다. 치료의 성공을 피할 수 없음을 암시하는 또 다른 사례에서 에릭슨은 "마지막 방문이 봄 이전이 될지 이후가 될지 모르겠습니다."라고 말하고는 했다. 이런 식으로 환자는 대답되지 않은 질문의 긴장감에 주의가 분산되면서도 결과를 선택할 자유를 가진다.

---

3   옛 서부 개척 시대의 카우보이 요리. 쇠고기와 내장으로 만든 스튜

올바른 방식으로 사용된다면 주의 분산은 속임수가 아니라 타당한 치료적 목적을 향한 진입로가 된다. 살인 환자가 에릭슨을 위협했을 때 그는 분명 심각하게 받아들여지기를 원했을 것이다. 에릭슨은 이렇게 설명했다. "그 환자가 나를 죽이려는 생각을 받아들였지요." 그리고 그의 말이 받아들여지자 환자는 에릭슨의 질문에 대답을 찾을 여유가 생겼다. 그리고 그 질문이 환자로 하여금 무엇을 가능하게 했을까? 그는 이제 정신과 의사에게 **어디로 가야 할지** 말할 수 있는 위치에 있었다. 그의 기본적인 목적이 중요한 권위적 인물로부터 심각하게 받아들여지는 것임을 가정하면 그의 임무는 성공했다. 에릭슨은 우리에게 이렇게 물을지도 모른다. "환자의 태도를 왜 활용하지 않나요?" 이 환자와의 작업을 설명하며 에릭슨은 말했다. "그들의 생각을 받아들이세요. 절대로 그것과 싸우지 마세요. 절대로 그것과 얽히면 안 됩니다. 단지 도움이 되는 방식으로 환자의 생각을 정교화하고 확장하는 데 그것을 활용하세요."

세부 사항 강조

◆ 사례 : 앨런의 다리 출혈

에릭슨의 7살 아들 앨런이 밖에서 놀다가 깨진 병 위로 넘어져 다리가 찢어졌다. 앨런은 소리를 지르며 집으로 돌아왔다. 다리에서 피가 철철 흘러내렸다. 소리를 한 번 더 지르려고 숨을 들이쉬며 잠시 멈추었을 때, 에릭슨이 매우 급하게 지시했다. "**큰** 수건을 가져오렴, 앨런. 작은 것 말고, **큰** 수건, **큰** 수건을 가져와!" 앨런이 그렇게 하자 에릭슨이 지시했다. "단단히 싸매렴. 아니 느슨히 하지 말고. 단단히 싸매! 단단하게 싸매라고!" 앨런이 다리를 다 싸맨 후 에릭슨은 잘 했다고 칭찬했다. 수건은 단단히 잘 싸매졌고 앨런은 더 이상 울지 않았다.

외과 의사에게 데려가기 전, 에릭슨은 앨런을 준비시키고 어떻게 할지 말해주었다. 외과 의사의 진찰실로 걸어 들어갈 때 앨런은 용감하게 말했다. "100 바늘 꿰매 주세요! 우리 누나가 맨날 꿰맨 걸 자랑해서 누나보다 많이 꿰매고 싶어요!" 의사는 앨런을 진찰대 위로 올라가게 한 후 다리를 살펴보고 에릭슨에게 물었다. "전신마취 할까요?" 에릭슨은 가볍게 말했다. "앨런의 말을 들어주세요. 어떻게 하는 게 좋을지 말해줄 겁니다." 앨런은 100 바늘을 꿰매고 싶다고 참을성 있게 의사에게 다시 설명하였다. 의사는 다리를 씻기고 아무런 마취도 하지 않은 채 봉합을 시작했다. "잠깐만요. 그렇게 멀리 말고요. 더 촘촘하게 붙여 주세요." 앨런이 다리를 들어 올리고 더 많이 꿰매 달라고 우기자 의사는 믿을 수 없다는 듯이 그를 쳐다보았다. 남은 절차가 다 끝날 때까지 앨런은 어떻게 되어 가는지 살펴보고 감독하고 비평하였다.

복잡한 일에 완전히 몰두해서 다른 즉각적인 환경을 고려할 주

의가 남아있지 않은 경험이 대부분의 사람에게 있을 것이다. 만일 어떤 일이 충분히 중요하고 그 세부사항에 면밀한 주의를 요구한다면 경쟁하는 다른 자극은 무시된다. 에릭슨의 아들 앨런의 사례에서 앨런이 아버지로부터의 세부적인 지시를 주의 깊게 들으면서 차단된 것은 고통과 부상에 대한 공포심이었다. 에릭슨은 앨런이 아픔에 대해 생각하거나 출혈을 걱정하는 것을 원치 않았다. 그리고 문제에 대하여 할 수 있는 행동을 하는데 참여하기를 원했다. 앨런은 정확히 딱 맞는 크기의 수건을 가져와서 올바르게 싸매는 것에 집중하게 되었다. 그렇게 주의 분산 기법이 동시에 능력을 쌓을 기회를 만들었다. 의사의 진료실에 있는 동안, 앨런의 주된 관심사는 바늘땀을 최대한 많이 얻어내는 것이었다. 에릭슨은 "베티 앨리스가 몇 바늘이나 꿰맸는지 잘난 척하는 것을 이제는 끝내버려야 할 것"이라고 앨런에게 말함으로써 생각에 빠지게 했다. 에릭슨은 이렇게 설명한다. "제가 한 것이라고는 앨런의 주의를 경험의 작은 한 면으로 돌린 것뿐입니다." 에릭슨은 또 누나를 이기려는 목표를 달성하기 위해 앨런이 의사가 하는 작업의 세부사항에 주의를 기울이도록 독려하였다.

사람이 강력한 감정적 강조와 함께 세부사항에 대한 매우 정확하고 상세한 지시를 받게 되면, 어떻게 반응할지 집중하는 경향이 있다. 반응하지 않아도 되는 가능성에는 주의가 덜 기울여진다. 올바르게 사용한다면 이런 종류의 주의 분산은 어려운 치료적 작업에 환자가 더 큰 투지를 갖고 접근하도록 돕는다. 이런 이유로 일반적으로 주의 분산은 육체적 고통, 공포 그리고 불안처럼 치료에서 주의를 빼앗는 강력한 자극에 균형을 잡아주기 위해 사용한다.

이 전략의 적용 가능성을 폭넓게 고려할 때, 현실의 어떤 부분이 더욱 주목을 받아야 하고 어떤 부분은 주의를 분산해야 할지 인지하는 것이 중요하다. 치료는 성공과 실패라는 두 가지 가능한 결과를 기준으로 둘로 나뉜다. 상식과 일상의 경험으로부터 우리가 알 수 있는 것은 성공이 주의의 초점이 될 때 더욱 그 가능성이 커진다는 것이다. 자신의 단점에 주의를 너무 많이 기울이는 사람은 수행 결과가 부족한 경향이 있다. 스포츠에서는 이를 흔히 "숨막힘"이라고 부른다. 심리치료에서는 이것을 "자기 충족적 예언"이라고 부른다. 치료자는 변화에 실패할 위험보다 바람직하거나 생산적인 치료적 가능성을 상세히 설명함으로써 긍정적인 자기 충족적 예언을 만들어야 한다. 이것이 치료자가 발생 가능한 부정적 결과를 논의하기를 피해야 한다는 의미는 아니다. 실은 그 반대이다. 어떤 주제를 완전히 피해버리면 환자가 올바른 지침의 도움을 받지 않고 스스로 추측할 수밖에 없다. 그러나 문제의 양면을 모두 다루면서 일단 환자가 새로운 가능성을 인식하면 더 유익한 측면을 보다 상세하게 설명하는 것이 합리적이다.

치료적 망각

◆ **사례 : 앉을 곳을 자세히 살폈던 여자**

한 여성이 에릭슨의 진료실에 들어와 자리에 앉기를 주저하였다. 그녀는 잘못된 의자에 앉지 않기 위하여 진료실 안의 의자를 각각 자세하게 살펴보았다. 그녀는 이렇게 자신의 문제를 보여준 것이다. 그녀는 특정 종류의 의자는 반드시 피하려 했다. 그녀는 이 문제에 관해 과도하게 강박적이었다. 그래서 그녀는 어디에 가든지 의자를 주의 깊게 점검해야 했다. 지나치게 자기 자신을 의식했을 뿐 아니라, 편안하고 느긋하게 앉는 자유를 즐길 수도 없었다.

에릭슨은 최면을 사용하여 걱정으로부터 점점 더 큰 자유의 상태로 천천히 작업해가는 생각을 전달했다. 이 치료는 진전 전략(이 전략은 9장에서 설명한다)이 중심이었다. 하지만 그는 최면 망각의 중요성을 주의 깊게 강조하였다. 그녀가 그의 제안을 기억하기를 원치 않았던 것이다. 그녀는 자연스러워지는 작업으로부터 주의가 더욱 분산될 필요가 있었는데 그렇지 않으면 자연스러움에 관해 지나치게 의식하게 되어 진전이 막힐 것이었다. 그녀는 치료가 되었는지 확실히 알지 못하고 진료실을 떠났다.

어느 날 그녀는 자신이 의자를 점검하지 않고 앉았음을 알았다. 그리고 그녀가 한동안 그렇게 해왔음을 깨달았다. 그래서 그녀는 곰곰이 생각해보니 한 친구와 정기적으로 영화를 보러 가고 있음을 인식했는데 이는 그녀가 몇 년 동안 할 수 없었던 일이었다. 그녀는 또한 몇 년 만에 처음으로 교향악을 들으러 가기도 했었다. 시간이 흐른 후 그녀는 치료의 성공을 에릭슨에게 설명하며 의자를 점검할 필요가 없어진 때를 결코 인지하지 못했다고 말했다. 그녀는 저절로 자유롭고 편안하게 의자에 앉기 시작했다.

환자가 치료에 집중할 수 없게 만드는 것을 잊을 수 있도록 제안한 에릭슨의 많은 사례가 있다. 주의 분산이 며칠 혹은 몇 주 동안 필요할 때 에릭슨은 망각을 주의 분산의 한 방법으로 사용한 것으로 보인다. 어린 시절의 압도적인 트라우마로 고통받는 환자나 자기 파괴 행동을 일으키는 강력한 모순적 신념을 가진 사람에게는 성급한 의식적 인지가 더욱 어려움을 야기할 수 있다. 주의 분산 전략으로 일어나는 망각은 영속적으로 기억을 지우는 시도라기보다 **새로운 학습이 방해받지 않고 자라날 수 있도록 허락하는 수단**이 된다. "진전" 전략은 시간이 흐르는 것이 필요하기 때문에 망각은 이런 면에서 종종 유용하다. 이러한 보조적 개입이 없으면 환자는 치료에 대한 확신을 잃기 시작할 수 있다. 마치 다음 속담과 같다. "주전자 물도 지켜보고 있으면 끓지 않는다."

또 다른 흔한 조언이 있다. "문제에 대해 너무 많이 생각하지 마라. 그러면 문제는 결국 저절로 해결될 것이다." 이는 종종 사실이다. 많은 문제가 주로 잘못된 예방 전략의 부산물이다. 특히 신경증적 집착에 사로잡힌 결과로 문제 행동을 강화하는 사람은 더욱 그렇다. 이런 현상은 인지 부조화의 개념으로 이해할 수 있다. 무언가에 많은 양의 시간, 에너지, 노력을 투입할 때마다 그것의 중요도는 커진다. 당신이 하루에 몇 시간을 의자를 살피는데 사용하고 이를 몇 년 동안 지속하면, 어디에 앉는가 하는 문제가 극도로 중요해지는데 아무렇게나 할 수 없을 만큼 너무나 중요해진다. 그러면 그 행동을 완료하는 것(즉, 의자에 안전하게 앉는 것)이 거부할 수 없는 보상이 되고 그러한 사이클을 반복하는 결과를 낳는다. 반대로 어떤 사람이 어디에 앉을지 결정하는 일에 에너지를 투자하지 않으면 의자를 선택하는 것은 주의를 기울이기에는 사소한 문제가 된다. 비록 해결책이 간단해 보이지만 신경증적 집착 뒤에 있는 순환적 역동을 깨는 것은 어려울 수 있다.

환자가 비생산적 걱정으로부터 주의가 분산될 때 다른 활동을 할 수 있는 에너지가 증가한다. 그들이 문제 예방과 관련 없는 보람찬 활동을 추구할 때 새로운 만족감이 자라난다. 삶에 보람이 느껴질 때 상상된 위협으로부터 방어책을 구할 필요가 없어진다. 개인은 위험이 가득한 세계에서 사는 것이 아니라 기회로 가득한 세계를 경험하게 된다.

임상가는 실패에 대한 두려움으로 때때로 최면 망각의 사용을 꺼린다. 이는 겉보기에는 복잡한 기법이다. 망각을 유도하는 제안에 환자가 "당신이 말한 모든 것을 기억합니다."라고 대답할 수 있다는 걱정이 있고 또 종종 그런 일이 생긴다. 그러나 이 대답은 주의 분산을 위한 또 다른 기회를 제공한다. 임상가는 환자에게 걱정스러운 주제에 주의를 집중하기보다는 트랜스 경험의 무해한 세부사항에 대해 더욱 상세하게 "문제"를 낼 수 있다. 이런 도전은 환자가 자신의 말을 증명하고 그럼으로써 통제감을 유지하도록 한다. 만약 두 번의 시도 후에도 환자가 여전히 애초에 망각의 목표로 삼았던 관념에 대해 이야기하기를 원한다면, 치료자는 주의 분산의 필요성을 재고해야 한다. 망각은 다른 사람에게 강제되어야 하는 어떤 것이 아니라 환자가 현재 작업에 필요하지 않은 생각을 내려놓을 수 있는 기회가 되는 것이다.

아마도 망각의 가장 효과적인 사용은 트라우마를 일으키는 생각이나 기억으로 압도당하는 고통을 겪는 경우일 것이다. 단지 잊을 수 있도록 허락받는 것으로 환자는 불안하게 만드는 자극을 일시적으로 내려놓을 수 있다. 이는 최면이 필요 없는 자연스러운 행동이다. 사람들은 종종 트랜스 유도 없이도 기회가 있다면 그렇게 행동한다. 만약 어떤 사람이 치료 중 논의된 무엇인가를 잊어버리기를 원치 않으면 그는 그저 잊기를 잊으면 된다. 잊는 것을 기억하는 것은 너무 복잡한 일이다. 이를 통하여 얻을 수 있는 것은 무엇일까? 바로 자유다. 환자가 어떻게 반응하든 자유는 증가한다.

주의분산의 일반적 적용

◆ 사례 : 여드름이 심했던 남학생

매사추세츠에 사는 한 의사가 에릭슨에게 연락하여 말했다. "내 아들은 하버드 학생인데 여드름이 극도로 심합니다. 최면으로 치료해 주실 수 있나요?" 에릭슨이 말했다. "그럼요. 그런데 힘들게 여기까지 올 필요가 있을까요? 크리스마스 휴가를 어떻게 보낼 계획이세요?" 그녀는 이렇게 답했다. "저는 보통 병원을 쉬고 선밸리에서 스키를 타요." 에릭슨이 말했다. "그러면 이번 크리스마스 휴가 때, 아들을 데리고 가는 게 어때요? 통나무집을 구하고 거울은 다 치워버리세요. 식사는 통나무집에서 드시고 손거울은 반드시 손가방 속 안전 주머니 속에 넣어두세요." 어머니와 아들은 스키를 타면서 휴가를 보냈다. 아들은 거울을 볼 시간이 없었다. 2주 후에 그의 피부는 정상으로 돌아왔다.

주의 분산의 일반적 적용에 관해 많은 것을 이야기할 필요는 없다. 주의 분산은 일시적인 삶의 조건에 지나치게 주의를 기울인 결과, 문제가 발생하는 경우에 가장 도움이 되는 전략이다. 고통을 피하려는 미친듯한 시도나 외모의 불완전함을 거부하는 극도의 노력이 있을 경우, 에너지가 묶이고 고착성이 증가한다. 사람은 본질적으로 불가능한 것을 달성하려고 완전히 집착할 때 적응력이 현저하게 떨어진다. 어떤 경우 환자가 할 수 있는 가장 치유적인 일은 밖에 나가서 바쁜 삶을 살고 삶을 즐기는 것이다. 충분히 오랫동안 주의가 분산되면 변화와 적응의 자연스러운 과정이 일어날 수 있다.

추가로 주의 사항이 하나 있다. 모든 형태의 주의 분산이 도움이 되는 것은 아니라는 점이다. 두렵고 연약한 환자에게 충격적인 언어나 성적인 접근을 사용하는 것은 적절하지 않다. 주의 분산을 사용하기 전에 환자의 성격을 주의 깊게 연구해야 한다. 예를 들어 에릭슨이 환자가 샤워하는 것을 본다면 그녀가 알아차릴 수 있을지 물었을 때, 그는 이미 그녀의 요구를 주의 깊게 고려하였고 그녀가 동의하지 않은 말에 대한 응답을 시험해 보았었다. 모든 형태의 주의 분산에는 **그 충격의 크기와 맞먹는 정도의 안전과 신뢰가 있어야 한다.** 자신의 가정 한 켠에 마련된 진료실에서 휠체어에 앉아있는 연약한 늙은이인 에릭슨은 기본적으로 안심할 수 있는 사람이었고 다른 환경이라면 불가능했을 이야기를 할 수 있었다.

임상가는 비윤리적인 행동에 관여해서는 안 되며 괴롭힘으로 오인될 수 있는 말이나 행동 또한 피해야 한다. 가장 도움이 되는 주의 분산은 환자가 치료 이후에 인정과 즐거움으로 되돌아볼 수 있는 종류의 것이다. 아주 미묘한 주의 분산이라도 심오한 효과를 가질 수 있음을 기억하는 것도 중요하다.

여드름이 난 학생의 사례는 치료의 증거가 없는 것으로 보일 수 있다. 그러나 이 사례는 환자 자신의 자원을 알아보고 이용하도록 한 훌륭한 사례이다. 에릭슨의 대답은 학생 자신에게 그리고 어머니의 보살핌 속에 치유에 필요한 모든 것이 이미 갖추어져 있음을 암시한다. 태도는 사실상 모든 신체적 질환에 영향을 미친다. 신경증이 피부 질환으로 나타났다면 환자가 가장 피해야 할 것은 자기 자신을 더욱 의식하는 것이다. 그래서 학생에게 의학적 치료를 권하지 않았던 것이다. 그렇지 않았다면 매일 약을 바르면서 거울을 들여다봐야 했을 것이다. 긍정적으로 생각하라는 이야기도 하지 않았는데, 그랬다면 아들은 자연스럽고 즉흥적으로 떠오르는 생각을 거부해야만 했을 것이다. 에릭슨은 어떤 특정 방식으로 행동하라고 이야기하지 않고 어머니와 휴가를 보내며 즐겁게 주의가 분산되어 있는 동안 학생 스스로가 치유될 능력이 있다는 신뢰를 전달하였다.

이 사례의 결과가 다소 믿을 수 없게 들릴 수도 있다. 하지만 회복의 기제는 꽤 단순하다. 여드름이 났던 경험이 있는 사람은 여드름을 계속 뜯거나 비누와 수렴성 화장품으로 피부를 자극하면 스스로를 보호하기 위해 기름기가 더욱 많이 발생한다는 것을 알 것이다. 피부에 기름기가 많아지고 발진이 심해지면 더욱 많이 씻게 되는 악순환이 생긴다. 이주일 동안 피부를 그냥 내버려 두면 종종 그것은 저절로 치유된다. 유일한 어려움은 개선의 조짐이 나타날 때까지 여드름이 난 사람의 주의를 상당 기간 분산시키는 것이다. 만약 이러한 주의 분산 기법이 학생에게 통하지 않았다면 에릭슨은 그 경험을 바탕으로 상식이 이끄는 다음의 개입을 마련했을 가능성이 크다. 그러나 그는 주로 가장 덜 개입적인 시도를 먼저 하였고, 이는 각자가 스스로의 방식으로 치유되도록 했다.

08 분할
Partitioning

이 장에서는 삶을 압도하는 상황에서 감정적 충격을 줄이는 데 도움이 되는 전략을 소개한다. 에릭슨은 강의에서 분할의 개념을 설명하기 위해 종종 다음의 사례를 언급했다. 이것은 자신의 사례는 아니었지만 분할이라는 본질적인 전략을 잘 묘사하고 있다. 이 장에서는 견딜 수 없는 상황을 더 작고 소화하기 쉽게 부분으로 쪼개는 여러 가지 방법을 볼 수 있다.

◆ 사례 : 농부의 히스테리

미네소타의 한 의사의 진료실에 농부가 팔이 부러진 채 달려왔다. 팔은 구부러져 있었고 농부는 겁먹고 발작한 상태였다. 그는 진료실에서 안절부절못하며 소리를 질렀다. "절 좀 어떻게 해 주세요!

절 좀 어떻게 해 주세요! 절 좀 어떻게 해 주세요!" 의사는 당장 그에게 다가가 말했다. "여기가 아주 아프지 않나요?" 농부는 그렇다고 말했다. 다음으로 의사는 진정시키며 말했다. "그래도 다행히 저 아래 손가락 쪽은 아프지 않고 어깨도 괜찮군요. 그저 여기만 아프지요. 저기와 여기는 괜찮고요. 그냥 여기만 아프군요. 그렇지요." 또다시 농부는 동의할 수밖에 없었다. 통증과 고통의 범위를 좁히고 나자, 잠시 후에 농부는 조용해져서 의자에 앉았다. 그의 두려움과 공포는 줄어들었다. 그리고 의사는 그의 팔을 치료하였다.

문제가 있었던 기간이 길거나 복잡하기 때문에, 심리 치료를 찾는 많은 사람에게 임상적 문제는 극복할 수 없는 것으로 보일 수 있다. 이용 가능한 문제 해결 자원이 압도되어 있고 문제의 크기에 비해 충분히 커 보이지 않기 때문에 치유가 일어나지 않았던 것이다. 간단히 말해서 희망의 느낌이 없는 것이다. 그러나 문제를 나뭇가지 한 묶음으로 본다면 개인의 모든 에너지를 묶음 전체가 아니라 나뭇가지 하나에 집중하도록 문제적 현실을 나눌 수 있다. 문제를 분할하고 한 번에 작은 한 조각만 작업한다면 장애물은 결국 극복된다. 이는 잘 알려진 군사 전략인 "분할 정복"에도 반영되어 있다. 심리치료에서는 임상적 문제를 분할하여 환자가 결국에는 문제를 정복할 수 있다는 희망을 준다.

분할은 거의 무제한의 적용이 가능한 폭넓은 전략이다. 분할은 한없는 문제적 현실을 더 작고 보다 쉽게 소화할 수 있는 부분으로 나눔으로써 부정적인 연결을 끊어내도록 한다. 에릭슨은 이 전략을 다양한 용어로 설명하였고 어떤 사람은 분별 접근법이라고 부르기도 한다.

이는 또한 심각한 트라우마 사례처럼 압도당한 개인에게 자발적으로 일어날 수 있는 자연스러운 대응 전략이기도 하다. 이인증[1], 기억상실증, 그리고 해리[2] dissociation는 자발적 분할의 예이다. 이것은 과도한 자극으로부터 자신을 보호하는 방식이다. 총체적인 경험의 한 측면을 차단하는 자연적인 능력이 의도적 통제 아래 놓일 때 치료적 전략이 된다. 이렇듯 분할은 일상적 삶을 침범하는 무의식적 반응이 아니라 유용한 도구로써 사용될 수 있다.

건강하고 조절된 분할의 일상적인 예는 다음과 같은 말속에 반영되어 있다. "회사 일은 사무실에 두고 오는 법을 익혔어요." 이럴 때 일과 시간에 발생하는 스트레스 쌓이는 일이 가족과 함께하는 시간과 분리된다. 그리고 다음날 직장으로 돌아가면 일터의 현실과 관련된 모든 필요한 정보를 떠올리게 된다. 또 다른 예는 스트레스 받는 상황을 너무 많이 처리하도록 요구받을 때 다음과 같이 대답하는 경우이다. "그것은 지금 당장 생각할 수 없습니다." 다시 말해서 그 사람은 총체적인 현실의 작은 부분을 다루고 있는 것이다.

---

1   자신의 몸과 마음에서 분리되어 있거나, 또는 관찰자가 되는 듯한 증상
2   일련의 심리적 또는 행동적 과정이 개인의 정신활동에서 다른 부분과 격리되는 것

치료적 분할을 달성하는 수많은 방법이 있다. 사람이 정보를 감지하고 처리하는 모든 접근로가 의식, 기억, 정체성 그리고 감각 기능을 포함하는 다른 부분으로부터 차단될 수 있다. 이런 분할이 지각 기능과 연관되기 때문에 분할의 대상이 환자의 인격이라고 잘못 생각될 수 있다. 하지만 진실은 종종 그 반대이다. 환자의 총체적 자원과 능력이 통합되어 문제 상황의 작은 일면에 적용된다. 그러므로 분할 대상은 환자에 의해 정의된 임상 문제 자체이다. 사람이 한 끼에 소 한 마리를 다 먹을 수 없는 것처럼 상담가는 치료의 본질을 나누어 해로운 현실이 한 번에 하나의 작은 조각으로 소화되도록 해야 한다.

증상 정의

어떤 것이 정의가 되는 순간 그것은 더 이상 유동적인 현실이 아니다. 그것은 다른 모든 잠재적 현상으로부터 떨어져 나온 파편이 된다. 증상 행동이 정의될 때 그것은 만연하고 비의도적인 성질을 잃기 시작한다. 언제 그러한 행동이 발생하는지, 어디에서 발생하는지, 또 그것의 강도, 지속 시간, 그리고 현상의 다른 세부사항이 그 행동을 보다 예측 가능하고 더욱 통제 가능하게 만든다.

이런 식으로 "정확히 언제 그 문제가 발생하나요?"와 같은 간단한 평가 질문이 거시적인 임상 전략의 자연스러운 일부가 된다. 이름이 붙여지지 않은 통제 불가능한 문제를 지닌 사람과 작업한다면 불가능하지는 않더라도 진전을 이루기 어려울 것이다. 일단 문제를 "성관계"라고 정의하면 그것은 총체적 삶의 작은 한 부분이 된다. "조루증"이라고 더욱 구체화하면 그 문제는 더욱 작은 부분이 된다. 그러면 다음으로 궁금한 것은 "이 부분이 더욱 잘게 나누어질 수 있을까?"하는 점이다.

에릭슨은 이와 유사한 상황에 놓인 한 남성이 사정하기 전에 정확히 몇 분간 성관계를 지속할 수 있는지 설명하도록 하여 조루증을 한 단계 더 분할하였다. 과정을 한 단계 더 분할 한 것이다. 성관계는 총체적으로는 더 이상 문제가 아니게 되었다. 그보다는 성관계 중 어떤 한 시점이 문제였다. 에릭슨은 그가 지정된 시간에 "부분 사정"을 경험하고 나머지는 더 긴 성관계 시간을 위해 남겨두도록 제안함으로써 불가피했던 조루증을 다루었다. 이렇게 심지어 사정 그 자체도 분할되었다. 남성은 이를 할 수 있다고 느꼈고 결과적으로 그의 성관계 능력은 크게 향상되었다.

어떤 사례에서 특히 육체적 고통이나 극심한 정신적 고통의 경우 환자는 증상이 절대 사라지지 않을 것 같은 느낌에 압도된다. 이런 상황에서 "그 문제가 얼마나 자주 발생하나요?"와 같은 무해한 질문이 놀라운 결과를 가져올 수 있다. 심지어 환자가 증상이 없을 때를 생각하기 시작하면서 얼굴 표정이 즉각적으로 변할 때도 있다. 이런 평가 질문은 미묘하게 증상의 고통을 분할하기 시작한다. 이와 똑같은 기법을 해결 중심 치료에서 세세하게 정교화했다. 이런 접근 방법에서 평가는 문제 상황의 예외를 발견하는 방식으로 사용한다. 그리고 환자는 문제 행동이 발생하지 않는 때를 상세하게 설명하도록 격려된다. 결과적으로 모든 것을 집어삼키는 것 같았던 문제가 환자의 삶의 경험 중 단지 한 부분으로 바뀐다.

후일 해결 중심 치료로 공식화된 치료법의 핵심은 1962년 에릭슨의 강의에서 아주 잘 설명되어 있다. 증상을 정의하는 **방법**의 중요성을 설명하면서 에릭슨은 접질린 발목을 진찰하는 올바른 방법을 대략적으로 설명하였다. 접질린 것이 왼쪽 발목이라면 의사는 먼저 오른쪽 발목을 보여 달라고 해야 한다. 환자의 접질린 발목이 어떻게 생겼는지 더 잘 이해하기 위해서는 온전한 발목을 확인할 필요가 있다. 그러고 나면 접질린 발목을 볼 때 의사는 잘못된 점뿐 만 아니라 무엇이 여전히 제대로인지 가리킬 수 있다. 이러한 방식의 평가는 문제의 크기를 나누는 데 도움이 될 뿐만 아니라 희망도 준다.

공식적 진단

◆ **사례 : 정신질환을 앓았던 여자**

한 여성이 에릭슨을 찾아와 불안감을 토로했다. 그녀는 다음과 같이 불평했다. "있잖아요. 빌어먹을 이웃의 목소리가 너무 불쾌해요. 심지어 골목 저 끝에 사는 사람의 목소리도 들려요. 괴롭고 잠도 잘 못자고 불안해요." 그녀의 남편은 아내와 언쟁을 하고는 했다. 그녀가 골목 끝의 이웃이 내는 소리는 들을 수 없다는 것을 깨닫기를 바랐다. 그러나 그녀는 이웃이 두 블록 안에만 있으면 심지어 속삭일 때조차 소리를 들을 수 있다고 우겼다. 그럴 리가 없다고 남편이 설득할수록 그녀는 더욱 화를 냈다.

그녀의 이야기를 듣고 에릭슨은 그녀에게 병원에 입원하는 것이 좋겠다고 말했다. 그리고 자신이나 다른 의사에게 외래 진료는 받지 않는 것이 좋겠다고 말했다. 그녀는 에릭슨에게 자신이 미쳤다고 생각하는지 물었다. 에릭슨이 심각한 목소리로 대답했다. "미쳤다는 단어를 쓰는 것은 부적절합니다. 저는 의사니까요. 저는 그런 식으로 말하지 않습니다. 하지만 당신에게 정신 질환이 있다고 생각합니다." 그녀에게 신체적 질환이 있었다면 그랬을 것처럼 동일하게 말해주어야 한다고 설명했다. 에릭슨은 상세히 말했다. "신체적 질환이 있으면 신체적 질병을 다스리는 병원에 갑니다. 당신은 정신 질환을 앓고 있으니 정신 병원에 가야 합니다."

진료 결과를 설명하며 에릭슨은 이렇게 말했다. "그녀는 상당히 현명한 방식으로 저와 그 문제를 논의했고 집에 가서 남편과 이야기하겠다고 말했습니다. 남편은 그녀가 다른 정신과 의사에게 진료를 받는 게 좋겠다고, 아무도 저처럼 그렇게 우울한 견해를 갖지는 않을 것이라고 주장했지요." 그녀는 남편에게 말했다. "그는 내가 정신 질환을 앓고 있다고 솔직히 말했어요. 두 블록이나 떨어진 사람의 목소리는 들을 수 없다고요. 가만히 생각해 보니 내가 이렇게 불안감에 빠지기 전까지는 진짜로 그랬던 것 같아요. 의사 말이 맞는 것 같아요." 며칠 후, 그녀는 정신 질환 환자로 병원에 입원하겠다고 했다.

쇼트는 과거 학교에서 심리학자로 일했다. 그는 학생의 상태를 평가하고 학생의 부모에게 진단 결과를 이야기할 때, "드디어 이것을 알게 되어 마음이 놓입니다."라는 대답을 반복해서 들었었다. 왜 마음이 놓이는 걸까? 왜 학부모는 상담실에 오기 전보다 아들이 자폐 증세를 보인다는 말을 듣고 덜 고통스러워하는 것일까?

진단의 이름을 붙이는 것은 포스트모던 문헌에서 과도하게 환원주의적이고 비인간적이라고 공격받아 왔다. 임상적 꼬리표가 붙은 사람에게 오명을 씌울 위험이 있다는 것이다. 하지만 이는 사회적 조절을 하지 못하는 사람이 자신의 실패를 바탕으로 **계속** 꼬리표가 붙고 자신이 이런 어려움을 겪는 **유일한** 사람이라는 생각으로 두려움에 빠진다는 사실을 간과한 것이다. **사람**이 아니라 **문제** 자체에 적절하게 꼬리표를 붙이게 되면, 개인적 정체성의 핵심에서 떨어져 나온 새로운 실체가 만들어진다. 여기서도 문제는 더 이상 유동적 현실이 아니라 특정 형태로 정의된다.

흥미롭게도 표준화된 정신병리학 테스트를 실시함으로써 긍정적인 결과가 달성되기도 한다. 최근에 연구자들은 미네소타 다면적 인성 검사(MMPI)를 실시하고 추후 결과를 공유하는 것만으로 심리적, 심신 상관의 증상이 상당히 경감될 수 있음을 보여주는 많은 데이터를 수집하였다. 공식적인 치료 개입 없이도 치료적 효과를 끌어낸 것이다. 정신병리학 검사 결과를 공유함으로써 환자는 새로운 시각을 얻을 뿐 아니라 실질적으로 고통의 자각을 분할하는 어휘를 갖게 된다.

많은 경우 공식적 진단이 내려지면 환자는 압도당하거나 혼란스러운 느낌이 줄어든다. 그 이유는 이제는 식별된 정신 질환에서 비롯된 문제가 다른 일상적인 문제로부터 분리되기 때문이다. 분할이 수행되기 전에는 "나는 삶을 다룰 능력이 없는 사람이야."라고 생각한다. 또는 앞의 사례처럼 "나는 미쳤어"라는 생각으로 지나치게 일반화하여 문제를 해결할 에너지를 분배할 수 없다. 이처럼 낙인을 찍는 생각은 정체성 전체를 가두어 회복에 필요한 자원을 남겨두지 않는다. 그러나 임상적 문제를 비임상적 문제로부터 분리시킨 후에는 다음과 같이 생각할 수 있다. "바로 이것이 문제로군. 이제 이를 해결하려면 어떻게 해야 할까?" 앞의 사례에서 여자는 이웃의 목소리에 완전히 압도되었다. 어떻게 해도 남편이 그녀의 말을 믿지 않아서 화가 났다. 그러나 에릭슨은 그 문제를, 받아들일 만한 영향을 지닌 단 하나의 이름으로 정리했다. 정중히 사용된다면 공식적 진단은 환자에게 방향성, 목적성 그리고 희망을 제공할 수 있다.

예후적 분리

◆ 사례 : 캐시의 암 통증

에릭슨은 극심한 암 통증으로 고통받는 여자를 진료하게 되었다. 암은 그녀의 폐, 넓적다리, 골반뼈에 전이해 있었다. 참을 수 없는 고통은 모르핀, 데메롤[3], 또 다른 어떤 마약 성분의 진정제로도 줄어들지 않았다. 에릭슨은 캐시의 담당 의사와 함께 입원실로 들어갔다. 그녀는 두 마디의 긴급 요청을 반복했다. "아프게 하지 마세요. 무섭게 하지 마세요. 아프게 하지 마세요. 무섭게 하지 마세요. 아프게 하지 마세요." 캐시는 서른여섯 살 밖에 되지 않았고 세 아이가 있었으며 제일 큰 아이는 겨우 열한 살이었다. 그녀는 살날이 두어 달밖에 남지 않았음을 알고 있었다.

에릭슨은 즉시 그녀의 주의를 사로잡았다. "그렇지만 당신을 아프게 해야만 합니다. 무섭게 해야만 합니다. 아프게 해야만 합니다. 무섭게 해야만 해요. 그래도 아주 조금 만요."

---

3 모르핀 대용으로 많이 쓰이는 진정제

다음으로 에릭슨은 캐시가 목 위로만 깨어있고 몸은 잠들도록 제안했다. 급박한 목소리로 그가 말했다. "이유는 모르겠어요. 의미도 모르겠습니다. 하지만 당신은 발바닥이 가려운 것을 느껴야 합니다." 고통의 경감이 간절히 필요했던 캐시는 그의 제안에 저항했다. "죄송하지만 가려움을 느끼지 못하겠어요. 발뒤꿈치가 저린 느낌밖에 없네요." 에릭슨은 그녀가 가려움을 느낄 수 없는 것에 정중히 유감을 표한 후, 그 저린 느낌이 그녀의 발, 다리, 골반 그리고 마지막으로 목에까지 천천히 퍼져나가도록 제안했다. 그러나 그녀의 가슴에 도달했을 때, 에릭슨이 관찰한 바를 이야기했다. "수술 부위에 궤양이 있네요. 죄송하지만 그 부위의 고통은 제거할 수 없겠군요." 캐시는 사과를 받아들였고 그의 "실패"를 용서했다. 에릭슨과 담당 의사는 그녀에게 남은 고통이 작아졌으며 그녀가 감당할 수 있는 수준이라는 것에 동의했다. 2월 27일에 에릭슨이 그녀를 진료한 이래로 그녀가 혼수상태에 빠져 사망에 이르렀던 8월 25일까지 그녀는 대체로 고통 없이 지냈다고 에릭슨은 보고하고 있다.

다른 전략과 같이 분할 역시 "해결책"을 주기보다는 환자에게 도움을 주는 것으로 이해해야 한다. 이는 완벽하지 않아도 괜찮다는 여유를 준다. 증상 복합체의 **모든** 측면을 해결해야만 하는 것은 아니다. 환자는 문제의 90퍼센트를 제거하는 데 성공할 수도 있다. 어쩌면 가장 괴로운 증상만 완화될 수도 있다. 환자의 문제를 완전히 "해결"해 주지 못하는 것이 걱정인 상담가에게 다음과 같이 물을 수 있다. "전혀 진전이 없는 것보다 부분적 성공이 더 낫지 않은가?"

'모 아니면 도'식의 사고방식으로부터 무엇을 달성할 수 있는가에 관한 사고방식으로 이동할 때 치유가 일어날 가능성이 가장 크다. 이 생각을 받아들이고 달성 가능한 것을 함께 살펴보는 것을 이 책에서는 예후적 분리라고 이름 붙였다. 목표는 **불가능한 것을 가능한 것으로부터 분리하는 것이다.** 이러한 노력이 협력적인 이유는 무엇을 달성할 수 있을지 최종적으로 결정하는 것은 환자 자신이기 때문이다.

이와 똑같은 치료 전략을 알코올 중독자 치료 모임에서 도움을 받는 많은 사람이 사용하고 있다. 극복하기 어려워 보이는 문제와 싸울 힘을 기르면서 평안의 기도를 드린다. "하느님, 제가 바꿀 수 없는 것은 받아들일 수 있는 평온함을 주시고, 바꿀 수 있는 것은 바꾸는 용기를 주시며, 그 차이를 알 수 있는 지혜를 주소서." 이런 자기 평가는 사실 상황적 요소에 대한 예후적 분리이다.

예후적 분리의 또 다른 흔한 용법은 단계를 도입하는 것이다. 퀴블러-로스 Kubler-Ross와 같은 단계 이론가의 선구적 작업[4] 덕에 죽음을 직면한 사람이 고립과 거부라는 끝없는 함정에 갇히지 않게

---

4   심리학자 퀴블러-로스는 사람이 심리적으로 부정, 분노, 타협, 우울, 수용의 다섯 단계를 거쳐 죽음을 수용한다고 했다

되었다. 그것은 단지 첫 번째 단계일 뿐이며 이를 인지할 때 최종적 결과로부터 분리된다. 분노, 타협 그리고 우울도 또한 분리되며 환자는 수용이라는 최후의 단계를 기대할 수 있게 된다. 장거리 달리기 선수가 8킬로미터 지점을 목표로 삼고, 그다음 16킬로미터 지점을 목표로 삼고 그렇게 지속하는 것처럼, 괴로움과 고통을 경험하는 환자는 문제의 전체 중 한 조각의 진전을 목표로 하는 것이 도움이 된다. 흔히 이런 말을 한다. "그 문제는 내가 다루기에 너무 컸어. 작은 부분에 집중해서 어느 정도 진전을 보는 게 필요했었지." 문제를 단계별로 구분하는 것의 또 다른 장점은 환자에게 문제가 해결되는 "최종 단계"로 향하는 지도를 제공해 준다는 점이다. 이런 방향감과 함께 희망이 생긴다.

이 전략은 환자가 각각의 단계를 식별할 수 있는 신호를 기대하고 인식할 수 있을 때 가장 효과적이다. 신호를 찾고 진전을 보는 절차는 상담가가 예측한 결과의 정당성을 부여한다. 임산부와 작업하면서 에릭슨은 출산과 분만 단계를 설명함으로써 어느 정도 분만 통증을 경험할 필요가 있음을 인정하곤 했다. 그는 분만 과정이 세 단계로 이루어져 있다고 설명하였다. 그리고 두 번째와 세 번째 단계에서 분만통에 주의를 다 기울이기에는 너무 바쁠 것이라 첫 번째 단계에서 그것을 느껴야 한다고 말했다. 그는 이 기법을 설명하면서 이렇게 말했다. "저는 그들이 조금 덜 불편할 때 수축을 느낄 수 있도록 상황을 구성했습니다." 어떤 경우에 에릭슨은 분만 과정을 다섯이나 여섯 단계로 설명하기도 했는데, 특히 산모가 수축을 느끼는 동안 한 단계 이상이 필요해 보였을 때 그랬다. 에릭슨에게는 문제를 조각내기 위해 정확히 몇 단계를 사용하는가가 중요하지 않았다. 더욱 핵심적인 것은 총체적인 결과에 있어 단지 작은 한 부분의 불편함은 불가피하다는 것을 인정하는 것이었다. 우리 모두가 아는 것처럼 실제적인 삶은 절대로 이론적 구조물과 같이 깔끔하고 완벽하게 흘러가지 않는다.

예후적 분리의 또 다른 흥미로운 형태는 마음-몸 분리를 사용하는 것이다. 심각한 육체적 장애로 고통받는 사람과 작업할 때, 에릭슨은 종종 다음과 같이 말하며 임상 작업을 시작하곤 했다. "당신의 고통에는 신체적인 요소가 있습니다. 그 부분은 제가 어떻게 할 수 없습니다. 하지만 심리적 요소 또한 존재합니다. 그 부분은 우리가 뭔가 할 수 있습니다." 문제의 심리적 요소로부터 신체적 요소를 분리한 후, 환자는 자신이 통제할 수 있는 영역에서 의도적인 행동을 취할 수 있었다. 예를 들어 천식으로 고통받던 소년과 작업하면서 에릭슨은 다음과 같이 설명했다. "천식의 일부는 신체적인 것이고 또 다른 일부는 두려움에 기인한단다." 그리고 긴장 상태에서 가슴 근육을 조이면 숨쉬기가 얼마나 어려운지 보여주었다. 문제의 이 부분에 대해 스스로 어느 정도 통제할 수 있음을 알게 되자 소년은 두려움을 덜 느끼게 되었다. 결과적으로 천식 발작의 주기와 강도가 줄어들었다.

좋은 치료 계획에는 가장 기본적인 형태의 예후적 분리가 필수적인 요소이다. 치료에 동의할 때 환자는 알려진 위험 및 치료와 연관된 효과에 관하여 알 권리가 있다. 자신이 원하는 시간 안에 100퍼센트의 개선을 얻는 것이 불가능할 것 같은 경우라면 환자가 어떤 효과를 기대할 수 있고 그를 위해 어느 정도의 시간이 걸릴 것이라고 예상하는 것이 적절한지 설명해야 한다. 이 절차는 여전히 희망을 제공하면서도 융통성 없는 '모 아니면 도'식의 사고방식을 깨준다.

치료 계획을 세우는 동안 회복의 순서에 관하여 어느 정도 논의가 필요하다. 환자가 어떤 증상을 먼저 다루기를 원하며 어떤 증상이 가장 먼저 호전될 것이라고 믿는지 물어봄으로써 이 과정에 참여하도록 정중하게 요청해야 한다. 어떤 환자는 자신이 치료에 어떻게 반응할지 그리고 자신의 목적을 달성하는 데 시간이 얼마나 걸릴지 매우 세밀하게 묘사하는 것이 가능하다. 반면에 그에 관해 전혀 아무런 생각이 없는 사람도 있다.

스스로 회복의 길을 그려볼 수 없는 사람을 위해 임상가는 비슷한 환경에 직면한 다른 사람의 경험을 어느 정도 공유하는 것이 도움이 될 수 있다. 이런 식으로 회복의 길이 펼쳐진다. 환자는 어느 정도의 경감을 기대하고 거기까지 시간이 얼마나 걸릴지 생각해보기 시작한다. 어떤 상담가도 미래의 일을 완벽히 알 수 없지만 이런 예후적 평가는 희망을 건설하는 구조물이 된다.

캐시의 암 통증 사례에서 에릭슨은 아주 미묘하고 우아한 형태의 분할 전략을 사용하였다. 앞으로 겪게 될 수 있는 고통의 양과 관련하여 예후적 분리가 이뤄졌다. 에릭슨이 치료를 시작하기 전에 고통은 캐시의 마음과 몸을 모두 집어삼키는 경험이었다. 결국 고통은 쪼개져서 몸의 한 부분, 궤양이 생겼던 가슴 부위로 국소화되었다. 고통을 조각내는 작업은 에릭슨이 그녀의 발바닥이 가려울 것임을 제안했을 때 시작되었다. 이는 약간의 새로운 불편이 추가되는 것이었다. 에릭슨은 다음과 같이 설명한다. "그렇게 제안한 목적은 단지 캐시가 내부적으로 기능하기 시작하도록, 그녀 자신의 신체 학습을 이용하기 시작하도록 그리고 그것을 그녀 자신의 대응 패턴에 따라 이용하도록 하는 것이었습니다."

그녀가 어떻게 대응할지 모르는 채로 에릭슨은 무엇인가 작은 것을 가지고 점차 그 크기를 늘려나가는 진전 전략을 이용하여 그녀가 자발적으로 일으킨 저릿한 느낌을 활용하였다. 그는 지혜롭게도 캐시의 상황이 고통 없는 삶이 될 수 없음을 알았다. 그래서 비교적 작은 조각의 고통을 남겨두는 선택지를 주었다. 이런 사고방식은 가장 고통스럽고 고질적인 증상을 극복하게 해 주었다. 이렇게 분리될 때, 심지어 가장 심각한 시련조차 견뎌낼 수 있게 된다. 이 사례에서 사용된 전략은 예후적 분리만이 아니었다. 하지만 추가적인 개입을 위한 중요한 틈을 마련해 주었다.

의식과 무의식의 분리

◆ 사례 : 학생의 트라우마 기억

에릭슨이 의과 대학에서 가르치던 때, 오랫동안 잊힌 기억을 되살리는 일에 호기심이 있었던 한 학생이 그를 찾아왔다. 에릭슨은 그를 수업의 시범 대상으로 트랜스를 진행하기로 했다. 깊은 트랜스 상태에서 학생은 말했다. "점점 무서워져요. 너무 무서워요. 그런데 아무 생각도 나지 않아요." 몇 분 안에 그는 공포에 질린 표정이 되어서 시범을 보고 있던 학생들이 깜짝 놀라게 되었다.

그는 말을 더듬고 숨을 몰아쉬며 말했다. "무서워요. 속이 좋지 않아요. 그런데 이유를 모르겠어요." 그는 헛구역질을 하기 시작했다. 호흡은 힘들고 발작적이 되었으며 손을 경련하듯 쥐었다 폈다 하고 곧 쓰러질 것만 같았다. 에릭슨은 일련의 휴식 시간을 주고 그를 트랜스에서 벗어나도록 하고는 다시 최면 작업을 시작하였다.

학생이 말했다. "너무 커요. 그렇게 할 수 없어요. 어떻게 할지 말해주세요." 에릭슨이 대답했다. "너무 크다고 하는군요. 전체를 한꺼번에 다 하지 말고 이쪽을 조금 저쪽을 조금 한 뒤에 부분을 연결해서 큰 전체를 만드는 것이 어떨까요?"

나중에 학생은 휴식을 취하고 트랜스에서 일어난 일을 포괄적으로 잊도록 지시를 받으며 깨어났다. 깨어나서 얼굴의 땀을 닦으며 속이 더부룩한 걸 보니 뭔가 자신에게 맞지 않는 음식을 먹은 것이 틀림없다고 말했다. 그 후에 최면 상태로 되돌아간 학생은 미소를 지으며 말했다. "재미있어요. 한 장면이 조금 전에 떠올랐어요. 제가 거기 있었던 것처럼 선명해요. 오클라호마에 살던 때로 되돌아갔어요. 어디 보자. 저는 거의 여덟 살이 되었네요." 그리고 트라우마 기억 전체가 의식으로 들어오면서 마지막 공포 발작을 경험했다.

어린 시절 그는 헛간에서 조니라는 소년과 놀고 있었다. 어쩌다 싸움이 시작되었고 쇠스랑을 들고 씨름을 하다가 조니의 다리를 찌르게 되었다. 조니가 소리를 질렀을 때, 그는 날을 잡아당겨 뽑아내고는 피가 철철 흐르는 것을 보고 충격을 받았다. 의사를 부른 후에 아버지는 그를 붙잡고 엉덩이를 두들겨 팼다. 그러는 동안 아버지의 무릎에 엎드려서 말 여물통에 낀 녹조류 찌꺼기를 쳐다보고 있었다. 아버지는 그를 끌고 집으로 가서 의사가 조니를 치료하는 동안 곁에 서서 지켜보게 했다.

의사는 항파상풍 혈청을 주사하며 그 이유를 설명했다. 이 이야기를 듣고 아버지는 아들을 또 때렸다. 의사가 떠나기 직전 조니는 과민성 쇼크[5]를 겪었다. 눈은 부은 채로 감겼고 혀가 커져서 입 밖으로 튀어나왔으며 "끔찍한 녹색"이 되었다. 의사가 주사를 한 번

---

5 급성 알레르기 반응의 하나로 즉각 치료하지 않으면 생명이 위독할 수도 있음

더 놓고 조니의 입에 숟가락을 넣은 뒤 아마도 기관절개술을 시행하기 위해 메스를 꺼냈다. 어린아이의 이해력으로는 그가 보기에 조니가 "돼지처럼 도살될 것" 같아서 더욱 두려웠다.

밤새도록 그는 조니의 피부가 "말 여물통같이 끔찍한 녹색"으로 변하는 꿈을 꾸었다. 다음날 의사가 상처를 다시 싸매는 것을 강제로 보게 되었다. 상처는 "끔찍한 색인 지저분한 녹색"으로 뒤덮여 있었다. 같은 날 말에게 물을 길어 주는 것을 잊어서 이전과 같은 자세로 아버지에게 또 엉덩이를 두들겨 맞으며 말 여물통의 찌꺼기를 보았다.

이 기억을 떠올린 후 학생은 피로하고 기운이 빠진 채로 교실을 떠났다. 다른 학생은 이 일에 대해 말하지 말라는 지시를 받았다. 일주일 후 학생은 에릭슨을 찾아와 기억을 되찾은 결과 자신에 대한 놀라운 점을 알게 되었다고 말했다. 그는 더 이상 정신 의학에 예전만큼 진지한 관심이 없어졌다. 대신에 내과 공부를 시작했다. 둘째로 피부과에 대한 태도가 변했다. 이전에는 반복적인 노력에도 불구하고 교과서를 공부할 수 없었다. 피부과 임상 강의에 들어갈 때마다 속이 불편해서 나와야 했다. 또한 교수진의 반복적인 경고에도 불구하고 그 과목의 강의는 지속적으로 피해왔다. 이제는 피부과를 흥미 있게 공부하게 되었고 임상 강의도 즐거웠다.

분할 전략은 거의 모든 형태의 심리치료에서 발견할 수 있지만,

가장 극적인 예는 최면치료 절차에서 찾아볼 수 있다. 최면에서 인지를 나누는 가장 일반적인 수단은 의식과 무의식의 용어로 이야기하는 것이다. 사실 "트랜스에 들어간다"라는 근본적인 개념은 지각과 정보 처리를 분할함을 의미한다.

에릭슨은 그의 여러 임상 도구 중 최면을 가장 다용도로 사용했다. 그의 최면 유도 방식은 스타일, 형식, 지속 시간이 다양했다. 하지만 각각의 최면 유도는 공통적으로 의식과 무의식을 분리했다. 일단 의식적 인지의 분할이 이루어지면 에릭슨은 주의 초점을 치유 절차로 안내했다.

예를 들어 트랜스 상태의 환자는 "무의식"을 사용하여 지극히 고통스러운 이전에는 표현하거나 심지어 생각하는 것만으로 너무나 위협적이었던 생각을 표현하도록 격려되었다. 그런 정보를 되짚어 본 후, 에릭슨은 환자가 의식 수준에서 기억할 준비가 될 때까지 무의식에 남겨둘 수 있는 선택지를 주고는 했다.

에릭소니언 최면 기법의 가장 큰 장점의 하나는 환자가 자신을 신뢰하도록 돕는다는 점이다. 환자가 자신의 사고와 판단력에 대해 얼마나 비판적인지와 상관없이 무의식은 언제나 사용하지 않은 자원으로 이용할 수 있다. 팔이 자동으로 공중으로 떠오르는 등의 최면 현상이 나타나면서 환자는 자신의 무의식적 학습과 능력의 좋은 점을 인지하도록 독려 받는다. 의식적 인지의 경계 바깥쪽에 숨겨진 이런 자원이 자신의 마음의 한 부분은 완전히 신뢰할 수 있다고 느끼는 기회를 준다. 이런 개념의 임상적 적용은 치료 결과를 개선하는데 관련된 요소인 자기 효능감과 내적인 통제 장소[6]를 향상시킨다.

관념 운동 신호 및 자동 기술automatic writing은 의식적 인지의 분리를 위해 자주 사용하는 잘 알려진 두 가지 최면 기법이다. 에릭슨은 소아마비 발작 이후 흔들의자에서의 경험(29페이지)을 시작으로 일련의 발견 이후에 이러한 기법을 개발하였다. 1920년대와 1930년대 에릭슨은 자동 기술, 손 공중부양 그리고 마지막으로 관념 운동 신호를 발견했다. 관념 운동 신호에서는 "네" 신호와 "아니오" 신호가 머리나 손가락의 특정 움직임을 확인함으로써 만들어진다. 그리고 무의식에 직접 질문을 한다. 이런 조작은 내담자의 주의를 어떻게든 분산해서 자동적인 움직임이 관찰되지 않도록 해야 한다. 그래서 내담자는 눈을 감거나 자신의 생각 속으로 빠져들도록 요청받는다. 자신을 의식하는 정도를 전반적으로 줄이기 위해 에릭슨은 머리를 비의도적으로 살짝 떨리게 하거나 끄덕이도록 요청하는 것을 선호했다. 이는 트랜스가 유도되었든 아니든 자동적으로 일어나는 행동이다. 이런 자동적 행동의 의미는 거짓말을 탐지하는 데 이용할 수 있을 만큼 대단히 믿을 만하다.

---

6 사회심리학 용어로, 개인이 사건을 통제해서 영향을 미칠 수 있는 정도를 말함

자동 기술은 내담자가 손에 펜이나 연필을 쥐고 손가락을 자동으로 움직이도록 훈련하는 좀 더 복잡한 절차다. 에릭슨은 이 기법에 아주 숙달되어서 심지어 자신의 자동 기술 능력에 매우 회의적인 사람과도 성공적인 결과를 달성할 수 있었다. 자동 기술의 결과물은 의식적 주의를 요하지 않고 단어나 문장을 만드는 일종의 낙서이다. 어떤 경우 이는 일련의 그림이나 상징물일 수도 있다. 관념 운동 신호와 같이 마음의 어느 한 부분만이 대답할 수 있는 질문이 주어진다. "당신은 그것이 무엇인지 알지 못한 채로 그 내용을 쓸 수 있습니다. 그리고 되돌아가서 당신이 무엇을 했었는지 모르지만 당신은 그것을 알고 있었다는 사실을 발견하게 됩니다." 두뇌 손상 환자를 연구하며 밝혀진 것처럼 **글을 쓰는 것**은 타이핑하거나 말하는 작업과는 다른 두뇌 부위를 사용한다. 이런 점에서 분할이라는 심리 전략은 두뇌 구조에서 생리적 경계선의 존재를 보여준다. 의식 혹은 무의식으로부터 정보를 요청함으로써 대단히 복잡한 두뇌 작용이 더욱 자극된다.

현대 인지 연구에서 "의식"과 "무의식"이라는 용어가 흔히 사용되지는 않지만 거의 동일한 개념이 "암묵적" 그리고 "명시적" 기억이라는 용어로 설명된다. 이런 용어는 또한 "선언적" 그리고 "비선언적" 기억과 같은 뜻이다. 간단히 말해서 명시적(또는 선언적) 기억은 이야기할 수 있거나 논리적으로 점검될 수 있는 사건에 대한 기억이다. 그것은 떠올린 정보와 관련된 모든 구체적인 세부 사항을 포함한다. 반면 암묵적(또는 비선언적) 기억은 지각, 자극-반응 혹은 운동 학습의 내용을 포함하는 정보를 떠올리는 것이다. 이는 인지되지 않은 채로 존재한다. 이런 기억은 자동으로 작동하여 논리적 사고의 혜택 없이 행동에 영향을 미친다. 이런 종류의 기억으로는 개인이 자신의 반응을 이끌어낸 경험이나 사실에 접근할 수 없다. 마찬가지로 암묵적 기억은 감정이 유래한 특정 사건에 대한 인지 없이 강력한 감정적 반응을 일으킬 수 있다. 에릭슨에 의해 의식과 무의식으로 설명된 이런 이중성은 마음의 생물학적 분할을 보여준다. 연구에 따르면 명시적 기억은 해마의 형성에 의존하지만 암시적 기억은 그렇지 않다. 두뇌의 각 부분이 서로 다른 방식으로 정보를 처리한다는 사실은 생물학적 실재이다. 이 사실을 이해하고 무작위적이 아니라 전략적으로 이용해야 한다. 앞의 사례에서 볼 수 있듯 상담가는 단지 정보를 분리하여 처리할 수 있는 기회를 제공하면 되는 것이다.

의대 학생과 작업하면서 에릭슨은 트라우마 기억이 어떻게 회복되는지 말했다. 그는 이 과정을 다음과 같은 질문으로 시작했다. 학생은 그 전체가 한꺼번에 의식으로 분출되기를 원했는가? 아니면 다음 전개를 보다 쉽게 참아낼 수 있도록 과정을 멈추고 힘을 모아 그것을 조각조각 한 번에 한 부분씩 다루는 것을 선호했는가? 인지적 요소와 감정적 요소를 분리하고 둘 중 어느 하나를 먼저 경험하기를 원할 것인가? 아니면 회복 과정이 원래의 경험과 똑같은 전개 과정과 시간 순서를 따르기를 원할 것인가? 이 사례가 보여주듯 압도적 현실이 다양한 방식으로 분할될 때, 트라우마 기억이 보다 쉽게 소화될 수 있다. 이런 검토가 안전한 환경에서 수행되었다는 점을 이해하는 것도 중요하다. 최근 연구결과는 최면으로 되찾은 기억의 정확성에 의문을 제기하기도 한다. 하지만 이 논의의 목적은 에릭슨이 촉진한 정보의 재처리가 환자에게 의미가 있음을 이해하는 것이다.

이 방법론은 트라우마 기억을 처리하는데 유용할 뿐 아니라 변화에 대한 환자의 두려움을 다루는 데 이용할 수도 있다. 결혼, 자녀를 갖는 것 혹은 또 다른 삶의 조건에 변화를 주기 두려워하는 개인은 이런 가능성을 트랜스 동안에만 무의식을 이용하여 논의함으로써 도움을 받을 수도 있다. 트랜스에서 나온 뒤 환자에게 위협적인 생각은 트랜스 동안 환자에게 최면 망각을 허락함으로써 "보통의 의식"에서 분리된다. 에릭슨의 흔한 격언 중 하나는 다음과 같다. "기억하고자 하는 것은 의식적으로 기억하되 어떤 것은 당신을 **진정으로** 도울 수 있는 무의식에 남겨둘 수 있음을 기억하라." 요점은 트랜스 상태나 무의식이 실재하는가에 관한 논쟁이 아니다. 중요한 점은 분할을 쉽게 달성할 수 있다는 것과 그 결과로부터 혜택을 얻을 수 있다는 점이다.

해체

대부분의 임상가가 "방향감 정상 x 3^7"이라는 용어에 익숙하지만 사람, 장소 및 시간에 대한 환자의 방향감을 분할을 통하여 의도적으로 조작한다는 것을 인정하는 사람은 많지 않다. 그러나 이는 흔히 행해진다. 환자가 정신 분석가를 만나서 그의 총체적 인격이 이드, 자아 그리고 초자아의 조합으로 이루어졌다는 것을 발견하면 그는 사람에 대한 새로운 방향감을 경험하게 된다. 환자가 교류 분석에 숙달된 임상가를 만나면 압제적 부모의 자아 상태와 그 결과인 모든 문제에 대해 더욱 예리하게 인지한 채로 세션을 마칠 가능성이 크다. 정신 역동에 기초한 모든 지도mapping는 심리적 현실의 분할을 필요로 한다. 수많은 정신 치료 학파가 발견한 것처럼 일반적으로 그러한 분할은 환자가 목표를 설정하고 변화를 향한 표적을 확인하도록 돕는다.

학습이론의 철학적 바탕 위에 행동분석가들은 "기능 분석"이라는 기법으로 행동을 해체하는 체계적인 방법을 개발했다. 분할의 이런 사용법은 행동 양식을 이해하기 위한 논리 체계를 제공한다. 기능 분석은 문제 행동을 유지하는 환경적 요인에 주목한다. 행동은 **선행 조건**Antecedent, **개별 행동**Behavior 그리고 **결과**Consequence라는 세 가지 구성 요소를 확인함으로써 해체된다. 이는 ABC이론으

---

7 환자가 세 가지 차원, 즉 사람, 장소, 시간을 식별하는 것을 뜻함

로 알려져 있다. 행동(B)을 변화시키기 위하여 임상가는 선행 조건(A)이나 결과(C) 혹은 양자 모두를 바꾸려고 시도할 수 있다. 예를 들어 쇼트는 최근 떼쓰는 아들 때문에 애를 먹던 한 엄마를 보았다. 공원에서 엄마는 실행할 의지는 없었던 여러 가지 요구를 아이에게 하고 있었다. "조니야. 우리는 공원에서 그만 놀고 이제 집에 갈 거야." 이는 예측 가능한 개별 행동으로 이어졌다. 조니는 바닥에 주저앉아 소리를 지르고 팔다리를 마구 흔들기 시작했다. 어머니는 어쩔 줄 몰라서 조니가 소리 지르기를 멈추면 놀이터에서 15분 더 놀 수 있다고 말했다. 떼를 쓴 결과 아이는 무엇을 원했든 간에 더 많은 보상을 받았다. 당황스러운 떼쓰기로 엄마는 향후 자신이 원하는 바를 주장하기 더 어려울 것이고 그것이 다음 떼쓰기의 선행 조건이 될 것이라는 것을 짐작할 수 있다. 행동을 이렇게 해체하고 난 후에야, 비로소 저절로 지속되는 소용돌이가 명백하게 밝혀진다. 어느 정도 기계적으로 보일 수 있지만, 이런 형태의 해체의 유용성은 과소평가되지 않아야 한다. 에릭소니언 상담의 선두적인 학자인 마이클 얍코(Michael Yapko)는 다음과 같이 주장했다. "…당신은 증상의 기능을 이해하고 파괴적인 증상이 나타나지 않도록 하며 증상의 기저에 놓인 욕구를 충족시킬 대안을 제시해야 합니다."

해체의 가장 극적인 예는 게슈탈트 치료, 사이코드라마 그리고 최면과 같은 경험적 치료법에서 찾아볼 수 있다. 환자가 빈 의자를 바라보고 자신의 어머니에게 말을 걸어보라는 요청을 받을 때,

매일의 자아정체성 경험에서 분리되면서 확실한 분할이 일어난다. 마찬가지로 심리극을 구성하면서 환자는 자신의 삶에서 다른 시기의 자신을 연기하도록 요청받을 수 있다. 이런 분할은 정체성의 한 국면이 다른 국면과 대항하면서 새로운 선택지를 만들어낸다. 각각의 기법은 일반적인 현실 방향성의 세 영역(사람, 장소, 시간) 모두를 동시에 변화시킬 수 있다.

사람을 이론적 정신 역동을 따라 해체할 수 있는 것과 같이 몸의 부분을 살핌으로써 총체적 정체성을 구성하는 작은 부분과 작업하는 것도 가능하다. 뒤틀린 신체 이미지를 갖고 있거나 섹스와 같은 생물학적 기능을 두려워하는 개인과 작업할 때, 에릭슨은 종종 자신이 "소우주적 자기 점검"이라 부르는 기법을 이용하곤 했다. 예를 들어 불감증을 호소하는 여자와 작업하면서 에릭슨은 의학 교과서를 꺼내어 그녀가 여성 생식기 계통의 근육 세포와 조직을 공부하도록 도왔다. 이런 작은 해부학적 부분을 고려하고 각 기관과 조직의 개별 기능에 대해 논의한 후, 에릭슨은 오르가슴이라는 주제로 전환하였다. 그는 손의 한 쪽 면에만 감각이 있다면 무슨 소용이 있을지 물었다. 그녀는 손의 양쪽 면 모두에 감각이 있어야 한다는 데 동의했다. 그리고 에릭슨은 그녀가 한 번의 삽입에는 왼편 음순에서 오르가슴을 느껴보고 또 다른 때는 오른편 음순에서 느껴보기를 시험하도록 권장했다. 이렇게 그녀는 오르가슴 경험 전체를 하나의 큰 덩어리로 소화할 필요가 없었다. 대신 시간적으로 분산된 부분으로 나눌 수 있었다. 진료가 끝난 후, 여자는 아주 만족스러운 오르가슴을 경험할 수 있었음을 보고하였다. 신체 해부학의 이러한 분할과 소우주적 점검은 섹스와 관련된 부정적 생각의 감정적 영향력을 줄이고 그녀가 자신과 성생활에 대한 새로운 이해를 하도록 도왔다.

시간과 공간의 분할

◆ 사례 : 마을 밖으로 운전할 수 없었던 남자

극도의 공황 발작을 겪던 남자가 에릭슨에게 도움을 청하러 왔다. 그는 집을 나올 수는 있었지만 오로지 몇몇 도로만 운전할 수 있었다. 그의 돌아다니는 능력은 꾸준하게 줄어들고 공포 회피는 지속적으로 증가하였다. 무엇보다도 그는 마을 경계선을 지나게 되면 운전대를 잡은 채로 기절할 것이라고 확신했다. 이런 상황을 이해하고 에릭슨은 남자에게 차를 늦은 밤 사막의 텅 빈 거리로 끌고 가라고 지시했다. 마을 경계에 다다르면 차를 길가에 세우고 길 옆 배수로에 누워있으라고 하였다. 일정 시간이 지난 후, 차를 다시 타고 다음 전봇대까지 가서 멈추고 다시 배수로에 누워있도록 했다. 경찰에 발견될 것에 대비해 좋은 양복을 입고 옷깃에 핀으로 꽃을 꽂을 수 있도록 의사 진단서를 주었다. 그는 지시대로 하였고 얼마 뒤 그는 이 모든 것이 지겨워서 다음 마을에 도착할 때까지 보통처럼 제한 없이 차를 몰았다.

현대 치료의 흐름은 평가와 개입이 상호 배타적인 사건으로 존재해야 한다는 생각을 거부하는 것이다. 행동 치료와 포스트모던 치료에서 사용되는 평가 방법은 흔히 개입의 출발점으로 받아들여진다. 분할을 명확히 이해하면 이 점이 더욱 확실해진다. "당신의 문제가 언제 가장 강렬하게 느껴졌나요?" 그리고 "문제가 발생할 때 보통 어디에 계시나요?"와 같은 질문과 함께하는 평가 절차는 동시에 문제의 크기를 나누는 치료적 요인이 된다. 모든 순간 문제에 압도당하는 것에서 벗어나 환자는 중요한 예외가 있음을 인식하게 된다.

예를 들어 쇼트는 고통으로 얼굴을 찌푸린 한 작은 소년과 면담하였다. "더 이상 참을 수 없어요! 더 이상 이 모든 스트레스를 견딜 수 없어요!"라고 그는 말했다. 쇼트가 소년에게 어떤 환경에서 스트레스를 받을 가능성이 가장 큰지 묘사해보라고 요청하자, 그의 얼굴과 어깨에서 즉각적으로 긴장이 줄어드는 것을 발견할 수 있었다. 정말로 그를 불편하게 하는 사건은 일주일에 두세 번 정도 일어났다. 이것이 소년의 문제를 모두 해결한 것은 아니지만 그 짐이 더 이상 그렇게 크게 느껴지지 않았다.

이렇게 널리 쓰이는 전략의 또 다른 예를 전통적 치료의 바깥에서 찾아볼 수 있다. 데일 카네기는 걱정거리와 씨름하는 사람에게 자신의 할 일을 "하루의 구획"으로 쪼개라고 지시했다. 그는 분할의 가치를 알고 있었다. 알코올 중독자 모임은 "한 번에 하루씩"이라는 주문을 만들어 똑같은 전략을 취했다. 이 전략 하나가 수많은 개인의 삶의 중요한 전환점이 된다는 것은 이미 증명되었다.

에릭슨은 신체적 고통에 관하여 작업할 때 즉각적 고통, 기억된 고통 그리고 예상되는 고통으로 경험을 나누는 것이 유용하다는 것을 알았다. 그는 이를 같은 시간 간격으로 치료하였고 기억된 고통과 미래의 고통을 잊도록 제안하여 문제의 3분의 2를 제거하였다. 물론 달성될 고통 경감의 정확한 양이 중요한 것은 아니다. 중요한 것은 **고통이 줄어들리라는 희망**이다.

이 기법은 고통이 주기적일 때 가장 효과적이다. 한 사례에서 남성이 암으로 죽어가고 있었다. 그는 고통을 참을 수 없었고 10분마다 날카롭게 찌르는 고통 이후 뭉툭하고 무거운 아픔이 찾아왔다. 찌르는 고통이 올 때면 남자는 걷잡을 수 없이 울부짖었다. 에릭슨은 최면적 분리 및 주의 분산 등 여러 가지 절차를 이용하였다. "저쪽의 젊은 간호사를 보면 좋아요."(간호사의 환상) 그러나 그의 주된 개입은 남자의 고통을 시간에 따라 나누는 것이었다. 에릭슨은 그에게 고통의 기억이 전체 고통의 3분의 1이라고 설명하였다. 다음 고통을 예상하는 것이 또 다른 3분의 1이라고 하였다. 마지막 3분의 1만이 실제적인 날카로운 고통이었다. 마약성 진통제로도 고통을 없애는 데 효과가 없었기 때문에 에릭슨은 최면을 통해 고통을 완전히 제거하는 것을 기대한다면 좀 지나치다고 말했다. 그렇게 고통은 원래 크기의 3분의 1로 줄었다. 남자는 여전히 이따금 고통으로 울부짖었으나 고통의 경험을 떠올리지도 미래의 고통을 예상하지도 않았다. 이 방법은 고통에 관하여 작업할 때 유용한데 그 이유는 가장 나쁜 유형의 고통은 끝없는 고통이기 때문이다. 시간이 구분될 때 회복력이 증가하고 고통이 끝없어 보이지 않는다면 희망이 생긴다.

환자의 현실 방향감을 분할할 때 에릭슨은 주로 사람, 장소, 시간의 세 영역을 동시에 작업했다. 레베카와 반복해서 공격하는 못된 개의 사례(64페이지)에서 분할은 치유 과정의 중심이다. 이 사례에서 레베카는 (트라우마에 빠진 개인에게 종종 일어나는 것처럼) 피해를 모면하려는 욕구가 과잉 일반화되어 안전한 집을 떠나는 것에 대한 극심한 공포감을 갖게 되었다. 에릭슨은 먼저 그녀 자신에 관한 좋은 관점을 제공하면서 치료를 시작하였다. 그는 그녀가 웃을 수 있도록 그리고 두렵지 않도록 도왔다.

그리고 공격을 당한 직후 그녀가 얼마나 불쾌하고 두려웠는지, 현시점에 그녀의 기분은 어떤지 그 차이를 지적함으로써 시간이 분할되었다. 그리고 현재 위치에서 그녀가 느끼는 행복과 만약 그녀가 공격적인 개가 있는 집에 있었다면 느꼈을 무서움을 인지하도록 하여 공간을 분할하는 작업을 시작하였다. 마찬가지로 그 개가 있지 않은 한, 그녀는 어디에 있든지 두렵지 않을 것이다. 그녀는 이 점에 동의할 수 있었다.

그리고 에릭슨은 자신의 무해한 바셋[8] 이야기로 개의 존재도 분할하였다. 그녀가 에릭슨의 순한 강아지를 만나고 즐겁게 쓰다듬어 본 이후에 그는 그녀가 모든 개를 두려워하는 것은 아니라고 말했다. 그녀가 두려운 것은 크고 사나운 개였다. 이 설명 모두 레베카가 동의할 수 있는 것이어서 새로운 현실 방향감으로 받아들일 수 있었다.

이 절의 서두에 나온 운전하기 두려웠던 남자의 사례는 이전에 극복할 수 없을 것 같았던 문제를 분할하기 위한 수단으로 에릭슨이 공간을 어떻게 사용하는지 보여준다. 가장 압도하는 것은 무한한 공간이라는 현실이었다. 그래서 에릭슨은 마을 경계 바깥에 구획을 만들기 위해 전봇대를 사용했다. 전봇대 하나에서 다음 전봇대로 성공적으로 이동한 후에 남자는 마을에서 마을로 이동할 수 있음을 인지하게 되었다. 그것은 에릭슨이 도입한 전략의 단순한 일반화일 뿐이었다. 놓치지 말아야 할 부분은 그가 "목적지도 없이 양복을 차려입고" 플래그스태프[9]로 차를 몰았다는 점이다. 아쉽게도 일단 도착하고 난 후 그가 무엇을 했는지는 알려진 바가 없다.

---

8 개의 품종의 하나
9 애리조나의 한 도시 이름

분할의 일반적 적용

이 장에서 계속 언급한 바와 같이 분할은 특정 기법이 아니라 일반적인 치유 방법의 형태와 기능의 바탕이 되는 전략이다. 기법이란 제한적 적용만이 가능한 행동 절차로 협소하게 정의된다. 각 기법은 일정한 문제와 일정한 성격 유형에 가장 잘 작동한다. 그러나 분할과 같은 전략은 임상 판단을 도출하고 개입을 만드는 법칙을 제공한다.

분할은 환자가 자신에게 존재하는 자원을 인식하도록 돕는 모든 노력에 사용할 수 있다. 다시 말해 어떤 사람이 상황 전체에 대처할 수 없다면, 대처할 준비가 되어있는 작은 부분은 무엇일까? 이와 비슷한 질문으로 "언제, 어디서 그리고 어떻게 이 사람이 문제에 더욱 잘 대처할 수 있다고 느낄까?"를 물을 수 있을 것이다. 이것은 에릭슨의 암묵적 사고 과정의 한 부분을 차지한 내적 대화임이 틀림없다. 이 논리적 틀은 상담가가 환자의 자원을 확인하도록 돕고 한 번에 문제 전체와 씨름하기보다 고통을 일으키는 변수에 하나하나 대처할 준비가 되도록 돕는다.

이 책에 쓰인 다른 모든 임상 전략과 마찬가지로 분할은 상담가에 의해 잘못 사용될 수 있으며 치료적 관계에 해를 입힐 가능성도 있다. 이 전략의 금기 사항은 자신의 걱정거리가 진지하게 받아들여지지 않는다고 환자가 느끼는 경우다. 환자가 고통을 경험할 권리, 혹은 심지어 그런 욕망을 존중하지 않음으로써 환자의 고통을 의도치 않게 무시할 수 있다. 이 상황은 상담가가 고통을 목격하기를 불편해하거나 "그게 실은 그렇게 나쁘지는 않아요."라거나 "사태를 다르게 보기만 해도 기분이 훨씬 나을 거예요."와 같은 메시지로 응답하고 싶은 유혹을 받을 때 특히 발생하기 쉽다. 이것은 분할의 진정한 형태가 아니다. 환자가 겪는 고통의 진정성을 축소하려는 모든 시도는 무례하고 무시하는 것이며 분노를 일으키기 쉽다. 환자의 관점이 고려되지 않는다면 심지어 "예후가 좋군요."와 같은 희망적 문장조차도 이런 의도치 않은 효과를 낼 수 있다. 환자가 에릭슨에게 자신이 얼마나 슬프고 비참한지 이야기할 때마다. 에릭슨은 그 말을 인정하고 사실로서 받아들이기 위해 주의를 기울였다. 에릭슨은 환자의 현실이 존중받은 이후에야 똑같은 정도로 받아들여질 만한 새로운 생각이 가능함을 알았다. "지금은 너무너무 아프지요. 아마 잠시 동안 계속 아플 거예요."와 같은 것이 그 예이다. 이것은 에릭슨의 아들 로버트가 세 살 때 계단에서 굴러떨어져 윗니 하나가 윗턱 속으로 박혔을 때, 에릭슨이 한 말이었다. 에릭슨의 말은 시간을 분할하였다. 평생의 고통 대신 "아마" 그리고 "잠시"와 같은 말로 아들에게 고통이 그리 오래 지속되지 않을 것이라는 생각과 희망을 전달했다. 에릭슨의 말은 진실하면서도 무시하거나 모욕적이지 않았다.

09

진전
Progression

이 장에서는 진전 전략이 치료에서 어떻게 작동하는지 알아보자. 이 전략은 다른 모든 문제 해결 전략을 실행하는 기본적인 맥락이다. 앞으로 설명할 다섯 가지 기법은 치료적 진전을 달성할 수 있는 많은 방법 중 작은 예시이다. 에릭슨이 진전의 개념을 설명하기 위해 사용하곤 했던 사례로 이 장을 시작하겠다. 이어지는 글에서 볼 수 있는 것처럼 모든 위대한 여정은 작은 한 걸음으로부터 시작한다.

◆ 사례 : 삶을 저주했던 남자

초반에 소개했던 사례를 다시 살펴보자.(51페이지) 한 남성이 극도로 고통스러운 관절염으로 휠체어에 앉은 채 11년을 보낸 후에 에릭슨에게 왔다. 그의 상태는 너무나 좋지 못해서 무릎이나 팔은 물론 몸 대부분을 움직일 수 없었고 엄지손가락과 목만 조금 움직일 수 있었다. 그는 자신의 한심한 처지에 화를 내고 욕설을 하면서 시간을 보냈다. 수개월간 에릭슨에게 진료를 받은 후, 다리를 약간 절고 이따금씩 침대에서 휴식을 취해야 했던 것을 제외하면 그는 걸을 수 있는 능력을 되찾았다. 이 남성의 치유 과정을 설명하면서 에릭슨은 이렇게 말했다. "제 느낌에는 그가 엄지손가락 끝마디를 움직일 수 있다면 그에 연결된 관절을 움직일 수 있을 것이고 그걸 움직일 수 있다면 또 연결된 옆 손가락을 움직일 수 있을 것이며 그렇게 조금씩 움직임을 늘려 나갈 수 있을 것 같았지요." 에릭슨이 했던 일은 남자가 치유를 목적으로 어떤 행동을 취할 수 있도록 동기를 부여하는 것이었다. 이렇게 끌어낸 행동의 치료적 본질은 이미 존재하는 그의 능력을 천천히, 조금씩 확장하는 것이었다. 미래에 대한 자신의 제한된 지식을 인정하며 에릭슨은 이렇게 털어놓았다. "일 년 뒤에 그가 휠체어에서 일어나 트럭을 몰게 될 줄은 전혀 몰랐습니다. 그렇지만 그는 욕을 하느라 낭비하던 에너지 전부를 모아서 엄지손가락, 다른 손가락, 팔, 그리고 최종적으로 몸 전체를 움직이는 연습을 하는데 투입했어요."

"시작은 일의 가장 중요한 부분이다."
- 플라톤

임상 목표가 손에 닿을 것 같지 않으면 진전을 이루는 것은 어렵다. 때때로 환자는 피할 수 없는 실패에 대한 예상에 아주 단단히 사로잡혀서 치료적 시도를 무시하거나 수동적으로 저항한다. 증상의 극심함과 반복되는 실패의 기억을 환자는 경험적으로 이해하고 있기 때문에 부정적 예상을 극복하기는 어려울 수 있다. 그러나 아무리 손상을 많이 입은 사람이라도 치료적 작업이 아주 작고 간단하다면, 모든 사람에게는 한 번 시도해 볼 만한 지점이 있다. 대부분의 심리적 자원은 벽돌 계단을 만들 때처럼 벽돌 하나를 또 다른 하나 위에 올려놓는 것과 같다. 그것은 작고 천천히 쌓여서 의미 있는 걸음의 진전을 만들어낸다. 진전의 새로운 신호가 나타날 때마다 개인은 더욱 강해지고 다음 도전에 맞설 준비도 더욱 잘 된다. 결국 환자가 출발한 낮은 지점과 치료적 목적이라는 꼭대기 사이의 거리는 사라진다. 이와 똑같은 개념이 담긴 유명한 속담이 있다. "한 번에 작은 한 걸음씩만 내디뎌라." 임상 문제 해결의 맥락에서 상담가는 수많은 작고 간단한 작업을 기초로 불가능해 보이는 성취를 이룰 수 있다.

치료에 관한 에릭슨의 기본 전제는 치료적 변화란 먼 미래에 열매를 맺을 수 있도록 설계된 지속적이고 즉각적인 성공 경험을 시작하는 것이 필요하다는 점이다. 그는 지금 여기와 미래, 양쪽 모두에 초점을 맞추고 임상 문제에 접근했다. 이 두 방향성이 서로를 뒷받침하도록 둘 사이의 다리가 되는 것이 바로 진전이다. 진전은 시간을 기능적 요소로 편입하여 이를 통해 다른 모든 문제 해결 전략이 실행되도록 한다.

간단히 말해서 진전은 상담가가 일련의 작은 성공을 쌓아가도록 하여, 지속적인 성취에 대한 희망을 증진한다. 이런 치료적 과정은 어떤 면에서 더 일반적으로 알려진 적응이라는 개념과 같은 뜻이다. 적응도 일련의 조금씩 누적되는 변화로 발생한다. 자연을 연구하며 볼 수 있는 것처럼 모든 생물은 환경의 변화에 적응할 시간이 필요하다. 자연의 모든 것이 시간이 흐르며 천천히 진화한다는 사실에서 더욱 점진적인 진전을 찾아볼 수 있다. 이처럼 지속 가능한 변화를 낳는 것은 사건의 점진적인 진전이다. 에릭슨을 방문한 한 남성의 예를 살펴보면 점진적 진전의 필요성은 더욱 논리적으로 명확하다. 그는 진료실에 들어와 말했다. "저는 몸무게가 136킬로그램입니다. 68킬로그램이 되어서 진료실을 나가고 싶군요." 에릭슨이 물었다. "언제쯤 68킬로그램이 되어서 나가고 싶은가요?" 그는 자신의 요구를 반복하며 덧붙였다. "오늘이오." 남자는 회복 과정에 시간을 전혀 투자하고 싶지 않았다. 그는 자신의 요구가 터무니없음을 이해하지 못했다.

우리는 개인의 신체적 질병이 회복을 향해 진전되는 자신만의 속도가 있음을 발견한다. 어떤 사람은 빨리 회복되는가 하면 어떤 사람은 더 많은 시간이 필요하다. 정신 치유에서 진전은 보통 새로운 기술을 습득하고 희망을 만들어내는 것과 연결된다. 환자는 치료를 수행하면서 회복에 적절한 시간이 필요하다는 점을 인지하는 것이 필수적이다. 에릭슨은 이 개념을 다음과 같은 대화를 통해 설명하였다.

환자 : "제 문제를 치료하는 데 얼마나 걸릴까요?"

에릭슨 : "흠, 그 문제가 얼마나 오래되었죠?"

환자 : "10년이요."

에릭슨 : "자 확실히 저는 당신의 문제가 시작되고 제게 찾아올 때까지 걸린 시간만큼 치료가 오래 걸리기를 바라지 않습니다. 10년보다는 훨씬 짧은 시간 안에 치료가 되어야죠. 그렇지만 합리적으로 생각해보세요. 제게 적절한 시간을 주시죠."

환자와 상담가 모두 진전에 대한 현실적인 기대가 필요하다. 즉 각적인 치료를 바라기보다 진전의 증거가 약간이라도 있는지 방심하지 말고 지켜보며 지속적으로 증가하는 성공에 대한 기대를 만들어야 한다.

트라우마 작업에서는 실패에 대한 환자의 두려움을 인지하는 것이 특히 중요하다. 돌란Dolan은 저항이나 낮은 동기로 보통 해석되는 마지못한 행동이 실제로는 실패에 대한 두려움이라고 믿는다. 얍코는 저항을 의사소통의 한 형태라고 비슷하게 말했다. 이런 행동은 환자가 느끼는 가장 깊은 한계를 드러낸다. 이 문제에 대한 돌란의 접근 방법은 특히 치료 초기에 환자가 약간 불편함을 느끼기 시작하는 정도의 아주 작은 단계를 인지하고 그것에 집중하도록 하는 것이다. 이것이 한 번 강화되고 활용되면 진전이 가속도가 붙는다. 돌란은 **아주 작은 단계**에 집중하는 것의 중요성을 강조한다. 일반적으로 트라우마가 심할수록 환자가 자신을 드러내거나 시도해보지 않은 행동에 도전하도록 할 때 치료자는 더욱 조심스럽게 접근해야 한다. 보폭이 매우 작기 때문에 환자는 실패할 위험이 덜하다.

"시간은 모든 상처를 치유한다."라는 표현이 항상 옳은 것은 아니다. 그러나 모든 상처를 치료하는데 어느 정도 시간이 필요한 것은 사실이다. 그리고 시간이 흐름에 따라 질병이 진행되는 것처럼, 치유도 점진적으로 시작되어 더 넓은 범위로 진전될 수 있다. 마찬가지로 행동의 변화는 학습을 요구하며 학습에는 시간이 걸린다. 새로 배운 기술은 더욱 세련된 형태의 새로운 행동의 바탕이 된다. 처음에 변화는 미세하게 시작되어 깔때기처럼 점진적으로 폭이 넓어진다. 진전 전략은 거의 모든 형태의 지속 가능한 변화의 중심 요소로 인식될 수 있으나 이 과정의 미세한 시작은 쉽게 놓칠 수 있다. 질병의 진행을 인식하는 것과 마찬가지로 임상가는 치유의 진전을 인식하고 감사해야 한다.

진전은 공포를 효과적으로 다루는 핵심 전략이다. 치료에서 환자는 변화 및 알 수 없는 것에 대처할 준비가 되어야 한다. 양쪽 모두는 두려움을 자아내는 심리적 요소로 반드시 고려되어야 한다. 치료의 속도를 조절하고 너무 빨리 움직이지 않기 위한 자신의 노력을 묘사하며 에릭슨은 이렇게 말했다. "…만약 제가 그것을 조금이라도 서둘렀다면, 저는 그를 너무나 놀라게 했을 것입니다. 아무런 결과를 얻을 수 없었을 거예요. 그를 두려움에 빠지게 했을 겁니다. 환자를 지키지 못했을 겁니다. 시간을 아낀다고 환자에게 좋을 것이 하나도 없었을 것입니다." 에릭슨이 설명한 것과 같이 시간은 상담가가 어떤 결과를 달성하기 위해 사용되어야만 하는 것이다. 진전은 환자와 기꺼이 시간을 함께 보내고 질문에 대답하며 걱정거리를 듣고 점진적 노출을 통해 공포를 줄이는 것을 필요로 한다.

진전이 언제나 무엇을 쌓아가는 과정으로 여겨질 필요는 없다. 이 전략은 고통의 축소와 같이 무엇인가를 줄이는 것에도 유용하다. 처음에는 한 시간 동안 환자의 고통이 인지할 수 없을 만큼, 예를 들어 0.005퍼센트 정도 줄어들 수도 있을 것이라는 생각을 전달할 수 있다. 일단 이 생각이 받아들여지면 고통을 점점 줄여나감으로써 가속도가 붙게 된다. 오랜 시간 동안 그것은 서서히 사라져 간다. 환자는 이것이 사실 세상이 작동하는 방식이라는 것을 일생의 경험으로 알고 있다. 희망은 그 과정을 촉진하고 계속되는 불편한 경험에 대한 회복탄력성을 크게 증진한다.

이 전략을 설명하면서 에릭슨은 의사가 부어있는 기관을 만져보는 방법을 의학적 비유로 종종 사용했다. 의사는 고통스러운 부위 한가운데를 즉각 눌러보지 않는다. 대신 가장자리에서 시작해서 손가락을 조심스럽게 아픈 곳으로 옮겨 간다. 앞으로 나열할 모든 진전 기법과 마찬가지로 진전을 이룰 수 있다고 환자가 확신하는 부위와 같은 쉬운 문제로 시작하는 것이 일반적으로 좋은 생각이다. 의사가 부어있는 기관을 살펴보는 것과 같이 상담가는 비교적 주변의 문제에서 시작하여 더욱 고통스럽고 민감한 영역으로 작업해 나가야 한다.

많은 형태의 심리치료가 진전을 사용하지만 최면, 특히 최면 유도는 진전의 구조로 만들어져있다. 최면가는 최면적 반응 상태가 즉각적으로 얻어지기를 기대하지 않는다. 그보다는 점진적 이완, 구름 위로 천천히 떠오르는 이미지 혹은 한 번에 2센티미터씩 천천히 팔을 부양시키기 등과 같은 수단으로 내담자를 천천히 트랜스로 안내한다. 이런 다양한 기법은 공통적으로 점진적 진전의 요소를 포함하고 있다. 사실 트랜스 심화는 거의 항상 일련의 작은 단계로 이루어진다. "제가 1부터 20까지 세는 동안 당신은 깊이, 더 깊이 트랜스에 들어갑니다. 트랜스에 새롭게 들어갈 때마다, 당신은 제안에 더 잘 반응하게 됩니다. 숨을 쉴 때마다, 점점 더 편안해집니다." 최면에 사용할 때 진전은 치료가 지속적으로 나아가는 소우주가 된다. "제가 트랜스에 들어갈 수 있을까요?"라는 질문은 "제가 회복하는데 치료가 도움이 될까요?"라는 더 크고 폭넓은 질문을 예상하게 한다. 첫 번째 질문에 대한 대답이 긍정적이면 치유로 향하는 작은 첫걸음이 달성된 것이다.

심리치료 전체는 점진적인 과정이다. 환자의 참여와 협조를 이끌어내는 것의 중요성을 이야기하며 에릭슨은 종종 다음과 같이 말했다. "만약 당신이 그들을 2센티미터 움직이게 할 수 있으면, 당신은 그들을 쓰러뜨릴 수 있습니다." 변화에는 시간과 참여할 준비가 필요하다. 이 개념은 "천 리 길도 한 걸음부터"라는 문장과 같다. 정신적 치유에서 환자는 보통 자신이 성공이라고 여기는 방향으로 한 걸음 내딛도록 격려된다. 점진적 진전은 환자가 변화를 유지하는데 필요한 신경학적, 생물학적 그리고 사회적 구조를 개발할 시간을 준다.

등비수열

◆ 사례 : 치료가 힘든 신경피부염 사례

한 남성이 치료가 힘든 신경피부염으로 도움을 받고자 에릭슨에게 왔다. 그의 몸은 발진으로 뒤덮여 큰 불편을 겪고 있었다. 그는 불면증에 시달렸고 얼굴, 다리, 팔 그리고 등이 고통스럽게 가려웠다. 그의 상태를 살펴본 뒤 에릭슨이 물었다. "눈에 띄지 않을 만큼만 나아져 보시겠어요?" 일주일에 1퍼센트의 백만 분의 일 만큼 나아지고 2주 후에는 1퍼센트의 백만분의 이 만큼 진전이 두 배가 되고 3주 후에는 1퍼센트의 백만 분의 사 만큼 나아지더라도 여전히 변화를 절대로 알아차릴 수 없을 것이라고 에릭슨은 설명했다. 남자는 즉시 그 생각에 몰두했다. 에릭슨은 21주 후에 그가 1퍼센트 나아질 것이지만 여전히 알아차릴 수 없을 것이라고 말했다. 하지만 에릭슨은 경고했다. "진전이 두 배씩 8주 동안 더 이루어지면 128퍼센트가 되어 일생 동안의 증세가 완화되기에는 너무 빠를 겁니다."

남자는 그것이 너무 빠르다고 동의하며 진전이 느린 채로 남아있어야 한다는 에릭슨의 주장과 논리에 흥미를 가지고 따라갔다.

첫 번째 방문은 3월 17일이었다. 다음 예약은 4주 후였다. 그때 그는 자신이 나아지고 있지만 절대 눈에 띨 만큼은 아니라고 말했다. 세 번째 방문은 5월 중순이었고 그는 비슷하게 말했다. 5월 31일에 에릭슨은 비상 전화를 받았다. 그 남성이었다. 그는 이렇게 말했다. "면도를 하면서 갑자기 제 얼굴이 보통 때와 다르게 피가 나지 않는 것을 발견했어요. 그리고 이번 주 내내 피가 나지 않았다는 것을 알아차렸어요. 보통 때와 다르게요. 그래서 깜짝 놀랐어요. 그리고 가슴을 봤는데 긁힌 자국이 없었고 피부가 거의 다 나았어요! 다리도 봤는데 많이 나았습니다. 그리고 지난주 내내 불면증 없이 잠을 잤다는 것을 깨달았어요! 옷을 입고 아내에게 달려가서 피부가 나아졌다고 이야기했더니 아내도 그렇다고 했어요. 그리고 갑자기 제가 그 주에 아내와 함께 두 번이나 외식을 한 게 생각났어요. 몇 년이나 그렇게 못했었거든요. 아내에게 그 이야기를 했더니 아내는 외식을 특별한 일이라고 느꼈지만 이 행운이 깨지지 않았으면 해서 말을 하지 못했다고 하더군요."

이 극복 이후 에릭슨은 남자의 진전을 계속 살펴보았다. 환자의 피부는 계속 좋아졌다. 게다가 그는 독서와 같은 새로운 취미를 갖기 시작했다. 아내와 외식을 하고 주말에는 여행을 다니기 시작했다. 결과적으로 결혼 생활이 훨씬 행복해졌다.

> "일단 낙타가 코를 천막 안으로 들이밀면,
> 곧 그 몸도 뒤따를 것이다."
> – 사우디아라비아 속담

진전 전략을 설명하면서 에릭슨은 자신이 "등비수열"이라고 부르는 기법을 가장 자주 인용했다. 이 절차는 미래의 성공을 향한 어떤 작은 한 걸음, 터무니없이 작아서 거부할 수 없는 한 걸음을 내디디면서 시작한다. 예를 들어 에릭슨은 불면증 환자에게 일주일 동안 자는 시간을 다 합쳐서 2분만 더 잘 수 있는지 생각해보라고 했을 수 있다. 이번 주에 어쩌면 우연히 저번 주보다 2분 더 잘 수 있을 가능성을 어떻게 부인할 수 있을까? 이 절차의 다음 단계는 두 배의 개선을 얻는다는 생각을 시작하는 것이다. 에릭슨은 환자에게 종종 이렇게 물었다. "10원으로 시작해서 매일 두 배로 늘리면, 한 달이 지나면 돈이 얼마나 될까요?" 50억이 넘게 된다는 사실을 알면 대부분의 사람은 충격을 받는다. 등비수열은 작고 단순한 단계가 결국은 큰 가치를 갖게 될 수 있다는 생각을 전달하는 현실적인 개념이다. 에릭슨은 이것을 환자가 진전을 향한 중요한 첫걸음을 내딛는 도구로 사용하였다.

앞에서 정의한 것과 같이, 진전은 바람직한 행동의 빈도를 점진적이고 체계적으로 증가시키는 과정이다. 이는 절차가 천천히 매우 작은 단계에서 시작할 때 가장 잘 작동한다. 연구에 따르면 치료에 동반하는 근거가 처음부터 너무 큰 변화를 약속해서는 안 된다. 문제 상태의 작은 변동이 개선의 증거로 해석되어 어느 정도의 변화가 달성될 수 있다는 생각을 환자가 받아들일 수 있도록 하는 것이 더 중요하다.

등비수열은 환자가 치유 과정에 최초로 투자하는 에너지를 정당화하기 위해 에릭슨이 고안한 인지적 기법이다. 이 기법은 그리 대단하지 않은 시작을 이용해서 최종적으로 달성할 것에 대한 긍정적 기대를 만들도록 돕는다. 손에 10원을 쥐어 주면서 첫날에 그것이 두 배가 되고 다음날은 20원이 두 배가 되고 한 달 동안 계속 두 배가 되면 얼마가 될지 생각해보라고 요청하여 이 기법의 충격을 더할 수 있다. 정답은 50억이 넘는다. 모든 사람이 큰돈을 상상하며 들뜨는 것은 아니지만 이 방법은 많은 사람의 주의를 사로잡을 수 있다.

앞에서 소개한 사례의 남자는 아마 자신의 피부를 많이 의식했을 것이다. 그리고 몸 전체를 뒤덮은 증세가 눈에 덜 띄기를 간절히 원했을 것이다. 그가 **치료하기 힘든 신경피부염**을 앓고 있었기 때문에, 성인이었던 그는 치유될 수 있다는 희망적인 생각보다 그것을 "덮어버리는" 방향으로 생각이 향했었다. **눈에 띄지 않을 만한** 진전을 제공함으로써 에릭슨은 증세가 발견되지 않기를 바라는 남자의 필요를 충족시켰다. 보통은 환자가 지속적으로 세심하게 살피지 않으면 개선을 받아들이기 어렵다고 에릭슨은 설명했다. (보통은 더욱 신경증적 자아 인식과 증대된 심인성 증상으로 이끌 뿐이

다) 에릭슨은 등비수열을 사용하여 이 남자를 눈에 띄지 않는 진전이라는 행복한 기대로 주의를 분산시킴으로써 이런 신경증적 패턴을 완전히 변화시켰다.

점진적 둔감화

◆ **사례 : 치과 의사에게 뺨을 맞았던 여자**

스물한 살 여성인 재키는 치과 사무실에 조심스럽게 들어와서 말했다. "저는 사무실에서 선생님과 이야기하고 싶어요. 진료 의자가 있는 방에서는 이야기하고 싶지 않아요." 치과 의사는 에릭슨에게 최면 훈련을 받았었다. 그가 말했다. "좋아요. 왜 그런지 말해줄 수 있나요?" 그녀가 말했다. "제가 마지막으로 치과에 간 것은 어렸을 때예요. 울음을 멈출 때까지 의사가 제 뺨을 때렸지요. 이제 저는 진료를 받아야 하는데 무서워요. 너무 무섭지만 진료를 좀 받아야 해요. 선생님이 제 입속을 보고 진료를 얼마나 해야 할지 이야기해 주세요. 제발 뺨을 때리지 말아 주세요!" 재키는 여덟 살 이후로 이를 닦지도 치과에 가지도 않았다.

의사는 기꺼이 사무실로 재키를 들어오게 하고 문 옆의 의자에 앉도록 했다. "의자에 뒤로 기대어 앉으세요. 저도 뒤로 기대어 앉을게요. 책상에서 먼 쪽으로요." 그녀가 눈에 띄게 긴장했기 때문에 그는 말했다. "제가 너무 무서운 모양입니다. 우리 사이의 거리가 이렇게 멀어서 다행이지 않나요?" 그녀는 차츰 긴장을 풀었다. 의사는 그녀가 진료 의자보다 출입구에 더 가까이 있으니 두려워하지 않고 복도 반대쪽의 진료의자를 그냥 바라볼 수 있을 것이라고 말했다. 그는 환자에게 이 정도면 하루의 작업으로는 충분하다고 말했다. "다음 예약은 언제쯤으로 할까요? 너무 이르게 잡지 마시고 원하는 만큼 최대한 늦추세요." 그녀가 물었다. "내일까지 미뤄도 괜찮을까요?" 그는 내일로 미루고 싶은 그녀의 욕구를 인정하고 이를 더 미뤄서 이 욕구를 존중하였다. "좋아요. 내일 늦은 시간으로 하시죠."

재키가 예약 시간에 도착하자, 의사는 그녀에게 아무도 없이 진료실에서 혼자 진료 의자에 앉을 기회를 주었다. 그리고 그녀에게 마음 놓고 의자에 있는 쿠션도 사용해보고 그냥 진료실을 둘러보라고 말했다. 차츰 마음을 놓은 후 그녀는 발치 예약을 하고 싶다고 말했으나 의사는 이렇게 답했다. "발치를 하기 전에 입속을 들여다보고 싶군요. 원하는 만큼 입을 크게 벌리고 있어요. 그보다 조금이라도 더 벌리고 있지는 마세요." 그녀는 미소를 지으며 천천히 넓게 더 넓게 입을 벌렸다. 의사는 단지 바라보기만 했고 그녀의 얼굴 쪽으로 어떤 움직임도 보이지 않았다. 그리고 입을 다물라고 했다. 모든 이가 심하게 썩어 있었다.

의사는 재키에게 틀니가 필요할 것이라고 설명했다. 치료 예약을 하기 전에 그가 말했다. "볼을 만진 후에 턱을 만져볼게요. 볼 이랑 턱에 닿는 제 손의 느낌에 그저 익숙해지세요. 발치를 할 때 얼굴을 만지게 되니까요."

결국 발치가 완료되었다. 아무런 합병증도 없었다. 이후 그녀는 틀니를 맞추기 위해 두 번째 치과 의사를 찾아갔고 순조롭게 진행되었다. 에릭슨은 재키의 언니와도 작업을 했었는데, 재키를 만나 그녀가 대학에 가고 데이트를 하고 결국 결혼을 할 때까지 적응하도록 도왔다. 그녀는 대학을 졸업하고 치과 위생사가 되었다.

진전 전략은 많은 고도로 효과적인 기법의 핵심적인 역동이다. 이것은 "점진적 이완"으로 알려진 최면 기법에서 특히 그렇다. 환자는 즉각적으로 또는 몸 전체를 통해 안도감을 경험하지 않는다. 이완은 발가락같이 어떤 작은 말단 부위에서 시작하여 그 옆 발가락, 다음으로 무릎, 골반 그리고 어깨 등으로 천천히 움직인다. 이와 같이 점진적 이완 과정은 즉각적인 치료를 만들어내지는 않지만 불안감, 스트레스, 고혈압 등을 극복하는 더 큰 단계적 진전을 위한 첫걸음이다. 점진적 이완은 종종 유해한 자극의 점진적 노출과 함께 사용되어 울프가 최초로 이름을 붙인 "체계적 둔감화"라는 결과를 낳는다. 모든 형태의 진전과 마찬가지로 치료적 혜택은 안전한 환경에서 환자가 위협적인 무언가에 노출됨으로써 얻어진다.

정신분석의 전성기에 심리치료에서 가장 널리 사용된 도구는 감정적 카타르시스였다. 감정적 카타르시스의 법칙은 증기 기관 기술과 비교되었다. 고장을 피하기 위해 증기 기관은 압력을 분출할 방법이 꼭 필요했다. 마찬가지로 프로이트는 방출되지 않은 흥분의 총합(전환)[1]이 비정상적으로 사용되는 것을 피하기 위해 잊힌 기억(트라우마)의 조각을 어떤 방식(카타르시스)으로 되살려야 한다고 믿었다. 이 기법은 심리치료의 발전에 매우 중심적 위치를 차지하여 많은 상담가가 여전히 두 용어(카타르시스와 심리치료)를 동의어로 취급한다.

에릭슨은 이 기법을 사용할 때마다 느리고 허용적인 방식으로 진행하였다. 그는 절대 환자를 서두르게 하지 않고 작게 분절된 단계나 상징적인 몸짓을 사용하여 카타르시스의 방향으로 움직이도록 허용했다. 카타르시스에 대한 자신의 용법을 설명하며 에릭슨은 이렇게 말했다. "인간의 삶에 필요한 한 가지는 안전한 환경에서 고통스러운 것을 재경험하는 것입니다." 이렇게 치료적 카타르시스는 점진적 둔감화의 관점에서 평가될 수 있다. 고통스러운 사건을 의식으로 불러오면, 그것은 힘을 약간 잃는다. 그리고 그 사건을 다른 참조 틀로 생각할 수 있을 때, 또다시 힘을 잃는다. 그 사건에 대해 이야기할 수 있게 되면 더욱 힘을 잃는다. 마지막으로 최면에서 종종 일어나는 것처럼 그 사건을 재경험하는 깊은 과정

---

[1] 감정이 억눌릴 때 신경학적 증세로 전환되는 것을 의미

을 통과하면 진전의 소화가 완성된 것이다. 이 과정은 트라우마 기억을 가진 학생의 사례에서 잘 그려져 있다. (143페이지) 쇠스랑으로 다른 소년을 찌르고 그 소년이 거의 죽어가는 것을 보고, 아버지에게 가차 없이 체벌을 당한 기억은 너무나도 대항하기 힘든 것이었다. 다행히 에릭슨은 그의 감정적 욕구를 인식하고 안전한 환경에서 그 사건을 재경험할 수 있는 느리고 점진적인 수단을 제공하였다.

과거의 사건을 다루는 것뿐 아니라 점진적 둔감화는 즉각적인 공포와 스스로 가한 한계를 다루는 것에 유용한 수단이 된다. 이는 거의 모든 아이들이 열두 달 무렵에 자연스럽게 취하는 행동이기도 하다. 익숙하지 않은 환경에서 아이는 안전한 엄마 다리의 오직 1미터 이내에서만 조심스럽게 움직인다. 그리고 자신이 안전한지 천천히 살펴본다. 엄마가 자신을 지켜보고 있다는 것을 알고 엄마가 주변에서 일어나는 일에 걱정하지 않고 있음을 느끼면 아이는 3미터 정도 더 바깥쪽까지 움직일 것이다. 잠깐 놀다가 아이는 확인을 위하여 잠시 엄마에게 돌아올 수 있다. 하지만 다시 더 멀리 탐험할 준비를 할 것이다.

다람쥐와 같은 야생 동물도 누군가 손으로 음식을 줄 때 그것을 가지러 갈 것인가를 결정하기 위해 똑같이 행동할 것이다. 에릭슨도 그가 심리 치료 전략의 초기 실험 중 하나라고 말한 사례에서 비슷한 접근법을 사용했다.

매사추세츠의 워체스터 주립 병원의 한 환자가 자신을 방에 감금하기를 요구했다. 그는 거기서 불안과 두려움에 빠져 방 창문의 쇠창살에 줄을 감으며 시간을 보냈다. 그는 자신의 적이 들어와 그를 죽일 것을 알고 있었는데 유일하게 열린 곳이 창문이었던 것이다. 두꺼운 쇠창살은 그가 보기에 너무 연약해서 줄로 그것을 강화하고 있었다. 에릭슨은 방으로 들어가서 그가 줄로 쇠창살을 강화하는 것을 도왔다. 그렇게 하면서 바닥에 금이 가있는 것을 발견했고 적들이 그를 잡으러 올 가능성이 없도록 신문지로 틈을 막아야 한다고 말했다. 그리고 문 주위에도 신문지로 막아야 할 틈이 있음을 발견했다. 에릭슨은 차차 그가 자신의 방이 병동의 수많은 방 중 하나일 뿐임을 깨닫도록 하였고 의료진들이 적에 대한 방어책의 일부임을 받아들이게 했다. 그리고 매사추세츠 정신 건강 위원회도 그 일부이며 경찰 제도와 주지사도 그렇다고 했다. 다음에는 이웃 주까지 확장했으며 마지막으로 미국 전체를 그의 방어 체계의 일부로 만들었다. 이것이 그로 하여금 문을 잠글 필요가 없게 만들었다. 왜냐하면 또 다른 수많은 방어선이 있었기 때문이다.

이 개입이 시간상 한순간에 일어난 것 같이 들리지만, 에릭슨은 이 환자의 각 진전 단계가 받아들여지고 발전될 수 있도록 많은 시간을 들였음에 틀림없다. 변동 가능성에 대해 단지 이야기만 하고 환자를 혼자 내버려 두기보다 에릭슨은 환자가 안심 영역을 확장하도록 도우며 함께 병동 주변을 걸었으리라 짐작된다. 이 개입에 대한 응답으로 환자는 자유롭게 이동할 수 있는 권리를 얻었다.

그는 자신을 보호하기 위한 미친듯한 노력을 멈추었고 병원 구내의 가게에서 생산적인 일을 시작했다.

앞에 소개된 '치과 의사에게 뺨을 맞았던 여자'의 사례에서 시간과 공간을 가로질러 진료 의자로 향한 그녀의 움직임은 최초의 진전 기법이었다. 글자 그대로 그녀는 한 번에 한 걸음만 나아가며 절차를 늦출 수 있도록 허락받았다. 이것은 진전 전략을 특히 쉽게 보여준다. 또한 우리 대부분이 어렸을 때 야생 동물에 관해 배운 것을 떠올리게 한다. 야생 동물은 항상 천천히 안전감을 쌓을 수 있도록 허락하며 접근해야 하는데 그렇지 않으면 그들은 도망칠 것이다. 치과 진료가 필요했던 여자는 극도의 공포감을 느끼고 있었다. 의사가 제공한 것은 그녀가 가장 두려워하는 것을 향한 안전한 환경에서의 느린 진전이었다.

패턴 방해

◆ 사례 : 대롱을 통해 소변을 보아야 했던 남자

제2차 세계대전 징병 기간에 군에 입대하고 싶던 한 남성이 매우 당황스러운 문제로 에릭슨의 진찰을 받게 되었다. 에릭슨은 그때 신체검사 위원회에 복무하고 있었다. 남자는 20~25센티미터의 대롱을 성기 끝부분에 대고 있지 않으면 소변을 볼 수 없었다. 에릭슨은 전체적인 정신 감정을 실시하고 남자가 직장과 사회적인 면에서 상당히 건강하다고 결론지었다. 소변 문제는 어린 시절의 트라우마와 연관된 것 같았다.

작은 소년 시절 그는 골프장의 나무 담장에 있던 옹이구멍으로 소변을 보고 있었다. 그러다가 불행히도 다른 사람에게 들켜서 심하게 야단을 맞고 창피를 당했다. 그래서 방광을 다 비울 수 없었던 그는 소변을 볼 대롱을 찾아 문제를 해결했다. 그 후로 그는 쉽게 소변을 보려고 몇 개의 쇠나 나무로 된 대롱을 모아서 어디든 그것을 가지고 다녔다.

에릭슨은 후최면 제안으로 남자에게 소변을 볼 30센티미터의 대나무 대롱을 찾도록 했다. 그리고 바깥에 0.5센티미터 간격으로 표시를 해두라고 했다. 에릭슨은 남자에게 정확히 어떻게 대롱을 들고 어떻게 성기 옆면을 쥐어야 하는지 알려주었다. 그리고 하루나 이틀 뒤, 혹은 1주나 2주 후에 대나무가 얼마나 길어야 할지를 고려해 봐도 좋다고 말했다. 0.5센티미터, 1센티미터 혹은 2.5센티미터 등 얼마나 톱으로 잘라도 될지 생각해보라는 것이다. 어떻게 해야 한다는 압박은 없으며 그저 무슨 요일에 대나무 길이를 줄일지 궁금해하기만 해도 좋다고 설명했다. 그리고 현재는 군 복무를 할 수 없겠지만 3개월 뒤에 특별한 정신 감정을 받도록 조치될 것이라고 했다. 에릭슨은 그때 남자가 합격할 수 있다고 장담했다. 마지막으로 남자가 트랜스 경험을 망각하도록 유도하였다.

약 석 달 후, 지역 징병 위원회는 그를 에릭슨에게 보냈다. 그는 대나무를 구입하는 자신을 발견하고 깜짝 놀랐으며 당황스러웠다고 설명했다. 그리고 갑자기 에릭슨의 지시가 생각나서 당황스럽기도 하고 자신의 문제를 해결할 수 있다는 희망이 생겼다고 말했다. 한 주 뒤에 그는 대롱의 2.5센티미터를 잘라냈다. 목요일에는 5센티미터를 더 잘라냈다. 월 말에는 0.5센티미터의 대나무 만 남았다. 어느 날 그것을 사용하다가 성기 옆면을 쥐고 있는 손가락이 자연스러운 대롱 모양인 것을 깨달았다. 그래서 그는 남은 부분을 버리고 자유롭고 편안하게 소변을 보며 커다란 기쁨을 느꼈다.

에릭슨의 작업에서 독특한 점은 문제가 왜 존재하며 그것의 원인이 무엇인지 아는 것이 **항상** 필요하다고 믿지 않았다는 것이다. 에릭슨은 많은 행동적 문제가 단순히 그 본래 목적보다 더 오래 지속된 습관적 패턴일 뿐이라고 생각했다. 이런 생각은 문제 행동을 만든 인과적 변수를 이해하는 것이 목표였던 당대의 분석적 치료와 근본적으로 달랐다. 에릭슨의 결과 연구는 문제의 근본 원인이 무시되면 새로운 증상이 이전의 증상을 대체하기 위해 다시 나타날 것이라는 분석적 가설을 뒷받침하지 않았다. 그리고 행동주의자와 달리 에릭슨은 모든 행동이 상황적으로 정의된 기능을 수행한다고 믿지 않았다. 에릭슨은 종종 어떤 행동의 특정 상황적 선행 사건을 찾아보기는 했지만 즉각적인 환경적 결과가 그 행동을 지속하는 주된 원인이라고 **늘** 생각한 것은 아니었다. 그보다 그는 행동의 주관적 의미를 이해하기를 원했다. 에릭슨은 다음과 같이 설명했다. "행동의 목적이 특정인에게 무엇을 제공하는지에 따라 행동을 판단할 필요가 있습니다." 이런 이해는 많은 문제 행동이 단지 어린 시절의 우연한 사건에 바탕을 두고 습관의 힘으로 지속된 학습 행동일 뿐이라는 사실을 알려준다.

1930년대 초 에릭슨은 이미 **특징 유형의 행동 문제**, 즉 직접적인 상황적 강화 요소가 없거나 주목할 만한 부차적 이득이 없는 문제를 다루는 기법을 고안했다. 문제 행동을 직접 제거하기를 시도하기보다는 에릭슨은 행동 배열에 약간의 변화를 점차적으로 도입하곤 했는데 그것이 결국에는 증상 복합체를 완전히 무너뜨리고는 했다. 1936년에 웨인 주립대학교 의대에서 진행한 강의에서 에릭슨은 학생들에게 이렇게 말했다. "심인성이든 신체적이든 질병이 모종의 명확한 패턴을 따르고 있다면 이 패턴을 무너뜨리는 것이 가장 치료적인 조치가 될 수 있습니다. 충분히 일찍 실행된다면 이 방해가 아무리 작아도 종종 효과가 있었습니다." 이 기법은 나중에 **패턴 방해**로 알려지게 되었다.

패턴 방해는 확실히 "활용"(12장에서 자세히 소개된다) 전략과 관련이 있다. 하지만 패턴 방해는 진전 전략에 비추어 가장 잘 이해될 수 있다. 작은 배가 원래 가던 길에서 살짝 옆으로 밀릴 수 있는 것처럼 패턴 방해가 행동을 완전히 즉각적으로 멈추게 할 필요는 없다. 반대로 환자는 그가 이미 하던 것을 약간의 변화와 함께 계속하도록 격려 받는다. 시간이 흘러 결국 패턴이 변화할 때까지 그 변화는 점점 커지게 된다. 에릭슨은 다음과 같이 설명한다. "환자의 변화를 끌어낼 수 있는 무엇인가를 해보세요. 작은 어떤 변화라도 좋습니다. 왜냐하면 환자는 아무리 작더라도 변화를 원하기 때문입니다. 그 작은 변화를 받아들일 것입니다. 그리고 변화는 환자의 필요에 따라서 자라날 것입니다." 에릭슨은 이것을 "눈덩이 효과"라고 불렀다. 눈덩이가 언덕 아래로 굴러갈 때, 그것이 어디로 가거나 무엇을 만나게 될지는 아무도 모른다. 하지만 눈덩이가 커지고 그것이 가는 길이 바뀔 것이라는 점은 확실하다.

환자는 보통 이런 점진적인 접근을 환영한다. 그 이유는 자신이 문제 행동을 멈출 수 있을지는 확신할 수 없지만, 그것을 지속하는 능력은 확신할 수 있기 때문이다. 앞의 사례는 이 점을 아주 잘 보여준다. 환자는 자신이 대롱을 통해서 소변을 보아야만 한다는 사실을 알았다. 그래서 에릭슨은 그에게 대롱으로 소변을 보라고 했다. 하지만 익숙한 종류의 것이 아니었다. 에릭슨은 그가 **이전 대롱보다 긴** 대나무 대롱을 사용하도록 했다. 이 작은 변화가 결국 가장 결정적인 변화인 대롱의 길이를 점차 줄이는 것으로 이끌었다. 남자는 대롱에 0.5센티미터 간격으로 표시를 함으로써 자신의 패턴을 점진적으로 바꿀 기회를 얻었다. 그는 자신이 주관적으로 느끼는 편안함의 정도를 넘어서는 어떤 것도 요구받지 않았다. 새로운 치료적 방향이 유지되는 한 진전은 일어날 수밖에 없었다.

이 기법을 고려할 때 물어봐야 할 가장 중요한 질문은 왜 문제 행동이 방해를 만났을 때 갑자기 붕괴하지 않는가 하는 것이다. 결국 습관이 살짝 변하는 것은 일상적으로 자연스레 발생할 수 있다. **패턴 방해는 진전의 체계적인 과정과 묶이지 않는다면 치료적일 수 없다.** 패턴 방해의 또 다른 중요한 요소는 동기다. 환자가 자신의 증상 행동을 제거할 동기가 충분하다면 패턴 방해와 치료적 진전을 도입하기 전에 선행 사건과 결과를 검토할 필요가 없다. 상담가가 할 일은 이성적이거나 감정적 호소력을 갖는 패턴 방해를 제공하는 것이다. 만약 환자가 문제 행동을 "실행하는" 새로운 방법에 관해 호기심을 갖거나 그 변화에서 어느 정도 보람을 찾게 되면 원래의 패턴은 줄어들 가능성이 크다. 벽을 가로질러 퍼지는 틈과 같이 치료적 개입은 점차 자라서 확고한 패턴을 깨뜨린다.

고려해야 할 중요한 문제는 패턴 방해를 언제 어디서 시작해야 하는가이다. 대부분의 경우 진료실에서 시작하는 것이 가장 좋다. 가능하다면 에릭슨은 환자의 문제 행동이 드러나는 것을 관찰하고 싶어 했다. 최소한 아주 자세한 구두 설명을 듣고자 했다. 이런 분석을 통하여 그는 조건화되고 매우 예측 가능한 반응, 즉 패턴을 인식할 수 있었다. 특정 행동에 대해 충분히 이해했다고 결론을 지으면, 다음으로 조작할 수 있는 다양한 작은 방법을 시험해 보곤 했다. 만약 그 문제가 편두통이라면 통증이 다른 해부학적 부위에 발생하도록 제안했을 것이다. 만약 그 부위를 바꿀 수 없다면 발생 시작을 10분, 5분 혹은 심지어 1분 정도 늦출 수 있는지 살펴보았을 것이다. 아니면 두통을 평소보다 1분 더 오래 경험할 수 있는지 알아볼 것이다. 환자가 아주 작은 변화(예를 들어 하루에 담배를 82개비 피우는 사람이 한 개비를 덜 피우는 것과 같은 것)의 지속 가능성을 계속 거부한다면 변화에 대한 환자의 의지를 재평가해 볼 필요가 있을 것이다. 아마도 부차적인 이득이나 점검할 필요가 있는 다른 부분이 있을 것이다. 환자가 일단 어느 정도 성공을 경험하면 상담가의 보살핌과 안내에 따라 점진적 방해를 자연스러운 환경에 도입하여 변화가 일상생활이 되도록 할 수 있다.

습관적 행동 패턴의 제거는 환자가 이전에 인지하지 못했던 잠재력을 발견하는 출발점이다. 어떤 반응이라도 의미 있게 받아들여지는 발견과 실험의 분위기를 조성하면 환자가 실패할 위험이 줄어든다. 어떤 종류의 변화인가는 방해가 성공할 수 있다는 사실만큼 중요하지는 않다. 환자가 사건에 다르게 반응하고 선택할 수 있는 자유를 찾으면서 더 큰 조절 능력이 발생한다. 에릭슨의 제자들이 흔히 사용하는 행동 변화 방법은 행동의 반복을 미루거나 빈도를 바꾸는 것, 강박적 의식^{ritual}에 사용하는 도구를 바꾸는 것, 패턴의 순서를 바꾸는 것, 행동의 장소를 바꾸는 것 등이 있다. 결국 가장 중요한 것은 희망을 창조하고 새로운 기회를 발견하는 것이다.

인지적 진전

◆ 사례 : 모 이야기

에릭슨은 경력 초기에 "모"라는 이름의 70세 여성을 진료해 달라는 요청을 받았다. 그녀는 1860년에 태어났으며 그녀의 부모는 여성 교육에 찬성하지 않았다. 그래서 열네 살에 그녀가 열여섯 살 소년과 결혼했을 때, 그녀가 받은 교육은 고작 수표에 사인을 하고 셈을 하는 것뿐이었다. 이어지는 여섯 해 동안 그녀는 농장일과 아이를 낳아 기르는 일로 바빴다. 모는 이렇게 말했다. "저는 암산하는 법을 배웠어요." 그러나 그녀는 숫자를 쓰거나 이름을 쓸 수 없었다. 모는 교육을 받지 못해서 화가 났고 읽는 법을 배우고 싶었다.

스무 살 때 모는 지역 선생님을 위한 하숙집을 차리겠다고 생각했다. 그녀는 읽기와 쓰기를 배우는 대가로 하숙비를 할인해 주었다. 그 후로 50년 동안 수많은 선생님이 왔다가 떠났다. 모두들 모에게 읽기와 쓰기를 가르치려고 부지런히 시도했지만 그들 모두 결국 가망이 없다고 포기했다. 모는 필사적으로 읽고 쓰기를 원했다. 그녀는 한 번에 최대 네 명의 선생님을 두었지만 아무도 그녀를 가르치는데 성공하지 못했다. 그녀의 아이들은 초등학교, 중고등학교 그리고 대학까지 갔다. 그들도 어머니를 가르치려고 했지만 실패했다.

이런 교착 상태는 심리적인 것 같았다. 에릭슨은 이렇게 말했다.

"모가 우둔했던 것은 아니었습니다. 그녀는 기억력이 훌륭했고 비판적 판단력도 좋았고 잘 들었으며 두드러지게 견문도 넓었지요. 그녀를 처음 만난 사람은 그녀가 구사하는 문법에 흠이 있음에도 대학 교육을 받은 것 같다는 인상을 받았습니다." 그러나 수업 시간 동안 그녀는 마음이 텅 빈 채 두려워하는 작은 아이처럼 반응했다. 그녀의 선생님 중 몇몇은 에릭슨에게 이렇게 말했다. "당신이 무슨 말을 하거나 행동을 하든지 그녀는 그저 간절하고 걱정스러운 눈으로 앉아서 자신에게는 의미 없는 말에서 의미를 찾아내려고 애썼습니다."

에릭슨을 만나는 동안, 모는 이렇게 말했다. "공과대학을 졸업한 제 아들이 말하기를 제가 읽고 쓰기에 딱 맞는 기어를 가지고 있지만 크기가 서로 다르다고 해요. 그게 딱 들어맞지 않는 이유라고요. 이제 선생님은 거기에 줄질을 하거나 크기에 맞게 손질을 해 주세요. 읽고 쓰기를 배워야 하니까요. 선생님 세 분을 위해 빵을 굽고 요리를 하고 빨래를 하고 다림질을 해도 일거리가 반도 안 되어서 할 일 없이 앉아 있는 것이 너무 지겨워요. 저는 배울 수 있나요?"

에릭슨은 그녀를 환자로 받아들이고 3주 안에 읽고 쓸 수 있을 것이라고 약속했다. 하지만 그녀가 이미 알고 있고 오랫동안 알고 있었던 것 외에 어떤 것도 가르치지 않을 것이라고 말했다. 그녀는 그 말에 어리둥절했지만 열심히 협조하려고 했다. 에릭슨은 그녀가 이미 알고 있고 오랫동안 알고 있었던 것 외에 어떤 것도 가르치지 않을 것이라는 점을 계속 강조했다. 그녀에게 종이와 연필을 주고 말했다. "뭔가 쓰려고 하지 마시고 그저 늘 하듯이 연필을 들고 늘 하듯이 쥐고 계세요. 당신이 할 수 있는 것을 저도 알고 당신도 알고 있습니다. 어떤 아기도 연필을 늘 하듯 들 수 있어요." 그녀가 답하자 에릭슨이 말했다. "이제 종이에 표시를 남겨 보세요. 글씨를 쓸 줄 모르는 아이가 낙서를 하는 것처럼 말이죠. 그냥 구부러진 아무 표시나요. 그건 당신이 배울 필요도 없는 것입니다. 좋아요. 이제 종이에 바르게 일자로 줄을 그어 보세요. 마치 판자를 똑바로 자르려 할 때 못으로 그렇게 하는 것처럼, 아니면 정원에 식물의 줄을 맞출 때 막대기로 줄을 긋는 것처럼. 짧거나 길게 혹은 위쪽이나 아래쪽으로 아니면 그냥 눕힐 수도 있어요." 약간의 연습 후에 에릭슨은 다음과 같이 설명했다. "이제 아주머니가 남긴 표시를 다른 크기로 종이 위의 다른 곳에 다른 순서로 하나를 다른 것 위나 옆에 남길 수 있습니다." 에릭슨은 그녀가 집에 가서도 표시하는 연습을 하도록 하며 말했다. "글씨 쓰기라고 생각할 필요가 없습니다."

다음날 에릭슨은 그녀가 전날 남긴 "표시"의 사본 하나를 보여주며 12미터 크기의 헛간 옆면의 "대략적인 설계도"를 작은 크기로 만들 수 있도록 "표시"를 골라서 그려보라고 했다. 그리고 그것의 "한가운데를 나눈" 후 "6미터 크기의 헛간 옆면을 똑같은 크기의 또 다른 옆면 위에 표시해" 보라고 했다. 어리둥절한 채로 그녀는 그렇게 했다. 에릭슨은 이렇게 조심스럽게 그녀를 조종하여 알파벳의 모든 글자를 만들도록 지시했다. 그리고 그것을 이어 붙여서 짧은 낱말을 만들었다. 에릭슨이 갑자가 그녀가 남긴 표시를 아이들의 교과서와 비교했을 때 모는 신나기도 하고 기쁘기도 했다. 그녀가 쓴 글자를 책과 비교한 것이 아니라 책에 나오는 기호가 **그녀가 만든 것과 얼마나 비슷한지를** 확인했다. 이는 작지만 중요한 차이점이었다.

이후로 그녀는 "글자 만들기", "낱말 만들기" 그리고 "이름 붙이기"를 배웠다. 쓰기나 읽기는 언급하지 않았다. 에릭슨은 이렇게 말하곤 했다. "이렇게 똑바르거나 휘어진 선으로 글자 하나를 만들어 주세요. 이제 글자 몇 개를 만들어서 서로 붙여 놓고 무슨 낱말인지 이름을 불러 보세요." 그는 모에게 말했다. "사전은 읽는 책이 아니에요. 그것은 낱말을 찾아보는 책이지요. 마치 그림책은 읽는 것이 아니고 그냥 그림을 보는 것처럼요." 사전을 통해 그녀는 세로, 가로, 비스듬하거나 휘어진 선으로 그 속의 어떤 낱말도 "만들" 수 있음을 발견했다. 그녀는 낱말이 무작위로 선택된 줄 알았지만 에릭슨이 그것의 "이름을 불러" 보라고 요청했을 때 깜짝 놀랐다. 그 낱말들은 다음과 같았다. "모, 저리 가서 식탁에 음식을 좀 내어놓으렴." 모가 말했다. "아니, 이건 아빠가 항상 하는 이야기예요. 그가 말하는 것과 똑같아요."

3주 동안의 수업 후 모는 시간이 날 때마다 사전과 리더스 다이제스트를 보았다. 그녀는 다독가가 되었고 자녀들과 손자들에게도 종종 편지를 썼다. 모는 뇌출혈로 세상을 뜨기 전까지 10년을 더 살았다.

어린 아이가 부모에게 "사고가 무슨 뜻이에요?"라고 물으면 부모는 "그것은 일부러 한 게 아니라는 뜻이란다."라고 대답한다. 그러면 "일부러"가 무슨 뜻인지 설명해야 하는데 이것은 아이가 그 반대 개념을 이해하지 못하면 어려운 일이다. 일단 아이가 의도 또는 목적에 대해 이해할 수 있으면 사고를 이해할 수도 있다. 그렇지만 둘 중 하나를 시작점으로 잡지 않고 어떻게 반대 개념을 전달할 수 있을까?

새로운 인지적 구조를 습득하려면 익숙한 배경지식으로부터 시작하여 마음의 수용 능력을 준비하는 것이 필수적이다. 새로운 통찰력은 그 특성상 경험적이고 이미 존재하는 이해 위에 구축된다. 아버지라면 다음과 같이 자녀에게 말할 수 있다. "어제 네가 아이스크림을 바닥에 떨어뜨린 것, 그게 사고란다. 그걸 떨어뜨리고 싶지 않았을 거야. 네가 아이스크림을 주워서 콘 위에 다시 올렸을 때는 그것을 다시 먹고 싶어서 일부러 그런 것이지." 다시 말해서 과거의 경험으로부터 여러 가지 사건을 이용할 수 있다. 삶의 학습에서 몇몇 조각을 이용하여 새로운 이해를 점진적으로 건설하는 것이다.

소크라테스식 대화법은 인지적 진전 기법의 영원성을 보여주는 한 예이다. 소크라테스는 자신의 질문에 대한 상대방의 대답에서 시작하여 논리적 논의를 능숙하게 전개해 나갔다. 이런 식으로 소크라테스 자신의 배경지식이 아니라 상대방의 이해를 바탕으로 최종 결론이 내려졌다. 마찬가지로 능숙한 선생이라면 종종 학생에게 익숙한 개념을 사용하여 새로운 아이디어를 소개할 것이다. 이는 개인의 배경지식을 중요한 첫걸음으로 삼는 진전의 한 형태이다.

치료적 맥락에서 사건에 대한 대안적 설명을 하거나 완전히 새로운 현실을 창조하는 것은 종종 도움이 된다. 그러나 적절한 인지구조가 이미 마련되어 있지 않으면 상담가의 말은 거의 의미가 없다. 어린아이와 마찬가지로 환자는 때때로 자신의 경험적 과거로부터 익숙한 요소를 사용하여 새로운 생각에 미리 **준비될** 필요가 있다. 중요 단어만 간단히 소개되어도 이 단어를 반영하는 생각에 대한 수용성이 크게 증가한다. 가솔린 엔진이 쉽게 시동이 걸릴 수 있도록 연료를 사용하여 준비하는 것과 같다. 구두로 전제를 깔아둘 경우 새로운 연상 관계가 더욱 쉽게 개발된다는 것을 보여 주는 연구가 있다.

이는 앞의 사례에 잘 나타나 있다. 에릭슨은 농장에서 사용하는 언어와 이미지로 모가 낱말을 해독하는 작업을 준비시켰다. 모는 머릿속으로 계산할 수 있었기 때문에 에릭슨은 헛간 지붕의 치수를 설명하며 "A"라는 글자를 만들도록 했다. 그녀가 책 속의 그림을 알아볼 수 있었기 때문에 에릭슨은 사전 속 기호의 조합을 이름 붙인 이미지로 묘사한 것이다. 새로운 활동 모두 그녀의 과거 학습의 맥락 속에서 제공되었으며 느리고 점진적인 방식으로 시작되었다.

치료적 진전에 발생하는 또 다른 어려움은 종종 환자가 불편한 생각을 들을 감정적 준비가 되어있지 않을 때 발생한다. 이 흔한 현상은 "우이독경"이라는 표현에 담겨있다. 처리할 준비가 되지 않은 어떤 현실도 고집스럽게 차단할 수 있는 마음의 능력을 설명하기 위해 부정denial과 같은 심리학적 개념이 사용되어왔다. 하지만 이런 종류의 장벽을 피하는 방법이 있다.

에릭슨은 자신이 **씨 뿌리기**라고 이름 붙인 점진적으로 정보를 소개하는 방법을 고안했다. 씨앗이 미래의 수확을 위해 땅에 뿌려지는 것처럼, 에릭슨은 관련된 개념을 세션의 전반부나 혹은 심지어 이전 세션에 무심히 삽입함으로써 중요한 치료적 아이디어의 토대를 놓기 시작하였다. 이 기법은 이야기의 극적인 지점을 준비하기 위해 사용되는 문학적 도구인 "복선"과 비슷하다. 환자에게 있어서 닥쳐올 통찰은 사랑하는 사람이 죽을 병에 걸렸음을 아는 것처럼 무서울 수 있다. 또는 곧 부모가 된다는 것을 알게 되는 것처럼 삶을 바꾸는 사건일 수 있다. 감정으로 충만한 생각을 받아들이기 쉽도록 하는 것은 느린 진전일 경우가 많다. 그 시간 동안 새로운 현실이 지지를 받고 도움이 되는 방식으로 작용할 수 있도록 다른 연상 작용이 만들어진다.

기억이나 생각을 환자에게 강요하기보다는 주의 깊은 씨 뿌리기가 환자 스스로 그 생각이 발전할 수 있게 만든다. 적절히 사용할 때 그것은 공손하고 온화한 기법이 된다. 다음의 예는 쇼트 박사가 최초로 최면을 경험했던 사례에서 나온 것이다. 최면을 걸려고 준비하는 쇼트에게 환자인 여자가 최면을 유도하는 동안 바닥에 누워 있어도 되는지 물었다. 쇼트가 동의하자 그녀는 바닥에 누웠는데 다리는 뻣뻣하고 팔은 가슴에 포개어 놓은 채 마치 관에 들어 있는 것처럼 누워있었다. 그녀에게 트랜스 동안 무엇을 시각화하고 싶은지 묻자 그녀가 대답했다. "남편과 강에서 휴가를 보내는 모습이요. 저희가 매년 하는 일이랍니다." 쇼트는 그녀의 요청에 따라 강에서의 즐거운 시간, 소중한 사람 그리고 우리 모두가 영원히 지속되기를 바라는 순간의 경험에 집중했다. 트랜스는 약 20분 동안 지속되었다. 쇼트는 다음과 같이 말하며 최면을 마쳤다. "편안하고 훌륭한 경험이었지만 모든 좋은 것은 끝나야만 합니다."

이 말을 들은 여자는 눈물을 쏟으며 심하게 울었다. 방 안에 있던 관찰자들은 당황하였다. 왜냐하면 그녀가 트랜스 경험 내내 미소를 짓고 있었기 때문이다. 잠시 후에 그녀는 냉정을 되찾고 곧 다가올 남편의 죽음을 받아들일 수 있도록 도와준 것에 대해 쇼트 박사에게 정중히 감사하였다. 그녀가 말하기를 의사들이 남편의 심장이 오래 버티지 못할 것이라고 말했지만, 그녀는 이렇게 심각한 상실이 임박한 현실을 받아들일 수 없었다. 남편이 실제로 참여한 것은 아니었지만 트랜스는 그녀가 남편과 함께 강을 따라 한 번 더 여행할 기회를 주었다. 그녀는 자신이 더 이상 부정 상태에 있지 않기 때문에 필요한 준비를 시작할 수 있을 것이라고 말했다. 이런 경험적 활동이 "깨달음"의 순간을 향한 안전하고 점진적인 진전을 제공한 것이다.

시간 순행

♦ **사례 : 바람을 피우려 했던 여자**

최근에 남편이 바람을 피운 것을 알게 된 한 여성이 에릭슨에게 조언을 구하러 왔다. 그녀는 남편이 자신들의 아파트에서 다른 여자와 잔 것을 막 발견하였다. 그녀는 상처받았고 분노로 가득했다. 에릭슨에게 말하기를 그녀는 복수를 생각하던 중 복도 저쪽에서 자신을 바라보던 잘생긴 남자를 보았다고 했다. 그녀는 남편에게 "되갚아"주기 위해 바람을 피워도 괜찮을지 에릭슨이 말해주기를 바랐다.

에릭슨은 해답이 이미 그녀의 무의식에 있으니 최면을 사용하여 무엇이 답인지 알아볼 수 있다고 말했다. 그녀에게 시간 왜곡을 알려주고 그녀가 바람을 피우고 난 뒤의 한 시점으로 가도록 했다. 그녀는 자신이 심하게 우울하고 절망에 빠져있다고 묘사했다. 바람을 피운 뒤에 자아 존중감을 크게 잃었으며 자신의 부정한 행동 때문에 남편이 그랬을 때보다 더욱 괴로웠다고 말했다. 게다가 자신도 똑같이 잘못을 저질렀기 때문에 남편이 더 이상 자신의 행동에 죄책감을 느낄 필요가 없다는 것을 깨달았다. 트랜스 상태에서 그녀는 바람을 피우지 말아야 한다고 자신의 의식을 설득해 줄 것을 에릭슨에게 애원했다. 그래서 에릭슨은 그녀를 트랜스에서 깨우고 트랜스 중에 그녀가 말한 것을 이야기해 주었다. 그녀는 에릭슨에게 감사하였다. 그녀는 해답을 찾았으며 남편의 죄책감을 이용하여 자신의 분노를 받아들이겠다고 말했다.

누군가 망설임이나 강렬한 감정에 마비될 때 치료적 진전을 위해서 의지의 활성화가 필요하다. 그러나 무엇보다도 그 사람은 자신이 무엇을 원하는지를 알아야 한다. 환자가 바람직한 결과를 생각하도록 상담가가 설득할 수 있다면 이를 실현할 수 있는 의미 있는 진전이 만들어진다. 이것이 바로 수많은 치료 학파가 치료적 계약을 치료에 포함하고 있는 이유이다. 이는 치료적 목표를 명확히 하는 기법이다. 진전의 관점에서 바라보면, 긍정적인 결과의 구체적 측면을 정의하는 것이 개선을 촉진한다는 것을 쉽게 알 수 있다.

시간 순행은 환자가 어떤 바람직한 결과를 인식할 수 있도록 시간적으로 앞서나가는 기법이다. (302페이지의 "시간적 방향 전환"을 참조하라) 이것은 환자가 문제가 해결되고 난 이후의 시점 및 그 세부 사항에 대하여 생각하도록 요청하는 방법이다. 여기에 최면적 요소가 더해지면 더욱 훌륭한 경험적 특성을 갖게 된다. 예를 들어 치료자는 10년 뒤 가정을 꾸리기를 원하는 환자에게 "이 가족의 한 사람이 된다는 것은 어떤 느낌인가요? 아이들은 어떻게 생겼나요? 집은 어떻게 생겼나요? 집에서 어떤 냄새가 나나요? 집에서 어떤 소리가 들리나요?"라고 물을 수 있다. 이러한 관념감각적 ideosensory 경험을 통해 환자는 방향감과 동기를 부여하는 즐거운 상상을 하고 따라서 고착 상태로 남을 가능성이 줄어든다.

해결 중심 치료 solution-focused therapy와 인지 행동 치료 cognitive behavioral therapy에서 종종 사용되는 기법 중에 **자기 보고 평가 척도**가 있다. 이 정량적인 기법은 주관적인 현실에 숫자를 부여하는 방식으로 사용한다. 예를 들어 공포를 경험하는 사람에게 그 정도를 1부터 10사이의 숫자로 나타내도록 요청한다. 다음으로 환자에게 그 숫자를 1점 혹은 심지어 0.5점 올리기(혹은 내리기) 위해서 무엇을 할 수 있을지 묻는다. 이렇게 환자가 약간의 개선을 경험할 가능성을 상상하려고 노력함으로써 작은 진전이 만들어진다.

아주 작은 진전조차 상상할 수 없는 신경증이 극심한 환자와 작업할 때에 치료자는 음수를 시작으로 이 기법을 사용할 수 있다. 예를 들면 "-5점에서 -4점이 되려면 무엇이 필요할까요?"라고 물을 수 있다. 이 질문은 그 사람이 "실제적인" 변화에 헌신하지 않고서도 약간의 작은 진전이 달성된 미래를 고려할 수 있게 해준다. 환자가 어떤 미래를 원하는지 아무 말도 하지 못하는 상태라면 그런 것이 있다는 가정이라도 해 보라고 요청할 수 있다. 이를 통해

해야 하는 것은 줄어들고 어느 정도의 진전은 달성할 수 있다. 이런 첫걸음을 달성하고 환자가 더욱 편안하게 느끼기 시작한 후에야 어떤 형태의 구체적인 행동을 동반하는 다음의 작은 한 걸음을 내디딜 준비가 된다.

남편이 바람을 피운 여자의 사례는 그녀가 다른 감정 상태에 접근할 수 있도록 최면이 사용되었다. 그녀의 복수가 이루어진 미래에는 현재 자신의 판단력을 흐리게 하는 분노가 더 이상 없을 것이다. 가장 중요한 점은 임상가의 판단이 아니라 그녀의 자기 이해로부터 무엇을 할지 결정했다는 점이다. 이를 통해 **그녀는 자신의 행동에 대한 책임**을 유지할 수 있었다. 에릭슨이 좋아했던 말처럼 자립은 삶의 가장 큰 기쁨 중 하나이다.

진전의 일반적 적용

진전의 논리는 새로운 행동이나 사고를 시작하는 어떠한 노력에도 적용된다. 몸의 탄력성과 마찬가지로 마음의 심리적 구조는 변형될 수 있고 새로운 행동은 행해질 수 있지만 한순간에 그것이 얼마나 변화하는지는 한계가 있다. 마음과 몸 양쪽 모두 적응에는 시간이 필요하다.

이 논리를 바탕으로 한 임상적 질문의 예를 들면 다음과 같다.

"환자가 이번에는 변화를 얼마나 받아들일 것인가?", "이 사람이 압도당하지 않으려면 어느 정도로 치료를 진행해야 할까?" 이 중요한 질문에 대한 답은 때때로 명확하지만 상황이 복잡할 수도 있다. 건강하지 않은 관계 속에 있는 여성은 치료자에게 다음과 같이 말할지도 모른다. "저는 그를 떠난다는 것을 상상할 수도 없어요." 적절한 임상적 판단을 바탕으로 치료자는 그녀가 그 관계에서 빠져나오는 것이 명백하게 필요하다는 논의는 다음으로 미뤄두는 것이 좋다. 그녀가 **상상할 수 있는 것**으로부터 출발하는 것이 적절하다. 예를 들어 문제가 되는 관계에 직접적으로 초점을 맞추는 것보다는 그녀가 **삶에서** 필요로 하고 원하는 여러 가지 것을 상세하게 묘사하도록 하는 것이 좋은 첫걸음이다. 다음으로는 아직 어린 그녀의 아이들이 집에서 같이 **살고 있는 동안**에 그녀로부터 필요한 것이 무엇인지 묘사해보라고 할 수 있다. 이런 진전은 한 시간에 걸쳐서 일어날 수도 있고 몇 달간의 기간에 걸쳐서 일어날 수도 있다. 이상적으로 변화가 일어나는 속도를 결정하는 것은 환자여야 하지만 때때로 임상가가 어떤 생각을 전달해야 할지를 결정하는 것은 치료적 상황이다. 상담가는 큰 저항이 느껴지면 언제든지 환자의 즉각적인 욕구가 무엇인지 다시 확인해야 한다.

이 전략의 결과는 명백하고 세밀하다. 환자와 이야기할 때 덜 위협적인 주제로 시작하여 점차 고통스러운 주제로 나아가는 것이 좋다. 이는 수많은 상황에 적용할 수 있는 중요한 기술이다. 예를 들어 소아과 의사인 산가비Sanghavi는 청소년으로부터 이야기를 이끌어내기 위한 구조화된 방법을 만들었다. HEADSS라는 약어는 어떤 순서로 주제에 접근하는 것이 좋을지 기억하는 데 도움이 된다. 먼저 **가정**Home에서의 삶에 관해 이야기한 후, 청소년의 교육이나 아르바이트 **경험**Experience 그리고 가장 좋아하는 **활동**Activities, 그 후에 **약물**Drug 사용, **성적인**Sex 행동에 관하여 물을 수 있고 마지막으로 **자살**Suicide나 우울증에 관해 논의할 수 있다. 이렇게 간단한 접근 방식은 포괄적이면서도 정보를 이끌어 낼 수 있는 구조화된 면담 방법을 제공한다. 이 기법을 이용한 사례를 말하며 산가비는 다음과 같이 썼다. "점진적으로 우리는 재스퍼의 고위험 행동을 살펴보았다. 놀랍게도 그가 이야기하도록 하는 일은 쉬웠다." 그 대화가 "쉬웠던"이유는 그것이 기술적인 방법으로 수행되었기 때문이다.

의식적 지각의 흐름을 체계[2]system에 큰 부담을 줄 수 있는 생각으로부터 분리하는 것은 마음의 자동적인 기능이다. 따라서 환자에게 말을 할 때는 대화가 확실히 견딜 수 있을 만한 것으로부터 시작되어야 한다. 환자가 고통스러운 유년기 경험에 관해 논의할 필요가 있다면 온화한 기억부터 시작해야 한다. 아니면 에릭슨이 말하곤 했던 것과 같이, "만약 환자가 기억 전체를 떠올리는 것을 견딜 수 없다면 당신은 오늘 떠올릴 수 있는 부분이 무엇인지 질문할 수 있습니다. 그리고 내일은 어느 부분을 기억할 수 있는지 물

---

2   작게는 신경 체계, 크게는 한 사람의 현실을 구성하는 지도map 체계

어볼 수 있습니다."

 진전 전략을 더욱 잘 이해하게 되면서 놓치기 쉬운 부분은 적절한 평가의 중요성이다. 이 전략이 성공하려면 증상 복합체의 가장 안정적인 측면을 확인하고 겨냥할 필요가 있다. 환자가 이미 쉽게 바꿀 수 있다고 느끼는 행동 영역에서 작은 진전을 시도한다면 치료가 유용하다고 여겨지기 힘들 것이다. 그러나 문제가 항상 특정 방식으로 발생하고 이것이 변화한다면 치료는 유효하다. 예를 들어 편두통 환자와 작업하면서 에릭슨은 그것이 틀림없이 10일마다 아침에 발생한다는 것을 알게 되었다고 해보자. 이런 경우 그는 발생 시간을 한두 시간쯤 늦추려고 시도할 것이다. 두통이 항상 다섯 시간 동안 지속되었다면 이를 네 시간 45분으로 줄이려 했을 것이다. 다시 말해 평가는 증상의 강도, 빈도, 지속시간 그리고 시작 시간에 관한 질문을 포함할 필요가 있다. 환자가 부정적 예측에 관한 자신의 생각을 재조정하기 시작하면서 과거에는 인지하지 못한 능력을 발견할 기회가 생긴다.

 주어진 치료가 잘 작동하지 않으면 진전을 세밀하게 적용할 수 있다. 치유 의식의 "복용량"을 증가하거나 그것이 더 나은 치료 능력을 가졌음을 반복 제안함으로써 그 효과는 향상된다.

 이 책에 묘사된 모든 치료적 전략처럼 진전도 오용될 수 있다. 치료자가 환자에게 별 의미 없는 목표를 작업한다면 이 전략은 효과가 없을 것이다. 진전은 때로 느린 과정이기에 성공을 위해서는 동기가 중요하다. **환자는** 자신의 작은 걸음이 향하는 최종 목적지에 도달하기를 진심으로 원해야 한다.

  뿐만 아니라 개인에게 가장 적절한 다음 단계가 무엇인지 주의 깊게 고려해야 한다. 학대받는 관계성 속에 있는 여자의 사례를 다시 들면, 만약 그녀가 과다 각성 상태에 있어서 며칠 동안 잠을 잘 수 없었고 수면 부족 때문에 현재 미쳐가고 있다고 느낀다면, 첫 단계는 그녀가 다시 잠을 자는 능력을 회복하도록 돕는 것이다. 만약 그녀가 며칠 동안 아파서 음식과 물을 삼킬 수 없다면, 의학적 치료를 받도록 돕는 것이 우선일 것이다. 이런 예는 때로 첫 단계가 심리치료의 목표와 직접적인 관련이 없을 수 있음을 보여준다. 하지만 에릭슨이 종종 말했던 것처럼 임상가는 환자가 전인적 존재임을 유의할 필요가 있다. "이 사람이 할 수 있는 다음의 것은 무엇일까?"라고 물을 때 심리적이든 신체적이든 혹은 사회적이든, 환자에게 지금 당면한 욕구를 더 잘 알아볼 수 있어야 한다. 상담가는 최종 목표에 시선을 둔 채로 진전이라는 수단을 고려해야 함을 잊지 말아야 한다.

10

제안
Suggestion

이 장에서는 에릭슨이 모두가 인정하는 대가로 여겨지는 전략을 살펴보겠다. 그가 제안을 사용한 방식을 언급하지 않고 의학과 심리치료 분야에 대한 그의 공헌을 이야기하기란 거의 불가능하다. 아쉽게도 제안은 그 가치가 최면 절차와 불가분하게 연결되어 있어 최면에 대한 논의로 여겨진다. 이 장에서 최면의 사용이 다른 어떤 장보다 더 많이 다루어지지만, 논의의 초점은 여전히 에릭슨의 방법론을 뒷받침하는 폭넓은 원칙이다. 이어지는 사례에서 볼 수 있는 것처럼 제안은 결코 하나의 절차를 적용하는 것으로 한정되지 않는다.

◆ 사례 : 천식에 걸린 소년

만성 천식으로 고통받던 열두 살 소년이 에릭슨에게 왔다. 소년은 늘 흡입기를 가지고 다녀야 했다. 에릭슨은 소년과 이야기를 하면서 그가 편안히 숨을 쉴 수 있도록 흡입기에 몇 번이나 손을 뻗는지 주목하였다. 소년은 눈에 띄게 불안해했다. 그래서 에릭슨은 교감하며 물었다. "천식이 얼마나 두렵니… 그 두려움이 얼마나 심하니?" 에릭슨은 소년에게 확신을 주려는 어떤 시도도 하지 않고 조용히 소년의 말을 들었다. 대신에 소년이 천식에 대한 주관적 경험을 자세히 이야기하도록 했다. "호흡 곤란에 대한 두려움은 얼마나 크니?" 소년은 눈에 띄게 안심하며 대답했다. 누군가 호흡 곤란과 죽음에 관한 그의 두려움에 관하여 자세히 듣기를 원한 것은 이번이 처음이었다. 소년은 에릭슨과의 대화에 몰입했다. 그는 갑자기 숨을 쉴 수 없게 되는 것에 대한 두려움을 상세하게 설명했다. 가슴이 죄어드는 끔찍한 느낌과 자신을 찾아오는 무시무시한 죽음의 환상에 관해 묘사하였다. 이야기를 하면서 소년은 자신의 이야기를 잘 들어주는 사람을 드디어 만났다는 사실에 마음이 사로잡혀 더욱 편안하게 숨을 쉬기 시작했다.

소년이 제안을 받아들일 준비가 되었다고 느껴져서 에릭슨은 말했다. "알고 있니? 네가 두려워하는 것에 관하여 털어놓으니 숨을 쉬기가 쉬워졌구나." 소년은 이것이 사실이라고 인정했다. 계속해서 에릭슨은 말했다. "천식의 일부분은 두려움 때문이고 일부분은 꽃가루 때문이라는 것을 네가 이해했으면 좋겠구나. 꽃가루가 원인인 부분을 처리하려고 약을 사용하는 거란다. 이제 네가 가진 천식이 100퍼센트라고 하고 내가 1퍼센트를 줄여준다면 아마 너는 변화를 눈치를 채지 못 할 거야. 그렇지만 천식은 1퍼센트 줄어들겠지." 에릭슨은 이어서 추측하며 말했다. "내가 천식을 2퍼센트, 5퍼센트 아니면 10퍼센트 줄여 준다고 생각해보렴. 너는 여전히 변화를 눈치채지 못하겠지만 확실히 줄어들 거란다." 에릭슨은 소년이 천식을 어느 정도 줄인다는 생각에 호기심을 갖도록 말했다.

그리고 소년이 천식을 얼마나 남겨둘 것인가에 대한 논의로 이끌었다. "5퍼센트, 10퍼센트, 20퍼센트, 30퍼센트 또는 40퍼센트 정도 될까?" 소년은 결정하였다. "제 천식의 20퍼센트 정도가 꽃가루 때문인 것 같아요." 이 결정으로 소년은 이전과 비교하여 흡입기를 80퍼센트 덜 사용하는 자유를 얻게 되었다.

"저와 당신, 그리고 질병은 서로 적대하고 있는 세 가지 요소입니다. 만약 당신이 제 편에 서서 제가 당신에게 말하는 것을 무시하지 않고 금지하는 것을 멀리한다면, 우리는 하나를 상대하는 둘이 되어 이 질병을 이겨낼 수 있을 것입니다."
— 이름 없는 의사

제안을 치유에 사용한 것은 아주 오래된 일이다. 고대 그리스와 이집트 그리고 동양의 문화에서 정상적인 의식의 통제를 벗어난 행동 반응을 이끌어 내기 위해 의식^(ritual)을 사용했다는 것은 잘 알려져 있다. 이는 무엇보다도 질병을 치유하고 악마를 물리치는 것에 사용되었는데 오늘날의 기준으로는 온전한 정신을 회복하는 것이라고 할 수 있다. 늘 그렇듯 제안으로 달성된 극적인 결과는 깊은 존경과 동시에 극심한 불신을 일으켰다. 오늘날의 문화에서 제안이라는 치료적 기법을 진실되지 못하다거나 지나치게 조작적이라고 비판하는 것은 드문 일이 아니다. 치료에서 제안을 사용하는 것에 익숙해지기 전에 임상가는 고질적인 고통과 관련된 외로움과 절망에 대처하는 법을 배워야 한다. 이런 관점을 바탕으로 할 때 **임상적 제안의 본질적 기능**을 제대로 파악하기 쉽다. 그것은 **환자 혼자서 의식적으로 도달할 수 없는 목표를 달성하도록 돕는 것이다.**

1994년 북 텍사스 임상 최면 협회에서 뛰어난 일반 외과 의사인 데브니 유윈^(Dabney Ewin)은 산업 화상 피해자의 치료 작업에 관한 강의를 할 기회가 있었다. 2년 후 진행한 인터뷰에서 유윈은 이렇게 설명했다.

화상 피해자에게 최면을 사용하기 시작했을 때, 처음에는 화상이 단지 제가 원래 진단한 것만큼 심각하지 않다는 것을 확신했었습니다. 시간이 약간 흐른 뒤 알루미늄 공장에서 녹은 쇳물에 다리가 빠진 환자를 치료하게 되었습니다. 최면을 사용해서 저는 화상을 입은 지 30분 만에 그의 다리가 "시원하고 편안하도록"했고, 18일 후에 그가 피부 이식이나 마약성 진통제 없이 퇴원했을 때 저는 최면을 진정으로 믿게 되었습니다.

유원은 댈러스에서도 강의를 하게 되었다. 제안을 사용하여 고통을 완화하고 염증을 줄이고 회복 속도를 높이며 흉터의 심각성을 줄이는 사례를 보여주는 매우 흥미로운 슬라이드를 본 후 청중 한 명이 갑자기 물었다. "어떤 방식으로 최면 유도를 하나요?" 유원이 대답했다. "저는 보통 환자를 응급실 문에서 만납니다. 그들은 들것에 묶이고 얼음에 쌓여서 오지요. 저는 **그들에게** 제가 의사라고 말한 뒤, 고통을 멈추려면 어떻게 해야 하는지 아냐고 단호하게 묻습니다. 그들이 '아니오'라고 말하면 저는 **알고 있다고** 말하지요. 그리고 제가 요청하는 **모든 것을** 할 의향이 있는지 물어봅니다. 그들이 '예'라고 말하면 저는 몸 전체가 시원하다고 느끼라고, 입원실에 들어갈 때까지 계속 시원하게 느끼라고 말합니다."

환자가 이미 얼음에 쌓여 있기 때문에 유원은 이것이 그렇게 대단한 제안은 아니라고 지적한다. 일반적으로 제안을 보조적으로 사용하면 진통제가 훨씬 덜 필요하며 치유가 크게 촉진된다. 환자가 스스로 할 수 없다고 알고 있는 것을 받아들이고 직접적인 제안을 통해 희망을 제공하여 환자가 두려움과 고통에 대처할 수 있도록 든든한 조력자가 되는 것이다.

지난 세기 동안 제안의 치료적 사용은 최면의 활용과 깊은 연관이 있었다. 1842년 제임스 브레이드James Braid는 "최면술hypnotism"

과 "최면hypnosis"이라는 용어를 그리스어인 hypnos에서 따와서 제안에 반응성이 높은 특별한 의식 상태를 묘사하기 위해 만들었다. 40년 후 히폴리트 베른하임Hippolyte Bernheim은 제안이 최면이 가진 유일한 작용력이라고 말했다. 현대에 이르러 대부분의 사람은 최면의 결과가 제안을 통해 달성된다는 점에 동의한다. 와이젠호퍼Weitzenhoffer는 최면의 일반적인 정의를 "어떤 사람이 제안을 통해 다른 사람에게 영향력을 미치는 하나의 형식"이라고 말했다. 따라서 최면에 관한 많은 문헌은 피제안성을 가장 잘 증가시킬 수 있는 정확한 수단을 상세하게 설명하고 있다. 그러나 이 이상으로 대단히 다양한 의견이 존재하며 최면이 정확히 무엇인지에 관한 논쟁은 지속되어 왔다.

현대 최면의 창시자 중 하나로 브레이드는 빛나는 물체를 이용하여 눈을 피로하게 만드는 최면 유도 기법의 중요성을 강조하였다. 이 시대에는 수면이 피제안성의 중심적인 역할을 한다고 믿어졌다. 브레이드는 "환자가 물체에 눈을 꾸준히 고정시키고 **마음을 그 물체 하나에 사로잡히도록** 해야 한다는 것을 이해해야 한다."라고 주장했다. 베른하임은 이후 치료적 제안이 효과적이기 위해 반드시 **최면적 수면을 유도해야 하는 것은 아니라는 것**을 알았다. 19세기에 이루어진 베른하임의 이 발견은 심리치료에서 제안이 일반적으로 사용될 전조가 되었으며, 이런 형태의 치료법은 20세기의 심리치료자들에 의해 개발되었다.

대학생 시절 에릭슨은 최면에 관한 브레이드 방식의 설명을 기본적으로 받아들였으나 곧 외부적인 물체나 형식적인 유도 의식은 중요하지 않다고 생각하였다. 대신 그는 한 가지 생각에 주의를 고정하는 것을 크게 강조했다. 에릭슨은 제안에 관한 그의 독특한 임상적 접근법을 밝히며 다음과 같이 서술했다.

저는 참을 수 없는 고통을 완화하거나 수많은 다른 문제를 교정하기 위하여 사용한 최면 기법을 상세하게 설명해달라는 요청을 수없이 받았습니다. 이런 요청에 관한 구두 응답은 항상 충분해 보이지 않았는데, 그 이유는 제가 항상 다음과 같은 진심 어린 주장으로 시작했기 때문입니다. 기법 그 자체는 **환자의 주의를 확보하여 고정한 후 수용적이고 반응적인 심리 상태를 만들어서,** 그들이 깨닫지 못했거나 부분적으로 깨달은 **다양한 종류의 행동에 관한 잠재력으로부터 혜택**을 얻을 수 있도록 하는 것입니다. 그 외의 다른 목적은 없습니다. 최면 기법으로 이를 달성하면, 환자를 도와 원하는 목표를 달성하도록 안내할 수 있는 제안과 지시를 할 수 있는 기회가 생깁니다. 다시 말해 최면 기법은 오직 환자가 자신의 행동에 관한 잠재력을 더욱 유리하게 사용하는 법을 알려주기에 적당한 환경을 유도하는 목적으로 사용합니다.

에릭슨이 제안을 사용한 방식에 대한 깊이 있는 연구를 시작하기 전에, 최면 이론에서 제안이 불가결한 개념이기는 하지만 제안의 사용이 최면의 형식적 절차에 국한된 것은 아니라는 점을 인식하는 것이 중요하다.

임상적 제안의 개념을 창안한 베른하임은 치료적 제안을 "생각을 행동으로 옮길 수 있게 하는 능력"이라는 매우 일반적인 용어로 정의하였다. (에릭슨이 십대에 움직임에 관한 생각을 자신이 묶여 있던 의자가 흔들리게 만든 행동으로 우연히 옮기도록 하여 관념운동^{ideomotor}을 발견했음을 떠올려보라) 베른하임이 치유에서 제안을 사용한 방식을 담은 책은 1897년에 최초로 번역되어 **"제안적 치료법"**이라는 제목으로 출판되었다. 그러나 제안이 중심 전략으로 기능하는 치료가 최면뿐 만이 아니라는 것을 의료 분야에서 깨닫기까지는 반세기 이상이 흘렀다.

1950년대부터 플라시보 치료가 제안적 치료법의 한 형태로 연구되기 시작했다. 플라시보는 작용 성분이나 증명 가능한 치료 작용이 없는 모든 의학적 치료를 말한다. 플라시보 알약뿐 아니라 플라시보 수술도 있다. 초기의 한 연구에 따르면 심실 및 십이지장 궤양의 경우 플라시보 수술이 실제 수술보다 훨씬 효과적이었다. 마찬가지로 톰슨^{Thomsen}과 공저자들은 메니에르병[1]의 경우 실제 수술이 70퍼센트의 성공률을 보인 반면 플라시보 수술은 77퍼센트의 성공률을 보였음을 밝혔다. 약이든 수술이든 플라시보는 치

---

1 어지럼, 청력 감소, 귀울림, 귀 먹먹함의 모든 또는 일부분의 증상이 갑작스럽고 반복적으로 생기는 질병

유가 일어날 것이라는 **생각**을 갖기 쉽도록 해줄 뿐이다. 플라시보 치료는 이제 실질적인 치료 효과를 가지고 있음이 널리 받아들여지고 있다.

사회적 영향력에 관한 제롬 프랭크 Jerome Frank의 획기적인 책에서 대부분의 심리 치료 환자는 무력감, 절망 그리고 사기 저하로 고통받는다는 사실이 관찰되었다. 프랭크에 따르면 효과적인 치료는 환자의 긍정적인 기대감을 증가시키고 미래에 관한 믿음을 회복하며 능숙함과 유능감을 촉진한다. 희망의 회복은 심리치료에서 치유적인 요인이다. 이러한 관점은 희망 및 역량 기반 치료 모델에 제안을 포함시키는 길을 여는 데 도움을 주었다. 어쨌든 상황이 나아질 수 있다는 암묵적 제안을 최소한이라도 포함하고 있지 않다면 희망이라는 것에 무슨 의미가 있겠는가.

거의 모든 형태의 의사소통이 제안이라는 결과를 가져올 수 있기 때문에 그 명확한 경계를 정하기란 어려운 일이다. 환자가 치료 전에 가능하다고 믿었던 정도를 넘어서는 어떤 반응이라도 치료자가 일으킬 수 있다면 임상적 제안이 발생한 것이라고 주장할 수 있다. 확실한 것은 임상가의 모든 말과 행동은 잠재적으로 환자에게 무엇인가를 제안할 수 있고 그런 제안은 강력한 효과를 가질 수 있다는 점이다. 그것이 바로 이 전략이 주의 깊은 의도를 갖고 적용되어야 하는 이유이다. 에릭슨은 다음과 같이 말했다.

신체적이나 정신적 질환을 가진 환자를 상대할 때, **당신이 무엇을 말하고** 그것이 **무슨 의미를 내포하는지 아는 것이** 정말로 중요합니다. 환자가 어떻게 미래로 손을 내밀며 어떻게 과거와 만나며 어떻게 현재를 변화시키며, 당신이 말을 할 때 발생한 환자 자신의 생각에 의하여 자연스럽게 정교화된 이해가 어떻게 전달되는지를 알아야 합니다.

천식에 걸린 소년의 사례에서 에릭슨은 임상적 제안을 뒷받침하려고 분할을 사용하였다. 그는 소년에게 천식을 어느 정도 완화하는 것이 가능하다는 **생각**을 전달하였다. 이 생각이 결국 행동으로 변화했다. 제안을 이렇게 사용한 것이 최면의 일부분인가? 에릭슨은 최면 유도에 관하여 언급하지 않았다. 하지만 그는 매우 조심스럽게 상황을 만들고 소년이 천식을 조절하는 깨닫지 못한 능력이 있다는 생각을 전달할 적당한 순간을 기다렸다. 에릭슨은 강력한 내적인 주의 집중을 만드는 것으로 시작했다. 천식에 관한 소년의 감정적 경험에 관하여 진심으로 물어봄으로써 소년이 자신의 생각에 완전히 몰입하도록 하였다. 소년의 모든 두려움에 귀를 기울였고 그의 상황에 공감하며 이해를 표현했다. 그의 임상적 제안은 아주 직접적이었다. 네가 더욱 편안하게 숨을 쉬기 시작했으니 천식을 어느 정도 조절할 수 있다. 얼음에 쌓인 사람은 시원함을 느낄 수 있다는 유원의 실패 없는 제안과 마찬가지로 에릭슨은 소년의 직접적인 경험과 일치하는 생각을 제안했다. 소년은 에릭슨과 이야기하는 동안에 그다지 두렵게 느끼지 않고 있음을 알아차렸고 결과적으로 더욱 편안히 숨을 쉬고 있었다. 이런 반응은 쉽게 예상할 수 있다. 왜냐하면 이제 소년에게는 조력자가 있기 때문이다. 에릭슨이 공감하며 듣기 시작하자마자 그리고 **"우리"**가 천식에 대해 무엇을 해야 할지 생각하기 시작하면서, 소년은 더 이상 홀로 질병을 마주하도록 강요당하지 않게 되었다.

마지막으로 에릭슨의 제안이 증상 완화를 겨냥한 것이기는 하지만 오직 그것만을 달성한 것은 아니라는 점을 알아야 한다. 이렇게 두려운 문제를 극복함으로써 소년은 자신의 회복력에 관하여 많은 것을 배우게 되었다. 문제 해결에 관한 에릭슨의 일반적인 접근 방식은 증상 개선을 눈덩이 효과처럼 이용하여 자신, 타인 그리고 환경에 대한 생각을 재구성하도록 이끄는 것이었다. 에릭슨은 이 사례에 관하여 다음과 같이 말했다. "그것은 삶에 대한 소년의 태도를 완전히 바꾸어 놓았습니다."

협조 vs 통제

◆ **사례 : 에릭슨의 뺨을 때리려고 했던 여자**

한 젊은 여성이 에릭슨의 진료실에 들어와 그를 노려보았다. 그녀의 남편이 예약을 잡은 것이다. 에릭슨은 그녀에게 인사하며 말했다. "남편분이 말하기를 만약 제가 **말 한마디라도** 잘못하면 제 뺨을 때리고 나가버릴 거라더군요." 에릭슨은 진심 어린 목소리로 계속했다. "한 가지 헷갈리는 것이 있습니다. 어느 쪽으로 피해야 할지 모르겠습니다. 오른손잡이세요. 아니면 왼손잡이신가요?" 깜짝 놀라서 그녀는 에릭슨을 바라보며 말했다. "어쩌면 잘못 말하지 않으실지도 모르죠." 에릭슨은 그녀의 말을 인정했다. "어쩌면 그럴지도요." 하지만 덧붙여 말했다. "음 키가 저랑 비슷하네요. 체형도 건강하세요. 저도 그렇게 무겁지는 않지만 저보다 더 가볍겠어요. 키는 저랑 비슷하시고. 아무튼 팔을 제대로 휘두르실 수 있겠군요. 그래서 오른손잡인가요. 아니면 왼손잡인가요?" 그녀가 대답했다. "오른손잡이예요." 그 시점부터 에릭슨은 뺨을 맞지 않고 그녀의 치료적 필요에 관해 더욱 많은 정보를 수집할 수 있었다.

무엇보다도 에릭슨이 전략적으로 제안을 사용한 목적은 환자를 통제하려는 것이 아니라 환자가 어떻게 에너지를 사용하는지 정보를 수집하고 그것을 안내하는 데 있음을 인식해야 한다. 에릭슨은 강력한 내적 주의 집중을 촉진하기 위해 최면을 사용하였다. 그리고 환자가 자신의 치유 잠재력을 확고하고 지속적으로 인지할 수 있도록 이끌었다. 치유에 대한 이러한 접근은 다음의 수수께끼에서 비슷하게 찾아볼 수 있다. "공기 중에서 찾을 수 있는 것으로 낮에 불을 피우는 방법은 무엇일까?" 햇빛 때문에 불이 나는 경우는 흔치 않은데 어떻게 이런 일이 일어날 수 있을까? 그러나 돋보기를 가져와 보통의 빛을 종이 위의 작은 한 점에 집중시키면 불꽃이 일어난다. 이와 같은 방식으로 일단 에너지를 모아서 주어진 일에 꾸준히 집중하면 사람들은 종종 일상적인 보통 행동으로도 비범한 결과를 성취한다.

제안을 전략적으로 사용하면 놀라운 결과를 낳을 수 있다. 겉보기에는 잘 일어날 것 같지 않은 결과가 권위 있는 인물의 행동과 연관될 때, 통제라는 환상이 생기는 것도 놀랄 만한 일은 아니다. 에릭슨은 다음과 같이 말했다. "제안을 받아들이고 거기에 반응함으로써 환자는 심리적으로 귀머거리가 되고 봉사가 되고 환상을 보고 기억을 잃고 마취나 해리가 되기도 하며 자신이 생각하기에 주어진 상황에서 합리적이거나 바람직하다고 여겨지는 다양한 형태의 특별한 행동을 보일 수 있다." 그 행동이 환자에게 **주관적으로 합리적이라고 여겨져야 하기 때문에** 상담가는 실제로 통제력을 갖지 않는다는 점을 인식하는 것이 중요하다.

게다가 에릭슨은 모든 최면 행동이 자연스럽게 발생하는 현상이라고 주장했다. 예를 들어 많은 스포츠 애호가는 축구 경기가 TV에 나올 때 **심리적으로 귀머거리가 된다.** 아주 무서운 영화를 보고 나서 영화에 나온 두려운 장면과 관련된 **환상**을 보거나 환청을 듣는 것은 어려운 일이 아니다. 거의 모든 사람이 누군가를 처음 만나고 5초 후에 그 사람의 이름을 잊는 경험이 있을 것이다. 스릴 넘치고 활기찬 활동을 해 본 사람은 긁히거나 멍이 들고도 언제, 어떻게 부상을 입었는지 모를 수 있음을 안다. 위에 언급된 바와 같이 이렇게 일상적인 행동을 모아서 주어진 임상 문제에 강력하게 집중할 수 있다. 그 결과는 통제의 산물이 아니라 협조적 노력이며 임상적 문제에 대항하여 환자와 임상가가 연대한 결과이다.

통제라는 환상을 만족하려고 최면을 사용하지 않도록 주의를 주면서 에릭슨은 다음과 같이 경고한다. "최면 실험과 치료의 실패는 주로 환자를 개인적인 응답과 행동 패턴을 가진 인격체가 아니라 최면가의 지시에 따라 명령을 수행하기를 기대하는 로봇과 같이 다루기 때문에 발생한다." 심오한 임상적 결과를 달성할 수 있다는 환자의 기대를 높이기 위해 최면가는 때로 "도전적인" 제안을 사용하기도 하지만, 그 결과는 여전히 협조의 산물이다. 예를 들어 한 여성에게 다음과 같이 말할 수 있다. "이제 당신은 다리를 **움직일 수 없음**을 알 수 있을 겁니다. 그저 일어나려고 **해 보시고** 어떤 일이 생기는지 보세요." 상황적 조건이 맞아떨어진다면 환자는 자신이 일어설 수 없음을 알게 될 것이다. 그러나 이것은 그녀의 선택에 의한 것이며 자신이 이루고자 하는 것에 부합해야 한다. 환자는 이런 도전적인 제안을 묵살하기 위해 그저 쉽게 일어날 수도 있다. 에릭슨은 다음과 같이 설명한다. "환자가 그러한 자극을 어떻게 사용할지 확실히 예측할 수 있는 사람은 아무도 없다. 한 가지 방식을 지목하거나 가능한 방식을 권할 수 있지만, 환자는 자신의 학습에 부합하도록 행동한다." 이것이 치료에서 제안을 사용할 때, 제안의 목표와 그것이 어떻게 자신의 고유한 필요와 관련되는지 환자가 적절히 이해해야 하는 중요한 이유이다.

이 절은 행동을 능수능란하게 활용한 사례로 시작했다. 에릭슨이 지적한 바와 같이 치료자가 말 한마디 잘못하면 뺨을 때릴 것이라고 남편에게 말하는 여자는 치료에 협조할 가능성이 크지 않다. 치료를 예약한 것이 남편이기 때문에 에릭슨이 말하는 것이라면 무엇이든 더욱 쉽게 독선적으로 분개할 준비가 되어있었을 것이다. 다만 그녀 자신이 말한 것을 인용하는 것은 예외였다. 에릭슨이 그녀의 입장을 말하였을 때 그녀는 동의할 수밖에 없었다. 그녀의 말을 인용한 것이 어느 정도 그녀 자신을 의식하도록 했을 가능성도 크다. 어느 쪽으로 피해야 할지 물었을 때, 에릭슨은 그녀의 방식대로 그녀를 받아들이고 그녀의 행동에 협조하려는 의도를 분명히 했다. 그 대가로 그는 그녀에게 협조를 요청할 수 있었다. 에릭슨은 다음과 같이 설명한다. "남편에게 그렇게 말했다고 여자의 협조를 얻지 말아야 할 이유가 있나요? 협조를 얻는 것은 아주 중요한 겁니다." 그녀는 자신이 오른손잡이라고 말함으로써 그에게 협조했다. 그전에는 에릭슨이 그녀가 건강한 체형을 지니고 있으며 지나치게 무겁지 않다고 그녀의 신체를 칭찬하고, 팔을 제대로 휘두를 수 있을 것이라고 하여 그녀의 신체가 강인함을 암시하는 것을 주의 깊게 들으며 에릭슨에게 협조했다. 에릭슨이 그렇게 말하는 동안 그녀의 주의는 의심의 여지없이 내면을 향하여, 제안에 더욱 쉽게 반응할 수 있는 마음 상태를 만들었다. 그녀는 에릭슨의 통제 아래 있었던 것이 아니라 기꺼이 더욱 협조하려고 했던 것이다.

직접 제안

 ◆ **사례 : 무의식적으로 직접 제안을 사용한 어머니**

나(저자)는 한 사회복지사와 최면에 관한 이야기를 하고 있었다. 그녀는 과거의 기억을 떠올리며 말했다. "최면 장면을 직접 볼 기회가 있었는데 바로 직전에 예약을 취소해야 했어요. 참 당황스러웠습니다." 나는 매우 흥미로워서 더 설명해 달라고 말했다. 그녀는 아들의 손에 난 큰 물사마귀를 제거하려고 했는데 소아과 의사가 아무리 노력해도 치료가 잘되지 않았다. 치료를 받을 때마다 물사마귀는 다시 나타났는데 더욱 커지기까지 했다. 최후의 수단으로 어머니는 아들을 최면가에게 데려가라는 이야기를 들었다. 그녀는 이렇게 설명했다. "제 아들은 겨우 여덟 살이었어요. 곧 일어날 일 때문에 아들이 두려워하지 않았으면 했답니다. 그래서 매일 밤 잠자리에 들기 전에 아들에게 토요일에 좋은 사람이 물사마귀가 없어지도록 아이와 이야기를 할 거라고 말해주었지요. 저희는 예약이 되어있던 토요일을 손꼽아 기다렸어요. 그런데 토요일 아침에 아들을 침대에서 일으켜보니, 물사마귀가 없어졌더라고요!" 그녀는 여전히 어리둥절해 하고 있어서 내가 설명했다. "물사마귀를 없애려면 토요일에 그 최면가를 만나고 난 후까지 기다려야 한다고 말씀하셨어야죠."

에릭슨은 제안이 생각의 소통이라고 일반적으로 정의했다. 비록 직접 제안이 무엇인지 정확히 정의하지 않았지만, 그는 고전적인 최면 제안을 지칭하려고 이 용어를 사용한 것으로 보인다. 제안을 전통적인 관점에서 사용하면 생각은 의식 작용으로 쉽게 평가되는 언어로 전달된다. 직접 제안은 주로 외부에서 전달되는 명령문의 형태를 띤다. "당신의 눈은 피로해지고 졸립니다. 계속해서 더욱 피로해지고 졸릴 것이고, 곧 깊은 잠에 빠질 것입니다!" 이런 상황에서는 누가 명령을 내리고 누가 그 생각에 반응할 것인지 의심의 여지가 없다. 전달되는 생각이 환자의 필요와 목표에 관련될 때, 이런 형태의 제안을 사용하는 것이 치료적이다.

사람은 일반적으로 타인으로부터의 언어적 영향에 취약하며 때로는 생각보다 더욱 그러하다. 한 환자가 쇼트에게 말한 것과 같다. "무엇을 하라는 이야기를 듣고 그것을 할 수 있는 나를 발견하는 것은 놀라운 일입니다. 제가 육군 훈련소에 갔을 때, 저는 팔굽혀펴기를 열 번 이상 할 수 없는 몸 상태였어요. 훈련 조교에게 까불었다가 갑자기 비가 내리는 바깥의 진흙탕에서 팔굽혀펴기 백 번을 하고 있는 제 자신을 발견했지요. 그가 제게 소리를 지르자 저는 갑자기 이전보다 훨씬 더 많이 할 수 있었어요." 이 환자의 아버지는 지극히 가혹하고 권위적인 사람이었다. 이것은 치료에서 그가 선호하는 방식이기도 했다. 그는 그저 앉아서 듣기만 하던 치료자들 때문에 짜증이 났다. 그는 현 상황에서 무엇을 할지 자신에게 말해주는 치료자를 원했다.

일반적으로 에릭슨은 그가 간접 제안을 사용한 방식으로 연구되지만, 직접 제안이 효과적이라고 생각되면 사용하기를 주저하지 않았다. 베티 앨리스 에릭슨은 청소년기에 아버지가 오전 5시에 자신을 깨운 일을 기억한다. 그녀는 운전면허를 딴지 얼마 되지 않았고 에릭슨은 그녀가 자동차 여행을 하면서 연습하기를 바랐다. 침대에 누워서 일어나기 싫다고 불평하자, 에릭슨은 그녀와 눈을 맞추었다. "일어나렴. 80년 후라면 원하는 만큼 쉴 수 있겠지만, 지금은 일어나서 삶을 즐겨야지!" 그녀가 침대에서 나와 아버지와 자동차 여행을 즐겼기 때문에 베티 앨리스는 제안의 나머지 부분에도 충실하였다. 그것은 바로 최소한 다음 80년 동안 삶을 즐기는 것이었다. 그의 말은 아직까지도 그녀의 기억 속에 축복으로 남아있다. 에릭슨은 이런 방식으로 직접적인 말을 사용하여 사람의 의식 속에 들어가 그들의 삶을 바꾸어 놓았다.

불행하게도 사람은 때때로 직접 제안을 축복이 아니라 저주로 사용하곤 한다. 예를 들어 교사 휴게실에서 경험 많은 동료가 새로운 교사에게 이렇게 말하는 것을 종종 볼 수 있다. "날 믿어봐, 이 아이는 어떻게 해야 할지 알 수 없을 거야. 머리가 지끈거릴 때까지 속을 썩인다고." 학기가 진행되면 이 교사에게 두통이 생기고 그 학생을 탓하게 되는 것은 제안의 힘을 이해하는 사람에게는 놀라운 일이 아니다. 제안에 대한 이런 반응성 때문에 임신을 처음 경험하는 여성에게 다음과 같이 이야기하는 완강한 간호사의 보살핌을 받는 것은 아주 불행한 일이다. "아직 진짜로 분만이 시작된 것은 아닙니다. 분만이 시작되면 진짜 고통을 느끼게 됩니다. 그것은 당신이 평생 겪은 고통 중에서 가장 괴로울 것입니다. 에피듀랄[2]을 놓아 달라고 애원하게 될 것입니다!"

다행히도 제안에 대하여 또 그것을 어떻게 타인에게 도움이 되는 방식으로 사용할 수 있는지에 관하여 적절히 이해하는 수많은 사람이 있다. 예를 들어 상처 입은 아이에게 본능적으로 "아야한 곳에 세 번 뽀뽀해 줄게. 뽀뽀할 때마다 조금씩 나아질 거야. 세 번째 뽀뽀를 하면, (행복한 미소와 함께) 아픔은 사라질 거야."라고 이야기하는 엄마가 있다. 비슷하게 한 엄마는 겁먹은 아이에게 이렇게 이야기했다. "입학 첫날이 되기 전에 손가락에 엄마 사랑 반지를 끼워 줄게. 이건 하루 종일 손가락에 끼워져 있을 거고 네가 안전하고 행복하다고 느끼게 해 줄 거야. 그렇지만 다른 사람은 그걸 볼 수 없을 거란다. 엄마 사랑 반지는 보이지 않는 거니까." 그리고는 그것이 "손가락에 잘 맞는지 보려고" 상상의 반지를 아이의 손가락에 끼웠다.

아이들에게 제안을 사용할 때, 직접 제안이 간접 제안보다 더욱 효과적이라고 믿을 만한 이유가 있다. 타액 속의 면역 물질에 관하여 구체적인 지시와 그렇지 않은 지시에 대한 아이들의 반응성을 비교하는 연구에서 구체적인 제안을 받은 아이들만이 면역 물

---

[2] 분만 시에 종종 사용되는 마취제의 일종

질이 증가했다. 구체성이 필요하다는 증거는 다른 아동 최면 전문가들도 관찰한 바가 있었다. 가드너Gardner는 아이들의 행동을 안내하기 위해 의도된 미세한 신호는 아이들이 오해할 가능성이 있어서 좌절감이나 예상치 못한 반응을 낳을 수 있다고 주장했다. 어린이는 확실히 어른과 같은 세련된 인지 능력을 갖고 있지 않으며 어른이 연관 짓는 것에 의미를 부여하는 수많은 삶의 경험도 부족하다. 예를 들어, 가드너는 배고픈 느낌을 경험하도록 하는 일반적인 제안보다 특정한 음식을 보고, 냄새 맡고, **먹도록** 지시하는 것이 아이가 음식을 더 많이 먹도록 하는데 때때로 더욱 필요하다고 하였다. 알아둬야 할 중요한 점은 제안의 대상이 나이가 많든 적든, 전달하고자 하는 생각에 대하여 명확히 이해해야 한다는 것이다.

직접 제안이 쉽게 적용된다는 점은 고통에 대한 한 회복탄력성 연구에 잘 나타난다. 연구자는 고통을 만들기 위해 두 가지 방법을 사용했다. 하나는 피험자의 팔을 얼음 물이 담긴 차가운 탱크에 담그는 것이고 다른 하나는 피험자의 손가락에 칼날을 대고 서서히 압력을 높이는 것이었다. 피험자는 고통스러운 자극을 참을 수 있는 한 참아보기를 요청받았다. 몇몇의 그룹으로 나누어 수차례 실험해 본 결과, 피험자는 "고통을 줄이기 위해 무엇이든 해 보라"는 말은 들은 후에 고통스러운 자극을 불평 없이 더욱 많이 견딜 수 있음이 밝혀졌다. **단순히 실험자로부터 분명한 허락을 받음으로써 피험자의 대처 자원이 크게 증가한 것이다.** 이런 효과가 나타나기 위해 형식적인 최면 유도는 필요하지 않았다. 이 결과는 최면적 대응 제안이 이미 존재했던 역량의 사용을 허락함으로써 효과가 발생한다는 것을 보여준다. 이 결과는 또한 희망을 가짐으로써 회복력이 증가한다는 근거로 볼 수 있다.

에릭슨은 불확실한 상황에 있는 환자에게는 직접 명령문이 필요하다고 믿었다. 얼마나 큰 고통을 감내할 수 있는지 모르는 신체적 고통을 겪는 환자에게는 직접 명령문이 필요할 것이다. 또 변화에 관해 자신이 얼마나 준비되었는지 의심스러워하는 사람에게도 적절할 것이다. 에릭슨은 이런 방식의 제안을 어린이와의 의사소통 방식에 비유했다. "…어린이가 뭔가 헷갈려 할 때는 이렇게 하지요. 언제 시작할지 말해 줄게… 지금!"

"지금"이라는 낱말을 사용하면 처리 시간과 노력 없이 큰 추진력을 얻게 된다. 일반적으로 직접적인 문장은 처리하는 노력이 많이 필요하지 않으며 자기 자신, 타인, 사물 그리고 이슈에 대한 사람의 견해에 성공적으로 영향을 미친다. 베른하임에 따르면 제안이 단순할수록 효과를 보기 쉽다.

위에 언급한 바와 같이 직접 제안이 특별히 유용한 상황이 있다. 환자가 과도하게 억압되어 있거나 자기 의심으로 고통받는 경우가 그렇다. 직접 제안이 올바른 순간, 올바른 사람에 의해 주어질 때, 이미 존재하는 동기와 역량에 대한 외부적인 확인이 부여된다. 결국 무대 최면가라도 부끄러움을 타는 청중이 그것을 극복하기를 원치 않는다면 그를 무대 위로 불러서 닭의 울음소리를 내도록 할 수는 없을 것이다.

간접 제안

◆ 사례 : 두 나무 이야기

불행하게도 에릭슨은 자신에게 치료를 받으러 찾아온 모든 환자보다 더 오래 살 수는 없었다. 삶의 마지막 몇 년 동안 에릭슨은 언젠가 떠나게 될 날에 대비하여 환자, 가족 그리고 친구를 준비하도록 하는 일에 깊이 몰두하였다. 만성 정신 질환으로 인하여 독립적으로 살기 위한 치료에 의존했던 환자들을 위한 대비책을 마련하는 것이 특히 중요하다는 것을 알았던 것이다. 때로 어떤 환자는 치료자 한 명과 일생 동안 관계를 맺으며 도움을 받기도 한다.

존은 그런 사람 중 하나였다. 그는 1960년대 초반에 에릭슨과 치료를 시작하였다. 그는 조현병을 앓고 있었지만 가족이 신탁 자금을 마련하여 독립적으로 생활할 수 있었다. 더 이상 운전하는 것이 어렵게 되었을 때 에릭슨은 그를 도와 진료실에서 걸어갈 수 있는 거리에 아파트를 마련하도록 해주었다. 치료를 시작했을 때부터 존은 에릭슨에게 특히 애착을 가졌다. 존은 에릭슨이 집으로 초대하기를 즐겼던 친절하고 신뢰할 수 있는 사람이었다

존은 큰 치료 효과를 경험했다. 에릭슨의 치료 방법 중 하나는 자신을 강력하고 권위적인 인물로 위치시킴과 동시에 환자의 능력과 관련해서는 한 단계 아래에 두는 것이었다. 존이 책임감을 가지고 다른 이를 돌보는 법을 배우는 것이 좋겠다는 판단이 섰을 때, 에릭슨은 그를 동물 보호소로 보내어 개 한 마리를 데려오도록 했다. 존의 아파트가 개를 키우기에는 너무 좁아서 에릭슨은 그의 개 바니를 자신의 집에 살게 해 주었다. 존은 에릭슨의 집을 하루에 두 번씩 방문하여 바니에게 밥을 주며 돌보았다. 전해진 바에 따르면 그 개는 존과의 관계, "괴팍한 영감탱이", 에릭슨의 휠체어와 경적 때문에 얼마나 "공포에 사로잡혔는지"에 관한 일련의 풍자 시를 지었다. 존은 확실히 그 개의 영웅이 된 것이다.

에릭슨과 이 환자는 바깥에서 함께 시간을 보내는 것을 특히 좋아했다. 세상을 떠나기 몇 년 전에 그와 존은 뒷마당에 두 그루의 나무를 심었다. 그리고 누구의 나무가 더 튼튼하고 크게 자라는지 내기를 했다.

에릭슨이 죽고 몇 달 뒤 이 환자의 나무는 시들어서 죽기 시작했다. 이 환자는 이미 에릭슨의 가족과 소중한 친구가 되어 지금까지도 그 관계가 지속되고 있다. 에릭슨 부인은 "나무 내기"에 대하여 알고 있었고 존의 나무가 죽는 것이 그에게 어떤 영향을 끼칠지 걱정이 되었다. 그래서 그녀는 연약한 나무에 도움을 조금 주는 것이 어떤지 물었다. "전문가를 불러서 나무를 좀 보도록 할까요?" 존은 처음에는 어리둥절해 했으나 곧 말했다. "저 나무는 에릭슨 선생님 나무예요! 나무를 심자마자 에릭슨 선생님은 제 나무를 갖고 싶다고 했지요. 그래서 바꿨어요." 그는 자랑스럽게 다른 나무를 가리켰다. "제 나무는 잘 자라고 있어요. 언제나 그랬지요."

에릭슨은 모든 사람이 인정하는 간접 의사소통의 대가이다. 에릭슨이 간접 제안의 사용에 흥미를 가진 것은 대학에서 최면을 공부하기 시작할 때이다. 그러나 간접적이고 허용적인 최면 유도를 공식적으로 연구하기 시작한 것은 박사 학위를 받고 나서였다. 의사 경력 동안 에릭슨은 간접 제안을 사용하였으며 이는 그의 은유와 이야기의 사용, 다양한 차원의 언어 사용, 능숙한 비언어적 의사소통 기술의 바탕이 된다.

에릭슨은 심리 치료에서의 제안은 가능하면 간접적이어야 한다고 믿었다. 혹자는 이 메시지가 간접 제안이 항상 직접 제안보다 효과적이라고 오해하였으나 그것은 실험실 연구 결과 신빙성이 없는 것으로 밝혀졌다. 그러나 변화에 관한 환자의 생각에 상담가가 치료를 맞추어야 한다는 치유에 관한 에릭슨의 철학을 고려하면, 그가 왜 직접 제안보다 간접 제안을 선호했는지 명백히 알 수 있다. 간접 제안은 어느 정도의 애매함을 가지고 있어 대응이 더 자유롭다. 그러므로 간접 제안의 효과는 상담가의 기대에 대한 복종이 아니라 환자의 필요가 성취된 것이 누적된 결과이다.

간접 제안은 직접적인 방식으로 접근이 불가능한 마음의 영역에 닿을 수 있기 때문에 직접 제안보다 때때로 더 좋을 수 있다. 이곳은 전두엽의 활동이 영향을 미치지 않는 두뇌 부위이다. 어떤 사건이 일어날 때마다 감각 자극은 다양한 경로를 통하여 두뇌를 관통한다. 이런 생리 작용은 사람이 때때로 설명할 수 없는 행동을 낳기도 한다. 이런 조건화된 행동이 종종 증상이 되어 치료를 필요로 한다.

무의식을 의식하도록 항상 시도하기보다 에릭슨은 종종 의식의 영역 밖에 있는 문제를 마찬가지로 의식의 영역 밖에 있는 의사소통 방식으로 다루고자 하였다. 마찬가지로 정서적 점화[3](고전적 조건화[4]에서 사용하는)는 감정적 점화가 의식의 바깥에서 제공될 때 더 효과적이라는 것이 연구로 드러났다. 이해할 수 없는 이유로 불편함을 느끼는 자극에 대한 반응을 개선하고 싶다면 의식을 불러내지 않고 새롭게 긍정적 연결을 만드는 편이 낫다.

이런 형태의 의사소통 방식은 정의하기 어렵다. "간접 제안"이라는 용어는 확실한 명령문을 제외한 거의 모든 것을 의미한다. 직접 제안이든 간접 제안이든 생각은 언어, 비언어적 의사소통 혹

---

3   시간적으로 먼저 제시된 자극이 나중에 제시된 자극의 처리에 영향을 주는 현상을 나타내는 심리학 용어
4   행동주의 심리학의 이론으로 특정 반응을 이끌어내지 못하던 자극(중성 자극)이 그 반응을 무조건적으로 이끌어내는 자극(무조건자극)과 반복적으로 연합되면서 그 반응을 유발하도록 하는 과정

은 상징적 행동을 통해 전달할 수 있다. 간접 제안을 사용할 때는 원하는 결과가 의식적 검토를 위해 드러나지 않는다는 것이 직접 제안과의 차이점이다. 직접 제안 ("의자에 앉으세요.")은 암시("잠시 후 당신은 서있는 것이 피곤하다고 느낄 수 있습니다.")나 질문하기("자리에 앉고 싶으세요?") 혹은 연관 짓기("환자는 보통 저기 있는 의자에 앉습니다.") 또는 사실에 관한 매우 일반적인 설명("언젠가 당신은 앉고 싶을 것입니다.")을 통하여 간접적으로 만들 수 있다. 다른 방식으로 아무 말도 하지 않은 채 내담자와 시선을 맞춘 후 빈 의자를 바라볼 수 있다. 또 다른 방식은 발끝으로 의자를 내담자 쪽으로 살짝 움직이는 것이다. 의사를 간접적으로 전달하는 방식은 거의 무한하게 다양하다.

간접 제안의 가장 흔한 형태는 암묵적 명령문이다. 에릭슨의 아들 로버트가 부상을 입어 고통스러워할 때, 그가 말했다. "너무 아프지! 잠깐 더 아플 거야." 여기서 암묵적 명령문은 "잠시 뒤에는 아픈 것이 멈출 거야."이다. 에릭슨의 딸 중 한 명이 치아 교정을 받고 돌아왔을 때 그는 이렇게 말했다. "입속에 장치해 놓은 것이 지독할 만큼 불편해서 적응하는데 굉장히 힘들겠구나." 여기서 암묵적 명령문은 "너는 적응하게 **될 거야**."이다. 이 제안들의 공통된 요소는 문장을 시작할 때 그 사람의 경험과 면밀하게 맞춘 말로 시작한 것이다. 이것이 제안의 나머지 부분을 더욱 쉽게 받아들이도록 한다.

간접 제안을 전달하는 또 다른 좋은 방법은 질문하는 것이다. 환자의 주의는 답을 찾기 위해 자동적으로 내부로 집중되기 때문에 이 방법은 최면에서 특히 유용하다. 환자에게 "**자신의** 나아진 모습을 알아차릴 때까지 시간이 얼마나 필요할 것 같나요?"라고 묻게 되면, 대답을 찾아야 하기 때문에 몸이 나아질 것이라는 제안을 거부하는 데 사용할 수 있는 에너지가 줄어든다. 이에 더하여 에릭슨은 종종 "트랜스에 지금 들어가고 싶은가요? 아니면 몇 분 후에 들어가고 싶은가요?"와 같이 의식으로 완전히 대답할 수 없는 질문을 했다. 이 질문에 대한 답은 환자가 트랜스에 들어갈 것이라는 생각을 전제로 하고 있다. 게다가 다음과 같은 더 큰 의미는 숨겨져 있다. 만약 치유가 트랜스로 달성되고 환자가 트랜스에 들어간다면 그는 치유될 수밖에 없다는 것이다.

간접 제안은 환자가 자동으로 형성하는 연관성을 인식하고 이 연관성을 일종의 심리적 "손잡이"로 사용함으로써 전달할 수 있다. 이는 상대방의 심리적 응어리를 건드리지 않고도 의미 있는 대화를 시작하는 방법이다. 에릭슨에 따르면, 환자가 자신의 어머니에 대해 이야기할 수 있도록 돕는 가장 쉬운 방법은 상담가 자신의 어머니에 관하여 이야기하는 것이다. 어쨌든 우리들 대부분은 어렸을 때 **자신의** 어머니에 관해 이야기했을 때, 유별나게 방어적이 되는 사람을 기억할 수 있을 것이다.

마찬가지로 만약 어렸을 때 성적 괴롭힘을 당한 여성에게 상담가가 치료의 다음 단계를 제안하고 싶다면, 성적 괴롭힘을 경험한 다른 여성 환자가 다음 단계 치료에서 중요한 진전을 얻었음을 언급하며 촉진할 수 있다. 이런 식으로 간접 제안은 환자에게 부담을 지우지 않는다. 이런 상황에서 환자는 다음과 같이 불필요하게 성과에 대해 불안해할 수 있기 때문이다. "치료자가 다음 단계로 나아가야 한다고 하는데 만약 실패하면 어떻게 하지?" 간접 제안을 사용하면 이런 것을 완전히 우회하여 내담자가 좀 더 자발적으로 반응하도록 한다.

록사나 클라인은 아주 어렸을 때 "날개 달린 카치나[5] 인형"을 보고 이를 알리려고 집으로 달려갔던 일을 기억한다. 아직 잠자리를 알아볼 수 있을 만큼 자라지 않았을 때였다. 에릭슨은 무슨 일인지 알아보려고 밖으로 나가서 잠자리를 보고는, 록사나에게 그녀가 관찰한 것을 자신만의 정확한 말로 표현하는 중요한 재능을 가졌다고 설명했다. 그녀는 이를 여전히 기억한다. 이는 나중에 간접 제안을 사용할 수 있도록 특정 단어에 대한 그녀의 긍정적 연관 능력을 성장시키기 위한 에릭슨의 직접 제안이었다.

예를 들어 어린 시절에 클라인은 묵은 빵의 맛과 질감을 무척 좋아하였다. 엄마가 브레드 푸딩[6]을 만드는 모습을 행복하게 바라

---

5 북미 인디언 호피 족이 숭배했던 정령
6 빵 위에 설탕, 달걀 등을 올리고, 우유를 부어 구운 푸딩

보면서 그녀는 엄마에게 "아삭" 빵 몇 조각을 남겨달라고 요청하곤 했다. 나중에 클라인이 학교 시험이나 다음 날 만나게 될 특별한 누군가 때문에 걱정이 될 때, 에릭슨은 "이것은 **아삭 빵**으로 해결할 수 있는 문제로군."이라며 친절히 농담을 건네곤 했다. 여기서의 간접 제안은 문제를 작은 것으로 유머러스하게 마주하고 편안함을 주는 어떤 것을 대입하여 대처할 수 있다는 점이다. 클라인이 임신을 하여 분만을 걱정할 때, 에릭슨은 그녀가 "아삭" 빵을 베개 밑에 넣어두어서 "네가 필요할 때라면 언제든 준비될 수 있도록" 하는 것이 좋겠다고 이야기했다. 그녀는 그의 추천을 따랐고 효과가 있었다.

간접 제안의 또 다른 방식은 불가피한 것을 일반적으로 사용하는 것이다. 예를 들어 "결국 당신은 눈을 감을 것입니다."라는 직접 제안은 빠져나갈 수 없는 제안이다. 이 제안에 대항하는 유일한 방법은 다시는 잠을 자지 않는 것이다. 이 제안은 일반적인 수식어를 첨가하여 간접 제안이 된다. "**지금이든 나중이든** 당신은 눈을 감을 것입니다." 트랜스를 유도하는 것에 관심이 없는 사람이라면 이 문장은 이렇게 변형할 수 있다. "지금이든 나중이든 당신은 이전에 몰랐던 자신에 대한 무엇인가를 알게 될 것입니다." 문제 해결의 노력으로 삶에서 피할 수 없는 것을 언급함으로써 얻을 수 있는 것은 내담자의 행동을 의미 있는 방식으로 주목하도록 한다는 점이다. 환자가 어떤 경험을 했든 이런 제안에 대한 반응은 치료적 변화로 향하게 된다.

이런 형태의 제안을 사용하여 얻는 특별한 이점은, 환자의 삶 대부분의 기간 동안 해오고 있던 것보다 더 많거나 적게 요청하지 않기 때문에 상담가는 절대적 확신을 가지고 이야기할 수 있다는 것이다. "지금이든 나중이든 당신은 숨을 깊게 쉬고 조금 더 편안해졌음을 느끼게 될 것입니다." 이 제안은 빠져나갈 수 없다. 이것이 그 사람의 미래에 최소 한 번이라도 발생하리라는 점은 피할 수 없다. 에릭슨은 다음과 같이 설명한다. "다른 수천의 평범한 환자가 달성한 것을 이 환자도 달성하리라고 상담가는 기대한다. 이는 합리적이고 정당하다는 것을 알기 때문에 상담가는 비언어적이지만 고도로 효과적인 의사 전달 방식으로 충만한 확신과 기대를 환자에게 발산할 수 있다. 이는 치료의 효율성에 굉장히 유리한 영향을 미치게 된다." 물론 우리는 에릭슨을 잘 알기 때문에 기법의 성공이 주된 목적이 아니라는 점은 이해할 수 있다. 변화를 위한 가장 강력한 토대를 제공하는 것은 희망을 전달하는 것이다.

존과 두 나무 사례에서 추론할 수 있는 한 가지는 존이 에릭슨 집안에 **뿌리를** 내렸으면 하는 에릭슨의 바람이다. 그는 아내가 자신보다 상당히 오래 살 것을 예상했다. 존은 에릭슨 부인의 충실한 친구가 되고 그녀가 존의 일상적인 삶에 목적, 의미 그리고 다정한 가족과의 연결을 제공할 수 있음을 확실히 알았다. 안타깝게도 우리는 이 사례에 대한 충분한 설명을 에릭슨에게 들을 수 없다. 에릭슨의 부인과 베티 앨리스 에릭슨은 에릭슨이 식물을 보는 훌륭한 눈을 가졌다는 것을 알고 있다. 그는 존의 나무가 잘 자랄 수 없을 것을 미리 알아보고 의도적으로 존이 더 튼튼한 나무와 동일시하도록 했을 것이다. 그런데 그가 이 상징적인 장면을 내기로 바꾼 이유는 무엇일까? 에릭슨은 존의 성장과 자신의 가족과의 연결을 제안하기 위해 나무를 하나만 심을 수도 있었다. 한 가지 가능한 설명은 배려심 많은 아버지가 자녀의 자부심을 고취하도록 하는 방식이다. 에릭슨은 존의 자신감이 자랄 수 있도록 도운 것이다. 이 방법은 12장의 사례에서도 볼 수 있다. 학교에서 실패감에 휩싸인 한 소녀의 사례에서 에릭슨은 그녀가 자신과의 자전거 경주에서 이길 수 있도록 해 주었다. 이것은 그녀에게 특별한 승리였다. 왜냐하면 그녀의 오빠가 이미 에릭슨과의 자전거 경주에서 졌다는 것을 알고 있었기 때문이다. 두 그루의 나무를 심은 이유가 무엇이었든 에릭슨의 선견지명은 살아있는 것의 성장에 대한 그의 열정에서 상당 부분 비롯된 것이 분명하다.

허용적 제안

◆ **사례 : 식단 조절**

심각하게 저체중인 세 아이의 부모가 에릭슨에게 도움을 요청했다. 부모는 아이들의 건강을 위해 열심히 노력했다. 어머니는 아이를 위해 언제나 완벽히 균형 잡힌 식단을 준비한다고 에릭슨에게 말했다. 그녀의 식이 요법은 종합적이었고 각각의 주요 음식을 모두 포함하였다. 그녀는 아침 식사, 점심 식사, 저녁 식사 각각에 적절한 음식을 준비하였다. 그녀는 아이들이 무엇을 먹어야 하고 언제 먹어야 하며 어떻게 먹어야 하는지 자신의 이해를 따름으로써 건강하게 음식을 먹기를 원했다.

에릭슨은 좋은 의도로 이런 행동을 한 부모에게 말했다. "문제는 아이들이 음식의 섭취를 즐길 수 있도록 가르쳐야 한다는 것입니다." 그는 아이들이 자신의 배고픔을 달래는 것을 즐기는 방법을 배워야 한다고 느꼈다. 그래서 아이들에게 특정한 식단을 강요하지 말라는 점을 분명히 했다.

에릭슨은 부모로 하여금 더 이상 아이들이 먹는 것에 간섭하지 않도록 했다. 아이들은 단지 정해진 시간에 하루 세 번 식탁에 오기만 하면 되었다. 아이들에게 어머니가 식탁에 놓아둔 것이라면 무엇이든 먹어도 좋다고 말하도록 했다.

어머니의 성격적 필요를 충족하기 위하여 에릭슨이 말했다. "균형 잡힌 식단을 원하시지요. 좋습니다. 이렇게 합시다. 조니가 무엇을 먹는지 기록하세요. 윌리가 무엇을 먹는지도 기록하세요. 그리고 애니가 식사 시간마다 무엇을 먹는지 기록하는 겁니다. 그리고 월 말에 다 합산하여 확인해 봅시다."

한 달 후 어머니는 아이들이 균형 잡힌 식사를 했으며 체중이 증가했다고 전했다. 한 아이는 처음에 하루 종일 양상추만 먹었다. 다른 날에는 고기만 먹었다. 또 다른 날에는 빵만 먹었다. 에릭슨이 설명했다. "아이들은 자유로운 느낌에 완전히 신이 났지요." 그리고 이런 자유와 함께 신체적 배고픔의 지시에 관해 배울 수 있는 기회가 찾아온 것이다.

> "우리는 일반적으로 다른 사람으로부터 주어진 이유보다는 우리 자신이 발견한 이유에 더욱 잘 설득된다."
> – 블레이즈 파스칼

우리는 에릭슨의 작업에서 각 개인이 타고난 능력에 대한 깊은 존경심을 본다. 이는 허용적 제안이라는 개념에서 특히 그렇다.

어떤 사람은 "간접적" 또는 "허용적"이라는 용어를 섞어서 사용하기도 한다. 하지만 에릭슨은 허용적 제안이 간접 제안의 변형이라고 설명했다. 허용적 제안의 기본적인 전제는 사람이 자신의 문제에 가장 적절한 해결책을 발견하기 위하여 무의식을 사용하도록 하는 신뢰이다.

"무의식"을 이야기할 때 에릭슨은 한 사람이 보고 경험하고 학습하고 느낀 모든 것을 저장하는 창고와 같은 마음의 능력이라 말했다. 그는 무의식이 본질적으로 선하며 보호자이자 조력자이고 요청하고 신뢰할 수 있는 것임을 알아야 한다고 믿었다. 그래서 환자의 무의식은 진료 중에 에릭슨의 가장 중요한 동맹이 되었다. 그는 환자가 자신의 숨겨진 자원에 접근하도록 **허락하는** 설득력 있는 방법을 개발하였다.

이것이 우리가 허용적 제안을 이해하는 배경이다. 치료자는 심각한 정신 질환을 앓고 있는 경우를 제외하면 환자가 자신에게 알맞은 일을 알맞은 순서로 알맞은 시간에 해낼 것이라는 생각을 받아들여야 한다. 직접 제안과 대조적으로 에릭슨은 환자가 자신만의 방식으로 **자신만의 해결책**을 만들도록 허락함으로써 새로운 학습을 촉진하기 위해 허용적 제안을 사용했다. 이런 방식으로 환자는 치료 과정에서 자신 안의 무엇을 발견할지 신뢰하는 법을 배우게 된다.

이 접근법은 다른 방식의 제안에 비해 확실한 장점을 갖고 있다. 사회 심리학 연구에 따르면 환자가 치료적 변화를 성격의 변화나 새로운 대처 기술과 같은 내적인 요인의 결과라고 인식할 때 변화가 오래가는 경향이 있다. 반면에 만약 환자가 치료적 변화를 치료자나 그의 개입과 같은 외적인 요인의 결과로 받아들이면, **변화가 오래가지 못했다.** 내적이든 외적이든 원인을 어디에 두느냐가 자기 충족적 예언을 만드는 것이다. 허용적 제안은 환자가 치료 과정에서 핵심적인 협력자가 되도록 할 뿐 아니라, 자신이 미래에 어떤 행동을 할지에 관한 최종 결정권을 가진 사람이 되도록 한다.

여기서는 한 가지 기법으로 분류했지만 허용적 제안을 달성하는 많은 방법이 있다. 이 방법의 공통점은 경험적 학습에 바탕을 둔 반응을 이끌어내기 위해 모호한 자극을 사용하는 것이다. 이것은 환자가 무엇을 생각하거나 해야 할지 지시하기보다는 환자 자신이 주관적으로 의미 있는 결론을 만들도록 독려한다. 제안과 이야기의 모호함은 정신적 활동을 자극하고 소통을 촉진한다. 이는 최면 작업에 국한된 것이 아니다. 마치 정원을 가꾸는 것처럼 에릭슨은 종종 새로운 생각이라는 씨앗을 심고 무엇이 자라나는지 보고자 하였다.

허용적 제안을 하는 한 가지 방법은 각 지시를 명령이라기보다 선택지로 제시하는 것이다. 예를 들어 손이 공중에 떠오르도록 선택지를 제시한다면 다음과 같다. "당신의 손이 더 가볍게 느껴지기 **시작할 수 있어요. 어쩌면** 손끝이 **아니면** 그냥 손바닥이 간지러울 수 있어요. 잘 모르겠지만 손에 뭔가 변화를 느낄 수 있습니다." 이때 환자는 자신의 손이 실제로 무엇을 할지를 결정하는 기회를 갖는다.

"아마도"라는 단어를 사용하여 똑같은 효과를 달성할 수 있다. 예를 들면, "지금이 **아마도** 당신에게 중요하지만 오랫동안 잊고 있던 기억을 떠올릴 시간인지도 모릅니다." "아마도"라는 수식어가 이를 명령이라기보다는 제안으로 만들어준다. 그렇게 환자는 외부적인 힘에 대항할 필요가 없어진다.

기회에 주의를 집중시키는 또 다른 방법은 특정 행동과 관련한 환자의 자주성을 지적하는 것이다. 에릭슨은 이렇게 말했다. "저는 당신이 트랜스에 들어갈지, 그렇지 않을지 잘 모르겠습니다." 이렇게 상황은 환자가 자신의 운명을 스스로 담당하도록 명확히 규정된다. 에릭슨은 환자가 트랜스에 들어갈지 알 길이 없었다. 그는 단지 그럴 수도 있다고 제안할 뿐이었다.

허용적 제안을 달성하는 두 번째 방법은 일반성을 사용하는 것이다. 에릭슨은 이렇게 설명한다. "자신의 삶에 세부적으로 적용할 수 있는 일반적인 말을 하세요." 이는 놀랍도록 실행하기 쉽다. 우리 대부분은 학교를 다녔고 읽기와 쓰기를 배웠으며 친구들과 놀았고 반려동물을 사랑했으며 부모님께 사랑받고 싶었다. 지엽적인 세부 사항을 포함한 일반적인 문장이 사용되면, 환자는 나머지를 개인적으로 의미 있는 사실로 채우는 경향이 있다. "당신이 학교에 갔던 첫날은 중요한 성취입니다. 운동장의 모든 것이 첫날에는 당신보다 아주 많이 커 보였지만 학교를 졸업하던 날에는 그다지 크지 않았지요. 그리고 당신 안에 또 다른 변화한 느낌이 있었는데 그중 어떤 것은 오랫동안 생각해 본 적이 없었을 지도 모릅니다." 이런 종류의 제안과 함께라면 환자는 자신의 고유한 삶의 경험을 탐구하고 현재의 상황에 적용할 수 있는 더 큰 자유를 갖는다.

허용적 제안을 달성하는 세 번째 방법은 다양한 응답의 선택지를 제시하는 개방형 문장을 사용하는 것이다. 예를 들어, "모든 사람은 자신도 모르는 능력을 갖고 있습니다. 의식이 완전히 혹은 부분적으로 잊어버렸지만 무의식이 사용할 수 있고 준비되기만 하면 경험할 수 있는 기억, 생각, 느낌 그리고 감각이 있지요." 개방형 제안을 사용하면 자극에 반응하여 경험하는 모든 것이 환자의 미래 작업의 기반이 되는 유효한 반응이 된다. 개방형 제안은 환자가 자신의 고유한 필요에 가장 적당한 경험을 선택하도록 한다.

이 절 서두에 나온 사례를 다시 생각해보자. 아이들이 자신의 식욕을 발견할 필요가 있는 것처럼 대부분의 환자는 무엇이 치료에 필요한지 발견할 필요가 있다. 이것이 허용적 제안의 정신이다. 치료적 자양분은 사람들의 목구멍 속으로 밀어 넣어지는 것이 아니다. 환자 자신의 필요에 가장 적절한 것을 선택할 수 있도록 만찬이 펼쳐진다. 이는 환자가 전부 선택하거나 아무것도 선택하지 않을 수 있고 오랫동안 좋아하던 것이나 무엇인가 새로운 것을 선택할 수 있는 뷔페 식탁이다. 에릭슨이 아이들의 식욕에 관하여 설명한 것처럼, 기회로서 경험되어야 하는 것을 환자에게 강요하는 것은 도움이 되지 않는다.

산재(섞어 넣기) 및 반복

◆ 사례 : 환상통을 겪는 남자

60대 후반의 한 남자가 악성 종양을 발견하여 반골반 절제술을 받았다. 다리 한 쪽을 절제한 후에 그는 환상통을 겪었다. 그 통증은 발가락이 심하게 뒤틀리고 발이 두 배로 구부러지며 다리가 뒤틀려 그의 등 뒤쪽 멀리 당겨지는 것처럼 느껴졌다. 그것은 밤낮없이 발작했고 온몸이 땀으로 뒤덮여 때때로 바닥에 나뒹굴거나 자신도 모르게 소리를 지르게 만들었다. 그리고 이렇게 극심한 발작 사이에는 지속적인 통증이 있었다. 그는 지난 6년 동안 이 질환을 참아 왔는데, 그 시기 동안 데메롤 주사에 크게 의존하여 어떤 때는 스물네 시간 동안 100밀리그램을 열두 번에서 열여섯 번이나 사용하기도 하였다. 그는 통증에서 벗어나기를 아주 간절히 원했고 에릭슨에게 마약 중독자의 삶을 원치 않는다고 말했다. "저는 그런 사람을 세계 곳곳에서 봤어요. 저는 사람이지 괴물이 아니거든요! 고통과 약에 절어서 조각조각 찢어지고 싶지 않아요. 그렇지만 더 이상 견디기는 힘들겠어요. 그러니 어떻게든 선생님의 양심이 허락하는 것이라면 뭐라도 좀 해주세요!"

남자는 이미 최면을 시도하여 몇 번 실패한 경험이 있었다. 그는 에릭슨에게 계속 사과하였다. "저는 형편없는 구제 불능 환자죠. 하지만 우두머리 행세를 하고 고집 세고 계속 판단하고 논쟁을 좋아하는 것은 어쩔 수가 없어요." 직접 최면은 그에게 통하지 않을 것이었다. 환자는 다음과 같이 말했다. "제 통증과 약물 중독에 도움을 주려면 제가 알아차리지 못하게 몰래 해야 할 겁니다. 저는 오랫동안 갑의 위치에 있기를 좋아해서 심지어 제 자신을 위한 일에도 이를 멈출 수 없어요."

이런 어려움에도 불구하고 환자는 다른 전문가들이 에릭슨의 작업을 존경한다는 것을 알았다. 그리고 에릭슨이 자신에게 도움을 줄 수 있기를 바랐다. "폰 데덴로스 선생님이 말하기를 선생님의 최면 기법은 아주 교묘해서 비가 억수같이 쏟아질 때도 젖지 않을 정도라고 했어요. 그렇게 말하니 믿을 수밖에 없었지요. 그러니 선생님이 할 수 있는 것이라면 무엇이든 허락해 드리겠습니다."

에릭슨은 남자를 가벼운 대화로 이끌었다. 그리고 그가 사교적이고 매력적임을 발견했다. 그는 고등학교를 중퇴했지만 다양한 독서를 통해 지식을 습득했다. 그는 일곱 개의 회사를 소유했으며 극심하게 가난했던 어린 시절을 벗어나 대단한 부를 갖게 되었다. 고아원, 병원, 도서관 그리고 박물관에 기부를 했다. 북반구 전체를 폭넓게 여행하기도 했다. 그는 언제나 다른 사람의 개인적인 삶에 대단한 흥미를 느꼈다. 그는 이렇게 설명했다. "저는 어느 누구를 만나도 그 사람이 좋아요. 심지어 악당까지도." 그러나 이 모든 대화에서 그는 고통의 경험을 빼고는 자신의 다른 어떤 경험도 이야기하지 않았다.

처음 두 세션, 모두 여섯 시간 동안 에릭슨은 남자와 일상적인 대화를 하면서 트랜스 행동에 관한 제안을 섞어 넣었다. 세 번째 세션이 되어 환자가 트랜스에서 말한 모든 것을 잊어버리는 경험을 보이기까지 에릭슨은 통증 완화에 관한 어떤 제안도 하지 않았다. 이런 조건 아래에서 남자는 의심 없이 에릭슨의 지시를 따랐다.

최면 세션 동안 에릭슨은 남자가 가장 흥미를 가지고 몰입할 만한 것 모두를 아주 세밀하게 논의했다. 이야기 전체를 통하여 에릭슨은 통증 완화와 중독으로부터의 자유에 관한 제안을 섞어 넣었다. 이 주제는 서로 다른 맥락에서 몇 번이고 반복되었다. 남자가 나중에 말하기를 당시의 트랜스는 설명할 수 없는 시간의 흐름이라고 했다.

여러 세션이 지난 후 남자는 에릭슨과의 대화에 의혹을 갖게 되었다. "선생님이 무엇을 하는지 모르겠지만 제 문제가 줄고 있어요." 에릭슨은 최면의 성공을 인정하지 않고 주제를 얼버무렸다. "어쩌면 제가 아무것도 할 필요가 없을지도 모르죠." 결국 그의 통증에 도움을 주기 위해 최면을 사용하는 문제는 더 이상 논하지 않게 되었다. 에릭슨은 다른 환자의 최면에 관해서만 언급했다. 이 주제 및 다양한 다른 주제를 논의하면서, 에릭슨은 대화 속에 종종 통증 조절에 관한 제안을 섞어 넣었다.

두 달 뒤에 환자는 더 이상 도움이 필요하지 않다고 선언했다. 아홉 달 뒤 심각한 홍콩 독감을 앓고, 마찬가지로 독감으로 사랑하는 아내가 거의 죽을 뻔한 뒤에 그는 다시 에릭슨을 찾았다. 극심한 스트레스에 반응하여 그의 통증과 약물 의존은 재발했다. 그는 에릭슨에게 말했다. "선생님께서 도대체 어떻게 저를 통증과 데메롤에서 벗어나게 했는지 모르겠지만 그렇게 해 주셨습니다. 하지만 저 빌어먹을 독감이 제가 처음 왔을 때로 되돌려놨어요. 아니, 더 심각한 상태가 되었습니다."

에릭슨은 다시 같은 기법을 사용했다. 첫 두 세션 동안은 최면을 사용하려고 애쓰지 않았다. 남자는 이것이 실망스러웠다. "두 세션 더 해보고 증상이 줄어들면, 이 빌어먹을 데메롤 말고 다른 약을 쓰라고 하신 말씀에 따르겠습니다." 세 번째 세션이 끝났을 때 그는 자신이 트랜스 상태였다는 것을 모른 채로 깊은 트랜스에서 깨어났다. 그는 갑자기 깜짝 놀라서 손목시계를 쳐다보고는 세 시간이 지난 것을 알아차리고 소리쳤다. "이런 개자식 같으니라고. 제가 안 보고 있을 때 또다시 저를 슬쩍 지나가셨군요." 에릭슨은 자신이 너무 빨리 움직이면 그가 제안을 거부할 가능성이 크다는 것을 인지했던 것이다.

일 년 이상이 지난 후 남자는 전립선 비대증 수술로 극심한 통증이 두 번째로 재발했다. 병원에 입원한 동안 그는 전화로 에릭슨의 도움을 받았다. 퇴원한 후에 그는 다시 더욱 만족스럽게 통증을 완화하고 약물 의존에서 벗어나려고 피닉스[7]로 갔다.

치료가 더욱 깊어지자 에릭슨은 그 남자가 자기 최면에 익숙한 누군가를 관찰하는 것이 도움이 될 것이라고 결론지었다. 에릭슨은 베티 앨리스를 데리고 왔다. 그녀는 평소처럼 팔 카탈렙시[8]를 사용하여 최면을 유도한 후 자신의 팔이 여전히 다리 위에 있다는 환각에 빠졌다. 이것은 오른손이 두 개가 되는 결과를 낳았다. 그리고 둘 중 어느 하나가 사라졌다가 나타났다가 할 수 있었다. 이러한 혼란 상태에서 베티 앨리스는 환각의 팔과 실제 팔 양쪽 모두에 마취를 경험하였다. 어느 쪽이 실제인지는 중요하지 않았다. 트랜스에 완전히 몰입한 채로 그녀는 남자에게 몸을 돌렸다. "선생님은 어느 손이 진짜이고 어느 손이 가짜인지 아시나요?"라고 그녀가 물었다. 그는 그렇다고 말했고 베티 앨리스는 어떻게 그럴 수 있는지 물었다. "하나는 제가 볼 수 있어요. 그리고 다른 하나는 안 보이는군요." 베티 앨리스가 대답했다. "저는 둘 다 보여요. 하나는 진짜가 아니라는 것을 알지요. 그렇지만 그게 어느 쪽인지는 모르겠어요." 그리고 에릭슨이 남자에게 물었다. "어떻게 하면 베티 앨리스가 진짜와 가짜의 차이를 알아낼 수 있을까요?" 남자는 자신의 경험들 그리고 진짜 다리와 환각 속의 다리에서 오는 감각의 본성에 관하여 생각해 보았다.

---

7   에릭슨의 가정 진료실이 있던 곳
8   몸이 갑자기 뻣뻣해지면서 순간적으로 감각이 없어지는 상태. 최면 유도에 종종 사용됨

그는 치료를 받는 것이 확실히 즐거웠지만 자신의 환상통을 완전히 제거하지는 못했다. 통증의 재발에 대해 그는 이렇게 말했다. "진짜 통증과 비교하면 아무것도 아니지요. 걱정거리 정도는 됩니다. 저는 그저 통증이 없어질 수도 있다는 것을 아니까 약간의 여유를 갖기만 하면 됩니다."

최면을 공부할 때 영향력을 증가하기 위해 의도가 담긴 생각을 반복하는 기법은, 제안이 가장 기본적인 전략으로 확인된 후로 줄곧 행해져왔다. 그러나 최면에 사용되기 이전에도 치유사와 주술사에 의해 의식^{ritual}과 주문^{chant}의 형태로 반복 기법이 사용되었다.

서양의 선교사들이 주술사가 영적인 권위자였던 외딴 정글 마을에 들어갔을 때, 문화의 충돌은 피할 수 없었을 뿐 아니라 어떤 경우에는 치명적이었다. 하지만 이런 충돌이 평화롭게 해결된 경우가 있었다. 기독교 선교사 두 명이 누구의 마법이 더욱 강력한지 결판을 내기 위해 주술사와 공개적인 시합을 하기로 했다. 약속 시간이 되어 주술사는 선교사들에게 자신의 지팡이를 붙잡고 땅에서 떨어지지 않도록 하라고 지시했다. 마을 사람들은 그들을 둘러싸고 주술사를 따라 반복하여 읊었다. "막대기가 떠오른다. 막대기가 떠오른다. 막대기가 떠오른다!" 반복구와 장단을 맞추어 북을 두드리고, 수그러들 줄 모르는 제안이 한동안 반복된 뒤, 선교사들의 근육이 수축되기 시작했다. 잠시 후에 막대기가 땅에서부터 천천히 떠오르며 그들의 얼굴에는 땀방울이 흘러내렸다. 자신의 주장이 증명되었기 때문에 주술사는 선교사들이 자신의 마을에 들어올 수 있도록 허락해 주었다. 그들로서는 수치스러운 이야기이기 때문에 선교사들이 이 이야기를 지어내지 않았다고 가정하면, 그들이 그저 지팡이를 잡은 손에 힘을 빼버렸다면 무슨 일이 생겼을지 생각해보는 것도 흥미로울 것이다. 팔-공중부양 기법을 이해하는 독자라면 주술사가 사용한 방법이 **"막대기 공중 부양 기법"**이라고 부를 만한 제안의 한 형태임을 알 수 있을 것이다.

우리가 제안을 성공적으로 사용하기 위해 요구되는 기술이나 훈련의 양을 생각해 볼 때, "깃털처럼 가볍게 판자처럼 딱딱하게"와 같은 순수했던 어린 시절의 놀이를 떠올려 보는 것도 좋다. 많은 아이들이 자신의 친구가 주문에 맞추어 몸이 굳고, 다른 친구들이 그 친구의 굳은 몸을 손가락 하나로 힘들이지 않고 공중으로 들어 올리는 것을 보며 즐거워했다. 반복되는 제안의 힘은 이상하거나 드문 현상이 아니다. 사람은 무언가 여러 번 반복되는 것을 들을 때, 결국 그것을 믿기 시작한다.

제안을 치료적 목적으로 사용할 때 환자에게 전달할, 도움이 되는 생각이 하나 이상 있다. 그러나 의약품이 신체의 생리 작용에 받아들여지는 것처럼 효과가 있으려면 치료적 생각은 심리적 수용이 필요하다. 반복 기법은 이 점에서 도움이 된다. 우리에게 익숙하지 않은 생각은 익숙한 생각과 비교하면 거부하기 쉽다. 마찬가지로 사람들에게 동일한 사물을 여러 번 보여주면 (단순히 보여주기만 해도) 그 사물을 좋아할 가능성이 커진다는 연구 결과가 있다. 동일한 생각을 확고한 태도로 반복하여 제시하면 때때로 그 실현을 향한 더 큰 움직임을 만들어낼 수 있다.

제안을 사용할 때 상대방이 받아들이는 것의 중요성을 생각하면 단조로운 중복으로 환자를 괴롭히는 것은 별로 도움이 되지 않을 것이다. 이것에 관한 에릭슨의 해법은 이어지는 대화 전체에 자신의 제안을 섞어 넣음으로써 반복 기법을 확장하는 것이었다. 짧은 문장으로 생각을 전달하면 비판적 사고를 불러낼 가능성이 적다. 필수적인 제안이 대화 전체를 통해 계속해서 반복되면 점점 익숙해지고 그렇게 환자의 생각 속에 흡수된다. 이것이 에릭슨의 산재 기법의 핵심이다.

환상통을 겪은 남자의 사례를 생각해보면 각각의 세션에서 산재 기법을 통한 제안이 사용되었다. 조금 덜 눈에 띄는 것은 에릭슨이 거시적 수준에서 반복을 사용했다는 점이다. 일 년 후에 남자가 다시 치료를 받으러 왔을 때 에릭슨은 절차를 정확히 동일하게 반복하였다. 치료를 시도하기 전에 두 세션을 기다리고 나서, 세 번째 세션 마지막에 통증 완화를 위한 제안을 했다. 그리고 남자는 일 년 전에 배운 것과 똑같이 깜짝 놀라는 행동으로 응답했다.

남자에게 최면을 더 배우도록 했을 때, 베티 앨리스는 에릭슨에게 왜 자신의 시범이 필요한지 물어보았다. 에릭슨은 남자가 자신의 신경이 보내는 신호를 해석하는 것에 어려움을 겪고 있다고 설명했다. 기본적으로 그 신호는 고통으로 해석되었다. 베티 앨리스가 가짜-팔에 대한 환각을 느끼는 것을 보면서 남자는 그녀의 말을 이해하려고 자기 신체의 가짜 감각을 참조했을 가능성이 크다. 그러므로 그가 그녀에게 말한 모든 것은 어떤 수준에서는 자신의 환상통과 연결되었을 것이다. 그리고 그녀가 진짜 감각과 환각 사이의 세밀한 차이를 이해하도록 남자는 베티 앨리스를 도와야 했다. 그녀를 본보기로 삼아 에릭슨은 **실제로 존재하지 않는 남자의 다리**와 해리를 경험하는 방법을 가르치고 있었다. 이렇게 몰입을 이끄는 이중-해리를 사용하여 에릭슨은 남자가 신경 신호를 해석할 수 있는 능력을 개선하도록 도왔다. 에릭슨의 요청에 응하기 위해 남자는 먼저 자기 신체의 즉각적 감각으로부터 해리되어야 했고 그 후 자신의 것이 아닐 뿐 아니라 존재하지도 않는 팔의 감각을 생각해 보아야 했다! 주어진 과제는 자신의 문제와 똑같았던 것이다. 다음의 속담과 같다. "문제가 다른 사람에게 있을 때는 항상 그 해답을 알아보기가 더 쉽다."

저항이 아주 심할 때 에릭슨은 종종 제안과 함께 주의 분산을 사용했다. 이 사례를 설명하며 에릭슨은 트랜스를 유지하는 제안 사이에 치료적 제안을 섞어 넣는 것이 종종 치료적 제안을 더욱 효과적이게 한다고 말한다. 먼저 치료적 제안을 듣고 이해한 다음, 환자가 그것에 관해 이의를 제기하기도 전에 트랜스를 유지하는 제안으로 주의를 사로잡았다. 만약 환자가 실제로 트랜스 행동을 지속한다면, 두 종류의 제안 모두가 무의식 수준에서 동시에 승인 받게 된다. "제안받은 것처럼 여전히 트랜스에 있어. 그러므로 트랜스 중 받은 제안은 분명 작동할 거야!"

치료에서 최면을 사용할 때 트랜스가 유도되고 지속되는 것은 소우주적 차원에서 치료가 온전히 성공적임을 보여준다. 트랜스를 성공적으로 유도하면 희망적인 상황이 만들어진다. "다른 누구도 성공하지 못했지만 이 사람은 나를 트랜스로 이끌었어. 그러니 틀림없이 내게 필요한 도움을 줄 수 있을 거야." 이 점을 생각하면 사례의 남자와 같이 안도감을 많이 필요로 하는 사람에게 반복적인 트랜스 세션을 갖는 것이 에릭슨에게 왜 의미가 있는 일인지 이해하기 쉬울 것이다.

적당한 시기가 되면 사람은 불안한 현실 속에서도 희망을 찾을 수 있다. 성공적인 치유는 마법과 같은 것이 아니다. 에릭슨은 남자의 환상통을 완전히 치료하지 못했다. 그러나 에릭슨은 남자가 그 경험과 함께 **살아가야 하는** 것으로 변화하도록 도왔다. 그 결과 남자는 그 후로 오랜 시간 행복한 삶을 경험할 수 있었다. 시간이 흘러 암이 그의 몸에 **다시 찾아왔다.** 고통은 아주 심했고 예후는 좋지 않았다. 약에 절은 채 지속적인 **신체적 퇴보** 속에서 여생을 보내게 될 전망을 마주하여 남자는 다른 선택지를 택했다. 스스로를 권총으로 쏜 것이다.

혼란 기법

◆ 사례 : 최면에 걸릴 수 없다고 느꼈던 여자

한 여성이 첫 진료를 받으려고 에릭슨의 진료실에 들어왔는데, 극도로 주저하는 모습이었다. 에릭슨은 그녀의 행동이 머뭇거리면서 확신이 없다고 생각했지만 그녀는 단호하고도 반항적인 발걸음으로 들어왔다. 그녀는 손바닥으로 무릎을 굳게 감싸고 굳은 자세로 의자에 앉았다. 이전의 의사들이 그녀에게 최면을 걸려고 서른 시간이나 시도했으나 모두 실패했다는 이야기로 그녀는 자신을 소개했다. 그리고 다음과 같이 덧붙였다. "그들 모두가 최면에 걸리기에는 제가 저항이 너무 심하다고 했어요. 그렇지만 선생님은 가능할 수도 있다고 하더군요. 그래도 동네 가까이의 두 분을 더 찾아가 봤어요. 최면에 걸리려고 피닉스까지 오고 싶지는 않았거든요. 그런데 심지어 저희 가족 주치의도 선생님을 만나는 것이 치료에 대한 저항을 극복하는 데 도움이 될 거라고 하더군요."

그녀 자신은 치료를 받는 것과 거부하는 것 양쪽에 관한 자신의 욕구를 이해할 수 없었다. 하지만 에릭슨은 그녀가 도움을 간절히 원하고 있음을 인지하였다. 다른 의사가 어떻게 그녀에게 최면을 거는 것을 실패했는지 상세하게 들은 후, 에릭슨은 그녀가 치료를 받아들이기보다는 주도권 싸움을 시도한다는 것을 느꼈다. 그래서 그는 무뚝뚝하게 대답했다. "좋아요. 이건 분명하게 해둡시다. 세분의 의사는 모두 좋은 분들입니다. 저 만큼 실력이 좋은 분들이죠. 장시간 열심히 하셨습니다. 사모님이 저항이 심하다고 그분들이 말씀하시니 저도 그럴 것 같군요. 그러니 일단 그렇게 알도록 합시다."

그리고 에릭슨은 목소리의 톤과 속도를 바꾸며 선언했다. "**저는 당신에게 최면을 걸 수 없습니다.** 그저 팔만됩니다[9]."

그녀는 당황하며 대답했다. "제게는 최면을 걸 수 없고 그저 팔만 가능하다니… 무슨 뜻인지 모르겠군요." 에릭슨은 느리고 무겁게 강조하며 반복했다. "**정확히 그 뜻입니다. 저는 당신에게 최면을 걸 수 없습니다.**" 그리고 낮고 부드러운 목소리로 덧붙였다. "그저 팔만됩니다… 보세요." "보세요"라고 말하면서 에릭슨은 그녀의 손을 부드럽게 움직여 위쪽으로 떠오르게 했다. 그가 천천히 손가락을 빼내자 그녀의 팔은 굳은 채로 공중에 떠 있었다.

자신의 팔이 이렇게 예상치 못한 자세로 남겨진 것을 그녀가 보고 있을 때, 에릭슨은 부드럽게 말했다. "그저 눈을 감고 숨을 깊게 쉬고 깊이 잠드세요. 그렇게 하면서 왼손이 천천히 허벅지 위로 내려옵니다. 제가 일어나라고 할 때까지 깊고 편안히 주무시는 동안 계속 거기에 있을 것입니다." 그녀는 진료실에 들어온지 오 분도 되지 않아서 깊은 somnambulistic 트랜스에 들어갔다.

---

9   의도적으로 붙여 말했다

혼란 기법은 고급 기법으로 에릭슨은 이 기법의 대가였다. 혼란의 사용은 제안 자체라기보다는 반응성을 증가시키기 위한 단계로 보는 것이 정확하다. 하지만 사람 사이의 영향력에 관한 에릭슨의 방법에 중요한 역할을 맡고 있어서 이 절에서 다루는 것도 타당할 것이다. 그는 환자가 변화를 준비하도록 혼란을 사용했다. 혼란은 수용성이 증가된 상태를 촉진하도록 최면 유도 과정에 종종 포함된다. 앞의 사례에서 볼 수 있듯, 때로는 아주 약간의 혼란만으로 한 사람을 완전히 다른 마음 상태로 옮겨놓기에 충분하다.

혼란은 종종 예상치 못한 것의 부산물이다. 에릭슨은 다음과 같이 설명한다. "당신이 예상치 못한 일을 할 때마다 누군가를 자신의 틀 밖으로 밀어내는 것입니다." 베티 앨리스 에릭슨은 새로운 부모에게 적응하기 힘들어했던 한 입양 아동을 기억한다. 이 가족은 한동안 에릭슨에게 상담을 받았다. 가족의 어머니는 베티 앨리스 에릭슨의 친구가 되었다. 어린 소녀 사라는 극도로 통제적이었으며 자신의 행동을 여러 가지 해로운 방법으로 제한했다. 어머니는 다음과 같이 불평했다. "사라는 하루 종일 정확히 자기가 하고 싶은 것 외에는 아무것도 하지 않아요. 일을 하지도 저녁을 차리지도 학교에 여동생을 데리러 가지도 않아요. 스케줄이 없으니 아침밥을 먹거나 이를 닦는 것도 하루 종일 걸리고요." 그녀의 반항 중 상당 부분은 수동적인 저항이었다.

사라는 안심하기 위한 방법을 미친 듯이 찾아 헤매었으며 다른 사람을 조종하지 않으면 안전하다고 느끼지 않았다. 다른 사람을 조종하고 있을 때 그녀가 경험한 짧은 안도감은 강력한 이차 이득[10]을 발생시켰다. 그러나 그것이 가족을 괴롭게 했기 때문에 그녀는 진정으로 환영받는 가족의 일원이라고 믿게 될 기회가 거의 없었다. 직접적인 대립이나 보통의 처벌은 그녀의 행동을 억제하지 못했다. 왜냐하면 그녀가 더욱 불안정해지기 때문이었다. 이러한 자기-반복적 사이클을 벗어나기란 거의 불가능했다.

에릭슨은 어머니에게 집에서의 일상이 예상하기 힘들지만 즐거운 방식으로 다양해지도록 변화를 만들라고 말했다. 그러한 활동에 다른 가족 구성원 모두가 참여하도록 하는 것이 핵심이었다. 에릭슨은 이어서 설명했다. 만약 사라가 동참한다면 부모가 기준을 정한 것이다. 동참하지 않는다 하더라도 다른 모두가 그녀가 거절할 이유가 없는 새롭고 신나는 행동을 즐기고, 그렇게 그녀는 가족의 한 부분이 되고자 하는 열망을 쌓게 될 것이다.

부모는 에릭슨의 조언을 따랐다. 예를 들어 가족은 "거꾸로의 밤"을 보냈다. 모두 머리를 침대 발치에 두고 발은 베개에 올려놓은 채 잠자리에 들었다. 오빠와 두 여동생은 이 우스꽝스러운 놀이가 즐거웠다. 또 다른 날은 어머니가 수영장 파티를 계획하고 이웃

---

[10] 질병 상태에서 얻은 수혜를 잃고 싶지 않아 병이 낫는 것을 원하지 않는 경우, 그런 수혜나 이득

의 몇몇 아이를 초대하였다. 어머니를 포함하여 모두가 양말을 신은 채로 수영을 했다. 어머니가 점심을 "거꾸로" 먹을 것이라고 하자 아이들은 더욱 즐거워했다. 모두 샌드위치를 먹기 전에 디저트부터 먹었다. 샌드위치는 볼로냐 햄 두 장 사이에 빵 한 장이 들어있는 "빵 샌드위치"였다. 이것은 "원래 그렇게 되어야 하는 것"이 아니었기 때문에 사라는 기분이 언짢았다. 엄마의 행동은 혼란스러웠다. 그러나 사라는 그룹에 참여하기로 했고 그렇게 함으로써 수영과 점심을 어떻게 할지 어머니가 내린 결정을 받아들였다. 상황이 만들어진 방식 때문에 사라는 어머니의 권위에 순종하면서도 즐거운 시간을 가졌다. 이는 또 다른 수준의 혼란이 되었다.

혼란의 가장 강력한 형태는 상담가의 예상치 못한 행동에 대한 응답으로 **환자가 불확실한 행동을 보일 때** 얻어진다. 에릭슨은 다음과 같이 설명한다.

> 혼란 기법은 정신적 활동과 응답을 일으키는 생각과 이해를 제시하는 것이다. 이는 겉보기에는 연관되고 유효해 보이지만 실제로는 부적절한 의사소통과 얽혀있어 응답을 저해하고 좌절과 불확실성을 불러일으킨다. 환자 자신에게 만족스럽고 자신의 경험적 배움에 근거하여 타당한, 쉽고 준비된 응답이 주어지는 최후의 제안과 함께 혼란 기법은 정점을 찍는다.

에릭슨은 이렇게 독특한 혼란의 경험을 팔-공중부양을 통해 달성하곤 했다. 대부분의 경우 이 기법의 대상은 자신의 팔이 굳은 채로 공중에 떠 있게 될 때 깊은 혼란에 빠진다. 에릭슨에게 있어서 이런 종류의 혼란은 환자가 재미있게 즐길 수 있는 유머의 한 형태였다.

에릭슨이 익살스럽게 혼란을 사용한 점은 그가 최면 기법으로서 혼란의 잠재력을 처음 인지한 사례로 분명하게 알 수 있다. 그 사건은 1923년 어느 바람이 많이 불던 날에 일어났다. 젊은 대학생이었던 에릭슨은 미국에서 최초로 열린 대학 최면 세미나에 참석하려고 서둘러 가고 있었다. 그러던 중 예기치 못하게 한 남자가 건물의 모퉁이를 돌아오다가 둘은 부딪쳤다. 그 남자가 평정을 되찾기 전에 에릭슨은 자신의 시계를 본 후 정중히 말했다. "정확히 2시 10분 전입니다." 실제로는 거의 오후 네 시에 가까웠다. 그리고 에릭슨은 계속 걸어갔다. 반 블록쯤 가서 돌아보자. 그 남자는 당황하여 여전히 그를 빤히 쳐다보고 있었다. 이렇게 혼란을 익살스럽게 사용한 것은 이번이 처음은 아니었다. 그렇지만 이 사건 이후 그는 이 기법이 "상대편으로 하여금 납득 가능한 이해를 구하는 정신적 열망"을 만들어내는 잠재력이 있음을 인식하게 되었다.

혼란에 관하여 최대한 명확히 이해하기 위해 그것을 만드는 다양한 방법을 아는 것이 도움이 된다. 여기에는 관련 없는 내용, 잘못된 결론, 단어의 이중 의미로 장난하기, 세부사항에 대한 지나친 묘사, 일련의 모순된 제안을 제공하기 그리고 잘 확립된 행동 패턴에 대한 갑작스러운 방해 등이 있다. 마지막에 언급한 기법은 에릭슨이 악수 유도 handshake induction 의 한 부분으로 적용한 것이 유명하다.

에릭슨은 수많은 교육 시범에서 깊은 내면의 몰입이 얼마나 빠르게 달성될 수 있는지 보여주기 위해 악수 유도를 사용했다. 시범의 대상은 무대에 거의 발을 내딛자마자 자신이 깊은 트랜스에 들어갔음을 발견하곤 했다. 성공적인 시범이 될 수 있도록 에릭슨은 강의가 시작되기 전에 특정한 방식, 즉 악수가 끝난 후에도 손을 살짝 쥐고 있는 방식으로 악수를 하면서 상대방의 반응이 어떤지 관찰하며 시범 대상을 고르기도 했다. 이런 식으로 그는 청중 중에서 누가 이런 방식의 최면 유도에 가장 쉽게 반응할지 가늠해 볼 수 있었다. 그 사람을 무대 위로 부르면 에릭슨은 일단 손을 내밀었지만 상대방의 손을 쥐고는 그의 얼굴 앞에 뻣뻣하게 둠으로써 팔의 자동적인 움직임을 갑작스럽게 방해하였다. 이 기법으로 만들어진 혼란은 에릭슨의 예기치 못한 행동에서 나온 것이지만, 그 사람이 자신의 손을 어떻게 해야 할지 몰랐기 때문이기도 하다. 이 절차 이후 그 사람은 에릭슨의 계속되는 제안에 협조하는 데에 완전히 몰입하곤 했다.

지금까지 언급한 사례에서 혼란의 바탕이 된 것은 팔이 들어 올려지는 예기치 못한 경험이었다. 한 가지 흥미로운 질문은 이미 최면 훈련을 받았고 팔-공중부양을 경험한 사람에게도 이와 같은 기법이 통할 것인가이다. 실험을 위해 쇼트는 경험 많은 최면가로 이루어진 청중 속에서 한 명의 자원자를 뽑아 최면에 대항하기 위해 그가 할 수 있는 모든 것을 해보라고 이야기했다. 제안에 저항할 수 있는 자신의 능력을 확신하는지 몇 가지 기초적인 질문을 던진 후에 팔-공중부양에 관한 신호로 그의 오른손을 건드려도 될지 물어보았다. 그가 동의한 후 쇼트는 무심코 그의 왼손을 향해 손을 뻗었다. 상황을 바로잡기 위해 그는 자발적으로 오른손을 공중으로 들어 올렸다. 동시에 쇼트는 손을 거두고 상대방의 오른손을 주의 깊게 응시했다. 이렇게 조합된 행동은 그의 손을 갈 곳이 없게 만들었고 그렇게 그 손은 굳은 상태로 얼어있게 되었다. 그리고 그는 상대에게 눈을 감고 깊은 트랜스로 들어가라고 말했다. 이는 피험자를 깊은 트랜스로 이끌었고 몇 가지 고급 최면 현상에 대한 시범을 보일 수 있었다. 악수 유도와 비슷하게 이 사람은 팔-공중부양이 특정한 방식으로 수행될 것을 기대했다. 하지만 예기치 못한 행동으로 그는 혼란에 빠졌다. 익숙한 행동 패턴에 대한 방해가 이런 시범을 가능하게 만든 것이다.

오직 언어적 수단으로 혼란을 일으키는 것도 가능하다. 에릭슨이 일반적으로 사용한 언어적 혼란 기법은 관련이 없는 이야기를 들려주고 불합리한 결론을 덧붙이는 방식이었다. 이것은 그 자체로는 의미가 통하는 문장이지만 연관성이 없는 추론을 따라가게 된다. 이는 일상에서 관찰할 수 있는 자연스러운 행동이다. 불합리한 결론이 하나의 문장 안에서 발생하면 이는 종종 유머가 된다. 예를 들어 한 작은 식당을 잘 알고 있는 사람이 친구에게 경고하였다. "아무도 그 식당에는 가지 않아. 사람이 너무 붐벼서." 독립적으로는 재미있는 문장이다. 하지만 이어지는 불합리한 결론이 중요한 대화의 의미를 이해하기 어렵게 한다. 그러면 이해하려는 시도가 좌절되어 쉽게 이해할 수 있는 생각을 붙잡으려는 강렬한 열망이 생긴다. 중요한 이야기를 할 때 목소리를 낮추어 속삭이는 관습처럼 이런 언어적 혼란 기법은 청자의 **모든 주의를 사로잡는** 방법일 뿐 아니라 청자가 전달된 생각을 **이해하려고** 에너지를 쏟도록 동기를 부여하는 장점도 있다.

혼란 기법은 단어를 통한 유희를 바탕으로 할 수 있다. 임상가가 어리둥절한 문장을 만드는 것에 숙달되고 명확하면 할수록 대상의 주의를 붙잡는데 성공할 가능성이 크다. 때때로 에릭슨은 단어 유희를 사용하여 환자의 시간 감각에 혼란을 주기도 했다.

예를 들어 현재와 과거는 다음과 같은 간단한 문장으로 쉽게 요약할 수 있습니다. "현재는 **곧 올 것입니다.** 어제의 **미래였기도** 하죠. 심지어는 내일의 미래 **일 수도** 있는 것처럼 말이죠." 이렇게 과거, 현재 그리고 미래가 "오늘"이라는 현실과 연관되어 사용되었습니다.

마찬가지로 에릭슨은 환자의 공간 감각에 혼란을 주려고 수식어를 정교하고 반복적으로 사용하였다. 이런 기법 중에 "여기, 저기, 이것 그리고 저것"이라 불리는 것도 있었다. 치료에 저항하는 환자가 있었을 때, 에릭슨은 다음과 같이 가볍게 말하곤 했다. "**저쪽** 의자에 앉아 있을 때는 저항을 하는군요. 그렇다면 만약 **이쪽** 다른 의자에 앉았다면 저항을 했을까요? 혹은 **이쪽 의자**에 앉으면 저항을 하지 않을 수 있을까요? **지금 앉아있는 의자**에 저항을 내려놓고 오신다면 어떨까요?" 때때로 그는 존재하지 않는 의자를 가리키기도 했는데 그러면 그것이 저절로 환각이 되었다.

이런 문장을 말하는 동안 에릭슨은 적절한 억양을 통한 강조를 의도적으로 첨가하였다. 방금 이야기한 것에 관하여 환자가 불평할 충분한 시간을 남겨두지 않고 이렇게 덧붙였다. "머릿속으로 떠올려보세요. 의자를 바꾸어 **여기** 이 의자에 앉고 저항은 저기 **저** 의자에 남겨두세요. 아니면 저항을 여기 **이 의자**에 두고 **저쪽의** 의자에 앉으세요. 아니면 저쪽의 다른 의자에 저항 없이 앉을 수 있습니다. 그리고 **이 의자**로 다시 돌아오세요. 당신의 저항을 **저기 이 의자**나 **저 의자**나 **여기**나 **저기에** 놓고 올 수도 가지고 올 수도 있습니다." 에릭슨은 혼란 상태를 충분히 만들기에 필요한 만큼 계속해서 **여기, 저기, 이것** 그리고 저것을 공들여서 다양하게 반복하곤 했다.

위 사례에서 혼란은 **환자의 저항과 연결되어 있음을 인식**하는 것이 중요하다. 그래서 환자가 치료에 협조하기 시작하자마자 혼란과 저항을 모두 제거할 기회가 주어져야 한다. 이와 대조적으로

치료의 실제 내용은 아주 단순 명료하게 진술되어야 한다. 새로운 이해를 연결하는 아주 큰 노력을 불러일으키고 나면, 환자는 쉽게 이해할 수 있는 깔끔하고 명확한 문장으로 보상을 받는 것이 좋다. 혼란을 보조적으로 사용하더라도 제안은 일반적으로 **단순할수록** 좋다.

에릭슨이 혼란 기법을 개발한 것은 특정 부류의 환자에게 사용하려는 목적임을 인식하는 것이 중요하다. 에릭슨이 말하기를 "혼란 기법은 최면 절차에 관심이 있는 아주 지적인 환자나, 무의식적으로 트랜스에 들어가기를 원하지만 의식적으로는 그렇지 않은 환자에게 사용하는 것이 가장 좋다." 임상가가 제공하는 어떤 개념이든 고려하려는 충분한 동기가 있어서 반응성이 이미 높은 환자에게는 언어적 혼란을 사용하는 것이 적절하지 않다.

마지막으로 고려해 볼 점은 심리치료 전반에서 혼란의 역할이다. 후반기에 에릭슨은 "혼란은 모든 좋은 기법의 바탕이다."라고 말하기까지 했다. 이는 혼란의 역할에 관한 폭넓은 주장이다. 에릭슨의 논리는 학습의 관점에서 이해하는 것이 좋다. 누군가 완벽히 이해하고 있는 느낌을 갖고 있다면, 새로운 정보를 받아들일 필요가 없다는 것에 대부분 동의할 것이다. **혼란**이라는 용어를 쓰는 대신에 장 피아제Jean Piaget는 **균형이 깨진** 상태를 탐구적 학습의 전제 조건으로 꼽았다. 피아제의 관점에서는 동화 작용이 작동하지 않을 때에만 새로운 현실에 적응하는 것이 필요해진다. 균형이 깨진 상태에 관한 이런 성장 지향적 관점은 에릭슨의 작업에서 치료적 바탕이 되었던 학습의 관점과 잘 어울린다. 에릭슨의 주된 관심사가 환자에 대한 재교육이었으므로 어느 정도의 혼란은 필수적이었다.

이 절의 처음에 소개된 사례에서 정확히 무슨 일이 벌어진 걸까? 환자는 치료를 받는 데 큰 어려움을 겪었다. 그녀는 사는 곳을 떠나 치료차 피닉스로 갔을 정도로 도움받기를 간절하게 원했다. 그러나 최면에 관한 과거의 모든 학습 경험은 그녀가 치료적 제안에 반응하지 않는다는 믿음을 쌓았다. 그녀가 인지하고 이해할 수 있는 전통적인 제안의 방법은 어떤 것이든 실패하게 되어있었다. 이런 예상을 바탕으로 에릭슨이 "저는 당신에게 최면을 걸 수 없습니다."라고 했을 때, 그녀는 동의하지 않을 수 없었다. 그리고 그녀의 마음이 여전히 이렇게 수용적인 마음의 틀에 있을 때, 그는 재빨리 덧붙였다. "**그저 팔만 됩니다.**" 이는 그녀를 혼란스럽게 만들었고 반박하기 어려웠다. 그녀가 피닉스까지 가서 증명하려던 것을 그가 명확하게 말했기 때문에 그녀는 그의 주장을 부정할 수 없었다. 그래서 더 이상 저항할 이유가 없었다. 하지만 마지막 세 마디 말이 내적인 균형을 깨지게 만들었기 때문에 그녀는 어떤 설명을 요청할 수밖에 없었다. 명확한 설명을 요구하는 그녀의 요청을 따르며 에릭슨은 두 번째 명령문을 덧붙였다. "**보세요!**" 에릭슨의 손이 그녀의 손에 닿았을 때 자동적인 움직임이 일어났다. 어린 시절부터 그녀가 학습한 것은 누군가 손을 만지면 어떤 움직임으로 응답해야 한다는 것이었다. 이제 그녀는 이해할 수 없는 방식으로 자신의 팔이 움직이는 것을 "볼" 수 있었다. 이제 상황은 두 사람 사이의 대결로부터 치료적 목표의 달성이라는 공통된 과제를 위한 상호 협력과 참여로 변화하였다.

제안의 일반적 적용

"그러므로 동물 자기학[11]의 전체적인 원칙은 믿음과 원함이라는 두 단어로 요약할 수 있다. 나는 모든 사람의 생명 법칙에 작용할 수 있는 힘을 내가 갖고 있다고 믿는다. 나는 이 힘을 모두가 자신에게 득이 되도록 사용하기를 원한다. 만약 당신도 믿고 원한다면 나만큼 할 수 있을 것이다."

- 마르퀴스 드 퓌세구르

전통적인 최면가가 사용하는 형식적인 유도법을 잘 습득하고 있었지만, 에릭슨은 **제안의 작용이 유연하고 협력적인 개인 관계에서 가장 잘 달성된다고** 믿었다. 에릭슨은 다양한 직접, 간접 및 허용적 제안으로 환자가 수용적이고 호응적으로 열린 반응을 보이도록 치료적 제안을 조직하였다. 이 모든 것은 환자가 깨닫지 못한 자원과 치유의 잠재력을 발견하도록 관계를 쌓는 목적으로 진

---

11 안톤 메스머가 창시한 최면의 초기 형태

행되었다. 마찬가지로 오늘날의 연구자들은 긍정적 협력이 치료적 결과를 가장 잘 예측하게 하는 요소 중 하나이며 치료에서 협력이 총 편차의 54퍼센트를 차지한다는 것을 발견함으로써 협력적 인간관계를 형성하는 것이 중요함을 인지하기 시작했다.

에릭슨은 제안을 놀랍도록 다양하고 능숙하게 사용하였다. 이를 이 책의 짧은 한 장에서 모두 다루기란 어렵다. 다행히도 최면에 대한 그의 접근법은 문서로 잘 기록되어 있고 다른 수많은 자료에 철저히 분석되어 있다.

현시점에서 제안이 의도적인 행동과 생리적 기능에 극적인 영향력을 줄 수 있다는 점은 의문의 여지가 없다. 백 년이 넘는 기간의 연구가 이 사실을 뒷받침한다. 최면, 플라시보 치료 또는 간접 제안 등 어떤 형태라 하더라도 제안 전략은 난치성 질환이나 심리적 질환에 특히 효과적이다. 이런 문제에 제안을 사용하면 기적 같은 결과를 낳을 것이다. 제안은 또한 다른 심리적 혹은 신체적 문제의 보조적 치료법으로 사용하는 것도 적절하다.

어떤 기법이 최상의 결과를 낳는지 결정할 때 명확한 합의는 존재하지 않는다. 자기학magnetism과 최면의 역사를 되돌아보면 각각의 선구자들은 자신이 선호한 기법을 가지고 있었으며 그 사람에게는 그 기법이 다른 기법보다 효과적으로 작동했음을 확실히 알 수 있다. 안톤 메스머Anton Mesmer는 자성 유체magnetic fluid가 들어 있는 도관을 사용하였으며, 마르퀴스 드 퓌세구르Marquis de Puysegur는 태양신경총[12]solar plexus이나 눈과 같은 신체 부위를 쓰다듬었고, 장 마틴 샤르코Jean Martin Charcot는 히스테리의 네 단계를 발생시키는 몸의 부위가 있다고 하였으며, 제임스 브레이드는 빛나는 물체를 응시하도록 하였고, 에밀 쿠에Emile Coue는 "날마다 모든 면에서 나는 나아지고 있다."와 같은 자기 제안autosuggestion 공식을 매일 외우도록 하였다. 그러나 에릭슨에 이르게 되면 그를 단 하나의 기법으로 고정하기란 정말 어렵다. 그는 언어적이든 비언어적이든 또는 상징적이든 잘 작동하는 것이라면 무엇이든지 사용한 것으로 보인다. 에릭슨은 주어진 어떤 기법이든 그 바탕이 되는 전략의 핵심을 더욱 잘 알아본 것 같다.

현대적으로 표준화된 연구 방법을 적용하여 실험자 편향을 조절하면, 최면 기법 사이의 차이는 사라지는 것 같다. 예를 들어 최면 유도 이후에 제안을 하는 것과 최면 유도 없이 직접 제안을 하는 것의 효율성을 비교하는 연구를 보면, 그 결과는 대체로 동등함을 알 수 있다. 직접 제안과 간접 제안의 비교를 시도한 다른 연구를 보면 명확한 결론을 내릴 수 없다. 어떤 경우에는 직접 제안이 측정 가능한 결과를 내는 것에 더욱 효과적이었지만, 다른 경우에는 간접 제안이 더욱 유용했다. 사실상 똑같은 결론이 심리치료 분야 전반에 일반화되었다. 치료 결과에 대하여 연구자들이 명

---

[12] 명치 부위

확히 의견의 일치를 이룬 것은 종종 "도도새의 판정[13]"으로 지칭되는 것과 같이, 치료 방법 사이의 차이는 크지 않다는 점이다. 반대로 치료 결과를 결정짓는 중요한 요소로 가장 돋보이는 것은 내담자 참여의 질이다.

임상적 제안의 역사는 오랜 시간 매우 성공적이었다. 이론적 방향성으로 만들어진 지식의 상자에서 한발 물러나면, 기법의 세부사항은 환자가 제안에 응답할 수 있고 그렇게 하리라는 치료자의 확신만큼 중요하지는 않다는 점을 알 수 있다.

한 획기적인 연구에서 러너Lerner와 피스케Fiske는 이전에 주장된 바와는 **달리 환자의 특성보다는 자신이 도움이 될 수 있다는 치료자의 믿음이 치료 결과를 더욱 잘 예측하게 하는 요소**라는 점을 발견했다. 학생의 성공에 대한 교사의 기대가 학습 성과에 중대한 영향을 미치는 요소라는 점을 밝힌 로젠탈Rosenthal의 혁신적인 연구 결과도 마찬가지로 명쾌하다. 이 연구에서 밝혀진 가장 충격적인 점은 자기 충족적 예언의 결과로 높은 성과를 내는 집단의 지적 능력이 실험 이전과 이후에 중대한 변화를 보였다는 점이다. 여기서 우리는 내담자에게 사용하는 기법은 전달되는 생각만큼 중요하지는 않다는 점을 알 수 있다.

---

13 이상한 나라의 앨리스에서 유래된 말로 젖은 몸을 말리기 위한 달리기 경주를 한 후 누가 이겼는지 도도새에게 묻자, "모두가 이겼어. 그러니 모두 상을 받아야지."라고 대답했다.

로젠탈의 발견이 있기 6년 전에 최면 유도의 핵심에 관한 자신의 입장을 밝히며 에릭슨은 이렇게 강조하였다.

모든 의사에게는 다음과 같은 강렬한 느낌이 필요하다. "이것은 내가 할 수 있어. 그리고 이것은 내가 해냈었지. 만약 아직 남은 것이 있다면 그것은 내 능력 안의 모든 좋은 것들로부터 도움을 받을 수 있는 운명의 손안에 있지." 트랜스를 유도하기 위하여 치료자는 환자가 다른 사람만큼 쉽게 트랜스에 들어가는 것을 배울 수 있다는 것을 정말로 진실로 확고하게 기대해야 한다. 그리고 언어, 자세, 행동 방식, 감정적 태도, 지적인 의식^{awareness}으로 이를 전달해야 한다.

제안에 관한 이 장의 세세한 논의에는 대부분의 치료법에 적용되는 일반적인 요점이 있다. 좋든 싫든, 상담가가 최면을 사용하지 않는다고 해서 제안의 효과가 사라지지는 않는다는 점이다. 이 사실은 어떤 책임감을 만들어 낸다. 좋은 치료가 되려면 모든 치료자는 환자에게 치료법의 알려진 장점을 열정적으로 설명함으로써 얻는 이득을 고려해야 한다. 그러나 이런 의사소통이 역설적인 효과를 발생시키면, 치료법의 유용성에 대한 의심을 표현하는 것이 필요할 수 있다. 환자가 치료를 통해 왜 혜택을 얻을 수 있을지 세부적으로 설명하는 것은 종종 도움이 된다. 그러나 환자가 자기 파괴적 행동을 보이곤 했다면 치료의 실제적인 과정으로부터 환자의 주의를 분산시키는 것이 나을 수도 있다. 일반적으로 치료자는 치료의 과정을 환자가 "할 만한"것으로 경험하도록 해야 한다. 그리고 환자가 자신의 진전을 확인할 수 있는 수단을 제공해야 한다. 그러나 늘 그렇듯 이 규칙에도 예외가 있다. 가장 중요한 점은 특정 제안이 어떤 효과를 나타내는지 **관찰하고** 그에 따라 치료 방법을 변화시키는 것이다. 치료란 환자가 고통의 지점으로부터 이룰 수 있는 것을 인식하는 지점으로 건너갈 다리를 제공하는 것이다. 이것이 바로 절망을 희망으로 변화시키는 제안이다.

11 방향 전환
Reorientation

 이 장에서는 심리 치료 전체에서 가장 널리 쓰이는 전략 중 하나를 개념화한다. 방향 전환은 에릭슨과 다른 치료자들이 사용한 다양하고 효과적인 기법의 근본 바탕이다. 이런 전략들은 서로 배타적이지 않기 때문에 다양한 방향 전환을 이 책에 나열된 각각의 전략에서 볼 수 있다. 하지만 이 장에서는 환자에게 새로운 관점을 제시하는 기법을 특히 강조하였다. 이어지는 사례에서 볼 수 있는 것처럼 방향 전환은 단 하나의 문장으로 삶을 바꾸는 변화를 만들 수 있다.

◆ **사례 : 자신의 아름다움을 숨겼던 여자**

 한 여성이 비만에 관한 도움을 받기 위해 에릭슨에게 왔다. 그녀는 표준 체중보다 45킬로그램 정도 더 나갔다. 이 문제를 에릭슨에게 설명하면서 그녀는 자신을 가리켜 이렇게 말했다. "저는 그저 게으름뱅이 뚱보이지요." 그녀의 무뚝뚝한 표정을 보고 불행한 목소리를 들으며 에릭슨은 그녀가 아주 큰 불행과 감정적 혼란을 겪고 있다고 판단했다. 이렇게 불행한 마음 상태에서 그녀가 듣고자 했던 유일한 생각은 자신의 기준 틀에 맞는 것뿐이었다. 에릭슨은 다음과 같이 말했다. "저는 그녀가 이미 갖고 있던 자신의 몸에 관한 불편한 생각 외에 또 다른 좋지 않은 생각은 전달할 수 없음을 알아차렸습니다." 그래서 그가 말했다. "저는 당신이 뚱뚱한 게 스스로에게 얼마나 유쾌하지 못한 일인지 정말로 안다고 생각지 않아요. 그러니까 오늘 밤에 잠자리에 들기 전에 옷을 벗고 전신 거울 앞에서 당신이 가진 지방 덩어리를 자신이 얼마나 싫어하는지 제대로 한 번 보세요." 이 말은 여자의 주의를 사로잡았다. 이 과제는 할 만한 것임을 그녀는 알았다. 그녀는 자기비판에 능숙했던 것이다.

그리고 에릭슨은 덧붙였다. "정말로 열심히 생각해 본다면 그리고 당신을 감싸고 있는 지방층을 꿰뚫어 본다면, 당신은 아주 예쁘고 여성적인 몸매를 볼 수 있을 겁니다. 하지만 그것은 꽤나 깊이 묻혀 있지요." 그녀가 자신에 대한 긍정적인 생각을 소화할 시간을 준 후, 에릭슨은 그녀가 치료의 주체가 될 수 있도록 다음과 같이 물었다. "그 몸매를 발굴하려면 어떻게 하는 것이 좋을까요?" 그녀는 스스로 해답을 생각해낼 수 있었다. 이는 분명 효과가 있었다. 에릭슨은 다음과 같이 보고하였다. "그녀는 일주일에 2.3킬로그램씩 그 몸매를 발굴해 내기 시작했다."

학습된 무기력은 동물이 전기 충격을 받으면 탈출하는 것이 쉽게 가능함에도 불구하고 무기력하게 누워있도록 조건화된 연구로 익히 알려진 개념이다. 이런 행동적 결과는 상황적 우울증을 이해하기 위한 모델로 사용되어 왔다. 고통스러운 결과를 빠져나갈 수 있도록 허락받지 못한 아이는 결국 스트레스에 대하여 포기와 자기평가 절하로 반응하게 된다는 개념이다.

학습된 무기력의 개념은 심지어 회복탄력성을 이해하는 것에도 영향을 미친다. 모든 심리적 기능장애에서 개인이 고통에서 벗어날 수 있는 가능성은 무엇이 가능한가에 대한 개념적 이해에 달려있다. 다시 말해서 어떤 사람이 고통에서 빠져나가는 길을 볼 수 없다면 상태가 호전되기 위한 에너지를 잃어버리고 회복 탄력성은 없어진다. 하지만 상황에 대한 새로운 관점이 생긴다면 어떻게 될까? 상황을 새로운 방식으로 보게 되면 새로운 선택지를 인식하게 된다. 다른 모든 전략과 마찬가지로 방향 전환은 역사를 관통하며 사용되고 효과가 입증된 전술이다. 누군가 극복 불가능해 보이는 상황을 마주했을 때, 해야 할 일은 새로운 시각으로 돌아올 수 있도록 잠깐 동안 문제에서 한 발짝 물러나거나 "문제와 함께 잠드는" 것[1]이다. 이는 문제 상황에서 방향 전환을 달성하기 위한 간단

---

1 밤새도록 고민하는 것보다 문제를 염두에 두고 잠을 자는 것이 낫다는 뜻

한 방법이다.

방향 전환은 널리 알려진 전략으로 모든 형태의 치료적 문제 해결에서 발견할 수 있다. 에릭슨은 심리 치료의 기본 전략에 관한 가장 초기의 설명에서 다음과 같이 썼다. "새로운 생각과 새로운 이해를 제시하고 이를 반론의 여지가 없는 방식으로 미래와 연결하라." 방향 전환 기법은 관점의 중대한 변화를 만들곤 했다. 이런 관점의 변화는 이미 존재하는 상황, 과거의 경험 그리고 미래의 기대를 새로운 방식으로 개념화하도록 돕는다. 상담가가 환자의 생각에 영향을 미치거나 새로운 생각을 제시할 때마다, 어느 정도의 방향 전환이 일어나야 한다. 하지만 어떤 기법은 중대하고 심지어 충격적인 관점의 변화를 가져오며 대단히 성공적이다. 이 기법이 수행하는 전략적 목표는 인생 경험과 미래에 대한 희망으로 환자의 방향을 전환하는 것이다.

빅터 프랭클Viktor Frankl의 의미 요법logotherapy은 방향 전환을 주요한 치료 전략으로 삼는다. 프랭클은 종종 고통과 마주하여 의미를 발견하는 것의 중요성을 강조했다. 이 점을 설명하며 프랭클은 치료적 결과를 달성하기 위한 질문을 사용한 사례를 들었다. 그 환자는 자신이 의사라고 소개하였다. 그는 2년 전에 아내가 죽자 심각한 우울증을 앓게 되었다. 그는 세상 무엇보다도 아내를 사랑했었다. 프랭클은 다음과 같이 물었다. "선생님, 만약에 당신이 먼저 죽고 아내분이 홀로 남아야 했다면 어땠을까요?" 노인은 그녀가 크게 고통스러웠을 것이라고 즉시 대답했다. 그러자 프랭클이 말했다. "지금 말한 것처럼 당신은 아내를 큰 고통에서 구한 것입니다. 홀로 남아 그녀를 애도하게 된 대가로 아내분은 이 고통을 면하게 된 것이지요." 남자는 아무 말도 하지 않고 프랭클과 악수를 한 뒤에 차분하게 진료실을 떠났다. 그는 아내의 죽음이라는 피할 수 없는 현실에서 방향이 전환된 것이다. 이제 그는 이 일을 자신의 사랑스러운 아내를 위한 의미 있는 희생으로 받아들일 수 있었다.

비록 이것은 에릭슨의 가장 유명한 전략은 아니다. 하지만 그의 사례 중 대다수는 적절한 타이밍에 발화된 단 하나의 문장으로 놀라운 방향 전환을 달성한다. 한 여성이 전에는 알아차리지 못한 어떤 것을 찾으려는 의도로 거울에 비친 자신의 몸을 살펴볼 때 무슨 일이 벌어질까? 그녀는 자신의 싫어하는 특징을 찾아내는 것에 익숙했다. 이제 그녀는 무엇인가 다른 것을 찾아야 한다. 중요한 것은 먼저 살을 어느 정도 빼보지 않고는 지방 아래에 아름다운 몸매가 있음을 부인할 수 없다는 것이다. 그녀는 자신의 몸을 싫어하는 것을 아는 상태에서 실제로 무엇이 거기에 있는지 궁금해하는 쪽으로 방향이 전환되었다. 자신의 군살에 대한 생각을 바꾸라고 요청받지 않았기 때문에 그녀의 생각은 여전히 유지되고 있다. 그녀는 자신의 몸을 싫어하는 것에 들이는 에너지를 줄이라고 요청받은 것이 아니다. 이 사례는 방향 전환의 중요한 일면을 보여준다. 그것은 환자가 가장 익숙한 상황에서 갑자기 새로움을 발견할 수 있도록 하는 전략이다.

방향 전환의 중요성을 설명하면서 에릭슨은 이렇게 말했다. "참조의 틀을 바꾸는 것은 종종 심리치료에 필요한 모든 것이다." 방향 전환은 똑같은 상황적 변수를 새로운 심리적 맥락에 놓는 과정이다. 심리적 변화는 종종 절망적인 상황에서 벗어날 수 있는 새로운 길을 열어준다. 삶의 문제로 중압감을 느끼는 사람의 내면에 더욱 큰 회복탄력성을 만든다. 이것이 대다수의 사람이 치료를 받으러 가는 이유이며 **희망**이 치유에서 큰 부분을 차지하는 이유이다.

스트레스에 관한 이십 년이 넘는 연구 결과 스트레스가 사건 자체 보다 사건이 해석되는 방식에서 기인함을 보여주는 많은 양의 경험적 데이터가 쌓여있다. 미셸Mischel의 설명에 따르면 행동에 보다 관련이 있는 것은 실제 사건보다는 사건의 심적 표상이다. 이는 분명하다. 예를 들어 남편이 직장에서 늦게 돌아왔을 때, 그의 행동은 동정(그는 가족을 위해 아주 열심히 일한다), 경멸(그는 가족보다 일을 소중히 여긴다), 또는 분노(그는 바람을 피우고 있다!)를 일으킬 수 있다. 사건은 행동뿐 아니라 그것이 어떻게 해석될지도 예견하지 못한다. 이 발견은 정신신체의학과 심리치료에 거대한 의미를 지닌다.

방향 전환을 사용하여 상담가는 상황을 바라보는 새로운 방식을 제공하고 주관적 고통의 양을 줄일 수 있다. 나쁜 상황에 갇혔다고 느끼는 사람은 치유를 위한 마음과 몸의 에너지를 사용하지 못한다. 고통과 괴로움에 대한 명확한 선택지가 있을 때 진전이 일어날 가능성이 가장 크다. 에릭슨은 다음과 같이 말했다.

질병은 그들의 총체적인 삶의 경험에서 일부분에 불과하다는 점을 환자가 깨닫도록 해야 합니다. 질병이 무엇이든 간에 환자는 언제나 자신에 관하여 감탄할 만한 무엇인가를 찾을 수 있습니다. 사람은 자신의 질병, 통증 또는 고통을 삶이 지닌 큰 의미의 한 부분으로 받아들일 권리가 있습니다. 그것을 두려워해야 하는 어떤 것으로 느끼지 않아야 해요. 환자가 왜 질병이나 장애로 두려워해야 하나요? 그 외에 즐거운 것이 얼마나 많은데요. 치료에서 여러분의 접근 방식은 환자가 암, 관절염 또는 그 어떤 종류의 문제보다 훨씬 많은 것을 진료실에 가져왔음을 이해하도록 돕는 것입니다. 환자와 이야기하면서 그들이 가진 다른 모든 선물에 관한 인식을 전달해야 합니다.

치유의 기능이 이전에는 인식하지 못한 능력을 발견하는 것이라면 관점을 바꾸는 것이 필수적인 치료 전략이라는 것을 알 수 있다.

통찰

- **사례 : 하루에 담배를 네 갑이나 피웠던 여자**

한 여성이 흡연과 관련한 도움을 구하려고 에릭슨에게 왔다. 그러나 그녀는 성공하리라는 기대가 거의 없었다. 그녀는 다음과 같이 말했다. "선생님의 친구분 모두가 저에게 최면을 걸어 보려고 했지만 형편없이 실패하고 말았어요. 그들은 누군가 저에게 최면을 걸 수 있다면 바로 선생님일 것이라고 말했습니다. 그래서 선생님도 실패하실 수 있도록 여기까지 왔어요." 에릭슨이 대답했다. "좋습니다. 그것부터 끝내도록 하지요. 제 실패는 얼른 잊는 것이 좋겠습니다. 왜냐하면 제 생각에 당신은 폐기종 치료가 필요합니다."

에릭슨은 그녀의 호흡 소리를 들으며 폐기종을 진단했다. 그녀의 힘들고 불편한 목소리를 들었고 그녀가 숨을 쉬려고 앞으로 숙이면서 의자의 팔걸이로 자신을 지탱하는 모습을 보고 판단한 것이다. 그는 곧 그녀가 하루에 담배를 네 갑이나 피우는 것을 알게 되었다. 그녀는 담배를 큰 핸드백에 두 갑, 자동차의 글로브 박스에 두 갑, 자동차 뒷좌석에 두 갑, 욕실에 두 갑, 부엌에 두 갑, 식탁에 두 갑, 거실에 두 갑 그리고 침실에 두 갑을 두고 있었다. 에릭슨은 이 여자가 담배가 떨어지도록 놔두지 않을 사람임을 알았다!

여자는 에릭슨이 앞서 한 말이 최면 실패를 조건으로 치료가 이루어지게 하려는 것을 알지 못했다. 에릭슨은 그녀에게 최면을 거는 작업을 진행했다. 충분한 시간을 할애하여 에릭슨이 확실히 실패했음을 그녀가 납득하도록 하였다. 그리고 이렇게 덧붙였다. "이제 제가 당신에게 최면을 걸 수 없다는 것을 알게 되었네요. 당신의 질문에 대한 답이 확실해졌으니 이제 흡연에 관해 물어보고 싶네요. 당신이 왜 담배를 피우는지 이야기해 봅시다." 이야기는 해결에 관한 논의 없이 두 시간 동안 계속되었다.

다음날 에릭슨이 그녀에게 말했다. "어제처럼 해봅시다. 눈을 뜨고 귀를 열고 입은 다무세요. 폐기종과 하루에 담배 네 갑을 피우는 것에 관하여 몇 가지 더 말씀드리고 싶은 것이 있습니다. 당신은 저를 단 일주일 간 보겠지요. (그녀는 다른 주에서 비행기를 타고 왔다) 그리고 제 생각에 당신처럼 폐기종에 걸린 사람이 담배 네 갑을 피우는 것은 극도로 어리석은 일 같습니다. 당신은 석사 학위도 있고 글도 많이 쓰신 작가입니다. 저는 도저히 이해할 수 없네요."

그녀가 자신의 건강을 지키고 싶어 하지 않는다는 것이 명백해졌을 때, 에릭슨은 접근 방식을 바꾸어서 물어보았다. "왜 담배로 자살을 하려고 하나요?" 이 질문이 그녀의 어린 시절 괴로운 기억을 떠오르게 하였다. "제가 아버지를 죽였기 때문입니다."

그녀는 계속해서 설명했다. 그녀가 아직 어린아이였을 때 아버지는 심각한 뇌졸중을 겪었다. 그는 집에서 보살핌을 받고 있었고 그녀는 자신이 할 수 있는 모든 것을 하면서 침대 옆에 충실하게 앉아 있었다. 그녀가 생각하기에 멈추지 않고 아버지를 바라보고 있으면 아버지가 돌아가시지 않을 것 같았다. 그러나 결국 그녀의 주의는 흐트러졌고 아버지를 다시 바라보려고 고개를 돌렸을 때, 그는 더 이상 이 세상에 있지 않았다. 이 이야기를 듣고 에릭슨은 무척 다정하고도 크게 강조하며 대답했다. "어린아이는 어린아이답게 상황을 받아들일 수 있도록 허락되어야 하지 않을까요?"

일주일 후에 그녀는 하루에 담배를 네 개비 만 피우게 되었다. 에릭슨은 그녀가 추수감사절 동안 집으로 돌아갔다가 12월에 되돌아와 다시 일주일 간 더 머물렀다고 보고했다. 두 번째 방문 이후에는 담배를 하루 네 모금으로 줄였다.

통찰을 지향하는 치료 기법은 전통적으로 정신분석과 관련되어 있다. 정신분석의 맥락에서 사용될 때, 통찰은 비판적인 자기 검토로부터 전이적 관계로 나아간다. 아를로^{Arlow}가 설명한 바와 같이 정신분석은 통찰을 통하여 환자의 내적 충돌을 극복할 수 있도록 한다. 통찰을 삶의 상황이 건설적으로 변화하도록 사용할 때 치료적 결과가 만들어진다. 다시 말해 이 기법의 성공은 먼저 비판적 자기 검토를 하고 이어서 삶의 현재 조건으로 지적/행동적 방향 전환을 하는 것이다.

정신분석의 자기비판적 접근과는 달리, 에릭슨이 통찰을 사용한 방식은 자기 인정$^{self-appreciation}$을 중심으로 하고 있다. 앞의 사례에서 에릭슨은 여자가 아버지의 죽음을 향한 자신의 감정적 대응에 대하여 통찰을 얻도록 도왔다. 어렸을 때 내렸던 자신의 결정이 그녀로 하여금 건강한 정체성을 발달시키지 못하게 만들었다. 이 방향 전환 이후로 그녀는 더 이상 자신을 살인자나 아버지에 대한 실패자로 보는 것이 아니라, 겁에 질린 사랑스러운 아이로 보게 되었다

거의 모든 임상 사례에서 에릭슨은 마음의 선함과 풍부한 자원, 어린 시절 순수함에 대한 이해, 몸의 기적적인 구조를 전달하려고 노력했다. 이 세 가지 가정은 환자가 자신의 회복 탄력성 역량으로 방향을 전환하도록 돕는다. 환자가 자신에 관하여 좋게 느낄 때 수많은 유용한 목표를 향해 전진할 가능성이 커진다.

정신분석가는 아니지만 이 기법을 사용하는 당대의 상담가인 팻 러브 박사는 강렬한 감정적 경험이 수반되지 않으면 통찰이 변화를 만들지 못한다는 것을 지적했다. 이 점에 대한 러브의 설명은 생물학적이며 두뇌에 새로운 신경 경로를 만드는데 필요한 화학적 과정에 초점을 맞추고 있다. 방향 전환의 관점에서 의미 있는 통찰은 낯설고 어느 정도 불편한 것이다. 이미 밝혀진 것에 관하여 무미건조한 수용이 뒤따른 통찰이라면 사람의 인생관에 새로운 것이 더해질 가능성은 희박하다.

에릭슨이 이 기법을 사용하는 데 있어서 가장 혁신적인 부분은 **문제** 그 자체보다 **치료**와 관련하여 통찰을 일으켰다는 점이다. 그는 환자의 내면에 긍정적 치료 결과가 불가피하다는 고양된 기대감을 불러일으키고는 했다. 예를 들어 그는 무슨 요일에 바람직한 행동이 처음으로 일어날지 궁금하다고 말함으로써 환자의 주의를 사로잡았다. 이런 언급은 겉보기에는 가볍게 지나칠 만한 것이지만 실제로는 호기심을 유발하도록 고안된 것이다. 정확히 어떻게 치료가 일어날지 그 세부사항에 관한 통찰을 얻기 위하여 환자는 회복되어야만 했다. 이것은 통찰이 주로 사용되어왔던 방식과 정반대이다.

정신분석에 관한 가장 흔한 비판 중 하나는 문제가 악화되는 과정에 대한 통찰은 이미 존재하는 증상 복합체를 더욱 정당화할 뿐이라는 것이다. "아, 제가 이렇게 형편없는 것도 놀랄 만한 일은 아니군요!" 전통적으로 통찰 지향의 치료법은 주로 문제의 본질에 초점을 맞추어왔다. 그러나 에릭슨은 환자가 **자신의 삶을 즐길 수 있는 능력의 본질에 관한 통찰을 얻을 수 있기를 선호하였다.**

베티 앨리스 에릭슨은 어느 날 학교에서 돌아왔을 때 에릭슨의 환자 중 한 명이 앞마당 잔디밭에 앉아 있는 모습을 보았던 것을 기억한다. 무엇을 하고 있는지 물었을 때 그가 대답했다. "에릭슨 선생님이 앞마당에 앉아서 초록색 풀잎이 만들어내는 다양한 색상을 모두 볼 수 있을 때까지 잔디밭을 보고 있으라고 하셨어." 베티 앨리스와 그 젊은이는 같이 앉아서 갖가지 풀잎을 바라보면서 잎 한 면이 다른 면과는 색상이 어떻게 다른지 자세히 관찰하였다. 시간은 빠르고 즐겁게 흘러갔다. 환자에게 내준 이 과제에 관하여 물었을 때 에릭슨은 대답하지 않았다.

여러 해가 지난 뒤 정서적 장애가 있는 청소년과의 전문적 상담에 관한 이야기를 하며 베티 앨리스 에릭슨은 그 젊은이의 과제에 관하여 다시 한번 물어보았다. 에릭슨은 한 번 짐작해보라고 하였다. 베티 앨리스는 그 사람이 약물 중독자였음을 인식하였다. 그녀는 이것이 그로 하여금 일상생활의 기쁨을 알아보기 시작할 수 있도록 돕는 방법이라고 짐작하였다. 삶의 황홀경에 빠지기 위해서 약물을 사용할 필요가 없다는 통찰을 위한 것이다. 삶에 무한한 다양성과 즐거움이 있다는 것을 그 젊은이가 발견할 수 있도록 하는데 이 과제가 도움이 되었다. 그런 기쁨과 즐거움을 깨달으려면 먼저 그것을 알아보아야 한다. 에릭슨은 그녀의 통찰에 미소를 지으며 인정했다. "멈추고 장미의 향기를 맡아야지."

통찰을 촉진하는 다양한 방법이 있다. 9장(진전)에서 설명한 바와 같이, 에릭슨은 때때로 문제가 해결되고 난 이후 미래의 한 시점으로 환자를 이끌기도 했다. 그리고 그는 이런 회복이 어떻게 달성되었는지 물었다. 그렇게 함으로써 가상으로 과거를 되돌아보는 형태의 통찰을 만들어내고는 했다. 이런 방식을 사용할 때 가장 중요한 것은 예측의 정확도가 아니라 변화가 가능하다는 생각의 힘이다.

이 절의 서두에 나온 사례에서 볼 수 있는 것처럼 에릭슨은 다른 방식으로는 설명이 불가능한 행동을 설명하는 수단으로 무의식적 행동이라는 개념을 사용했다. "왜 담배로 자살을 하려고 하나요?"라는 그의 질문은 두려움을 일으키기도 하고 환자의 현재 행동에 대한 새로운 설명을 찾기 위한 신호이기도 했다. 그녀는 이런 행동을 지속할 수 없고 더 이상 그렇게 할 필요도 없음을 깨달았다. 에릭슨이 "어린아이는 어린아이답게 상황을 받아들이도록 허락되어야 하지 않을까요?"라고 덧붙였을 때, 또 하나의 중요한 방향 전환이 이루어졌다. 그녀의 허약한 상태를 고려하면 그런 터무니없는 생각을 믿은 일로 자신을 벌하는 일은 결코 없도록 하는 것이 중요했다. 에릭슨의 이 말은 또한 그녀가 이제는 그 상황에 대한 어른스러운 이해를 발전시켜 나갈 수 있을 것이라는 제안을 내포하기도 했다. 그녀의 사례에서 통찰은 즉각적이었다.

때때로 에릭슨은 환자가 통찰을 발전시키는 데 석 달이나 기다려야 할 수도 있음을 알았다. 그동안 환자는 용기를 길렀고 관련한 일에 대한 생각을 재정리하거나, 명절이나 어떤 중요한 일이 일어난 기념일 같은 외부적 사건이 필요한 자극을 가해주기를 기다리기도 했다. 에릭슨이 말한 것처럼 시간이 흐름으로써 얻게 되는 효용은 언제나 존재한다. 결국 통찰의 힘은 과거의 기억을 회복하는 데 있는 것이 아니라 미래를 향한 새로운 방향을 결정하는 것에 있다.

재구성

♦ **사례 : 압도적인 아름다움**

의학을 전공하는 학생 하나가 긴급한 문제로 에릭슨을 찾아왔다. 그는 매우 아름다운 아가씨와 결혼했는데 첫날밤에 발기가 되지 않았다. 그는 2주 동안 성관계를 시도했으나 성공하지 못했다. 하지만 결혼 전에는 성적으로 매우 왕성했었다. 2주 동안의 비참한 신혼여행을 보내고 난 후 그의 아내는 혼인을 취소하려고 변호사를 찾았다. 그는 완전히 혼이 빠져서 에릭슨을 찾아왔다. 에릭슨은 그의 신부를 만나고자 했다. 그리고 그녀가 진료실을 방문하는데 협조할 수 있도록 공통의 친구들에게 도움을 청하라고 제안했다. 에릭슨은 다음과 같이 말했다. "그녀는 극도로 비참함을 느끼고 있었습니다."

아내가 진료실에 도착하고 나서 에릭슨은 그녀의 남편에게 복도에서 기다리라고 했다. 그녀의 관점에서 하는 이야기를 듣고 에릭슨이 물었다. "남편이 아내분께 드린 찬사에 관하여 생각해 보셨나요?" 그녀는 그 말이 무슨 뜻인지 알고 싶었다.

그가 발기가 되지 않았을 때 그녀가 벌거벗고 있었다는 사실을 강조한 후 에릭슨이 말했다. "그러니까 분명히 남편분은 아내분의 몸매가 너무 예쁘다고 생각했기 때문에 어쩔 줄 모르게 된 것입니다. 완전히 압도당했어요. 그리고 아내분은 그것을 오해하고 그가 발기 불능이라고 생각하셨지요. 남편분이 발기가 안 된 것은 아내분의 아름다움을 숭배하기에는 자신의 역량이 얼마나 부족한지 깨달았기 때문입니다. 옆방에 들어가서 곰곰이 생각해보세요." 남편을 진료실로 불러서 그의 슬픈 이야기를 들은 뒤에 에릭슨은 그에게도 같은 이야기를 해 주었다. 에릭슨은 그 젊은 커플이 디트로이

트로 돌아가는 도중에 섹스를 하려고 차를 거의 멈춰 세웠다고 보고하고 있다. 필요한 개입은 그뿐이었다.

> "우리를 괴롭히는 것은 사건 그 자체가 아니다.
> 그것에 대하여 우리가 가진 의견들이다."
> – 에픽테토스

재구성은 이미 존재하는 사건이나 상황을 재해석하는 기법이다. 바츨라빅 Watzlawick 과 동료들은 재구성이란 치료적 개입이 강화되도록 문제와 해결 또는 자신의 자원에 관한 환자의 인식을 바꾸는 것이라고 최초로 정의하였다. "재구성의 결과로 바뀌는 것은 상황에 부여된 의미 그리고 결과이지 구체적인 사실이 아니다."

재구성 또한 "아하" 순간을 자아낸다는 점에서 통찰과 비슷하다. 효과적으로 사용한다면 갑작스러운 방향 전환 이후에는 감정이 북받쳐 오르게 된다. 본질적인 차이는 통찰의 경우 성인의 관점으로 재처리해야 하는 잊혀진 사건이나 어쩌면 아직 일어나지 않은 미래의 사건이 있다는 점이다. 재구성의 경우는 보통 특정한 상황과 짝 지어진 모종의 부정적 해석이 존재하여 회피나 저항을 만들어내게 된다. 상황을 재구성하게 되면 이전에는 문제였던 생각이 새로운 기준점으로 연결되면서 새로운 연관성이 확립된다. 결과적으로 재해석은 이전에는 불가능했던 대응 방식을 선택할 수 있도록 한다.

이 과정은 재조건화의 한 형태로 설명할 수 있을 것이다. 부정적 인식과 연관된 자극이 떨어져 나와 새로운 기분 좋은 생각과 짝지어지고 상황에 대한 방향 전환이 일어난다. 다시 말해 환경은 그대로지만 사건의 의미가 변화한다고 할 수 있다.

재구성은 인지 치료에서 중심 원리로 지목되었을 만큼 가치 있는 임상적 기법이다. 가장 일반적이며 널리 사용되는 재구성 기법은 정상화normalization 기법일 것이다. 환자는 보통 전문 지식을 가진 사람을 찾아서 상담가의 진료실을 방문하기 때문에 문제의 심각성에 관하여 판단을 내려줄 것을 기대하게 된다. 환자가 직접적으로 "저에게 희망이 있나요?"라고 묻지 않더라도, 자신을 많이 내보이기를 주저한다면 이런 종류의 두려움을 품고 있을 가능성이 있다. 정상화는 상담가가 다음과 같이 이야기하면서 이루어진다. "네, 저는 이 문제에 익숙합니다. 제 환자 중에서 치료가 가장 성공적이었던 분 중의 하나도 처음에 당신이 설명한 것과 똑같은 불편함이 있다고 말했지요." 이 문장은 동시에 두 가지를 이루어낸다. 첫째는 **무엇인가** 조치를 취할 수 있다는 희망을 갖게 하고, 둘째로 당초의 불편함을 치료에 대한 "성공적인" 행동과 연관된 것으로 재구성한다.

정상화는 불안을 자아냈던 (따라서 부정적인 반응을 이끌었던) 자극에 새로운 긍정적인 의미를 부여하는 과정이다. 발작적인 가슴 통증으로 에릭슨을 찾아왔던 한 사춘기 소녀의 사례에서 이 점이 잘 그려져 있다. 그전에 그녀는 엑스레이도 찍었고 진찰도 받았으며 약물 치료도 받았다. 자신의 미래에 대한 두려움을 느끼며 석 달 동안 침대에 누워 있던 그녀에게 에릭슨은 그녀의 가슴이 어떤 느낌인지 물어보았다. 그러고는 의사로서 판단하길 가슴이 자라는 동안 뭔가 다르게 느껴지는 것은 정상이라고 설명했다. 가슴의 느낌에 대하여 방향이 전환된 후에 소녀는 본질적으로 정상적인 발달 과정을 거치며 더 이상 어려움을 경험하지 않았다. 물론 정상화는 어떤 문제가 주로 그와 연관된 두려움에 기인한 경우, 즉 환자가 과잉 반응한 경우에 한하여 사용되어야 한다. 완전히 이해되지 않거나 신체적 병리와 연관되었을 가능성이 있는 문제, 예를 들어 특이한 두통, 설명되지 않는 고통 또는 상황적으로 설명할 길 없는 갑작스러운 기분 혹은 성격의 변화와 같은 문제를 정상화하려고 시도하는 것은 심각한 실수일 수 있다.

문제가 되는 경험을 정상화하는 것 외에 재구성은 또한 수치심을 자부심으로 변화시키는 수단이 될 수 있다. 이것은 에릭슨이 미육군을 위한 상담을 진행하며 능숙하게 보여주었다. 그 사례는 제2차 세계대전 중의 일이다. 남자가 이불에 오줌을 싼다고 육군에 입대하지 못했던 것은 아니지만 군 생활에는 문제가 있었다. 훈련 기간 동안 이런 증상의 남자들을 동료 군인의 분노로부터 보호하기 위하여, 그들은 모두 특수 병영에 배정되었다. 이 병영의 하사관은 그 임무에서 벗어나기를 몹시 원했기에 에릭슨과 상담을 하러 찾아왔다. 오줌 싸게 육군이라거나 육백 오줌싸개의 하사관이라는 점에서 그는 자부심을 찾을 수 없었다. 그러나 그가 받은 명령은 그 병사들이 오줌 싸는 것을 멈추기 전까지는 그들의 훈련 조교 일도 멈출 수 없다는 것이었다. 그는 이미 오줌을 싸는 것에 대하여 그가 생각할 수 있는 모든 처벌을 시도했으나 어느 것도 효과가 없었다.

오줌을 싸는 습관을 가진 사내가 열여덟 살이 될 무렵이면 그는 이미 부모, 가족, 친구 그리고 사회로부터 오줌을 싼 것에 대해, 에릭슨이나 하사관이 상상할 수 있는 것보다 더욱 고통스러운 방식으로 처벌을 받아왔을 것이라고 에릭슨은 설명하였다. 따라서 오줌을 싸는 행위는 받아들여지고 무시되어야 했다. 그것은 전체적인 불편한 상황에서 단지 하나의 부수적인 요소일 뿐이어야 했다. 이 젊은 군인들이 불편한 상황을 벗어나는 유일한 길을 그 상황에 머물러 있게 만드는 부수적 증상(오줌을 싸는 것)을 제거하는 것으로 만들어야 했다.

에릭슨은 오줌싸개 병영을 더 이상 단지 오줌싸개 병영으로 규정할 수 없도록 제안했다. 에릭슨은 하사관과 군인들이 처한 상황을 재구성하였다. 이 병영은 훈련 기지 전체에서 가장 죽도록 고된 병영으로 변화해야 했다. 오줌을 싼 벌로 새벽 네 시에 기상하여 완전 군장으로 40킬로미터를 달리는 것은 효과가 없었다. 대신에 하사관은 동일한 과제를 "나는 이 병영의 부하를 이런 방식으로 훈련시킨다!"라는 태도로 수행해야 했다. 이는 하사관도 부하들에게 부과하는 모든 어렵고 고통스러운 훈련에 함께 동참해야 함을 의미했다.

하사관은 에릭슨의 제안에 동의하였다. 방향 설정이 바뀌어서 오줌을 싸는 것은 더 이상 중요하지 않았다. 중요한 것은 훈련이었다. 이 병영의 훈련은 전 군에서 가장 어려운 훈련을 넘어섰다. 완전 군장 상태에서 40킬로미터를 달리는 것은 일상이 되었다. 그들은 달리고 격렬한 도수체조를 하고 그 후에 병영을 박박 문질러 닦았다. 이 모든 것을 아침 식사 전에 수행할 때 하사관도 함께 동참했다. 이어서 몇 시간 동안 그 기지에서 받을 수 있는 가장 어려운 훈련들이 계속되었다.

얼마 지나지 않아서 하사관의 병영은 육군에서 가장 열심히 훈련하고 가장 강인한 훈련 병영으로 기지 전체에 알려지게 되었다. 이 병영의 남자 중 다수가 오전 7시가 되기도 전에 하루치의 훈련을 하지 않아도 되는 병영으로 다시 배치받기 위하여 무엇이든 하려고 했다. 그리고 다시 배치받을 수 있도록 오줌을 싸는 것도 멈추었다. 남아있는 남자들은 난생처음으로 "오줌싸개"로서의 삶을 멈추고 자신을 유능한 남자로 여기기 시작하였다. 병영에 남아있던 사람은 특별한 자부심을 느낄 만한 이유가 있었고 하사관도 그랬다. 에릭슨은 이렇게 설명했다. "이 변화가 정말로 오줌싸개로부터 남자를 끄집어냈다." 상황적 변수에 약간의 변화가 있었지만, 병사들이 받은 훈련은 에릭슨과의 상담 전에 이미 처벌이라는 이름으로 수행되고 있었다. 주된 개입은 의미의 변화였다. 하사관은 이제 육군에서 가장 **강인한** 병영을 맡게 된 것이다.

쇼트는 자신이 다섯 살 어린 시절에 사용된 재구성을 기억하고 있다. 응급 수술 후에 의사들은 부모에게 소년이 걸을 수 있는 능력을 회복할 수 있을지 확신할 수 없다고 말했다. 고통스러운 재활 절차 동안 어머니는 쇼트를 안심시키며 말했다. "피가 엉겨 붙어 있어서 의사 선생님들이 다리에 관을 꽂아야 했단다. 네가 여전히 다리를 쓸 수 있는 것은 기적이야. 하느님이 너를 보호하려고 천사를 보냈어. 뭔가 특별한 일을 위해서 너를 구한 것이 틀림없단다!" 이런 열린 제안은 여덟 살 무렵 쇼트의 두개골이 골절되었을 때 더욱 강화되었다. 병원에 다녀온 뒤 어머니가 설명했다. "네가 여전히 살아 있어서 의사 선생님이 깜짝 놀랐단다! 하느님이 보낸 천사가 여전히 너를 보호하고 있어. 삶에서 정말 특별한 일을 위해 너를 구한 것이 틀림없단다." 이렇게 굉장히 충격적인 사건 이후에 연약해지거나 상처를 받은 것이 아니라, 쇼트는 더욱 강인해졌다고 느꼈다. 어머니의 사랑과 신뢰로부터 자연스럽게 일어난 재구성이 아들의 회복탄력성에 크게 기여하였다. 이후로 일어날 생존의 위협조차도 그의 삶이 의미와 목적으로 채워졌음을 더욱 증명할 뿐이었다.

이와 똑같은 종류의 재구성을 3장에 나왔던 레베카와의 작업에서도 볼 수 있다. 사나운 개와 그 주인과 있었던 경험은 매우 힘겨운 상황이어서 그녀는 스스로가 연약하고 무능하다고 느끼게 되었다. 에릭슨은 그 상황을 재구성하여 그녀가 신체의 좋은 점에 자부심을 느낄 수 있도록 했다.

 재구성은 긍정적인 미래를 향해 방향을 바꾸는 좋은 수단이다. 이는 환자의 병이 재발할 확률이 높은 경우 특히 유용하다. 결국 대부분의 학습은 일직선으로 나아가는 것이 아니라 지그재그로 일어난다. 중요한 목표는 환자가 포기하지 않고 재발의 지점을 지나서 나아가도록 하는 것이다. 만약 환자가 인간이 일반적으로 가지고 있는 단점을 견딜 만한 회복탄력성을 가지고 있지 않다면 대부분의 치료법은 결국 실패할 것이다. 환자가 일단 재발의 가능성을 향해 올바르게 방향이 설정된다면 오히려 재발은 유익할 수 있다. 사실 에릭슨은 환자가 재발의 가능성을 받아들일 뿐만 아니라, 성공을 향해 한 발짝 더 나아갈 수 있도록 오히려 열렬히 재발을 기대하도록 했다. 에릭슨은 종종 자동차가 눈밭에서 빠져나오기 위해 앞뒤로 조금씩 움직이는 비유를 사용했다. 실패가 향상을 위한 필수 요소라는 생각을 전달하려고 앞으로 새롭게 나아가기 위해서 뒤로 움직인다는 개념을 사용한 것이다. 이런 식으로 연약함의 순간이 갑자기 진전의 증거로 변화되면 가장 연약한 순간에도 환자는 더욱 커다란 회복탄력성과 희망을 유지하게 된다.

 환자가 원래 갖고 있었던 관점을 인정하는 것은 재구성에서 필수적인 단계이다. 하지만 초보 상담가는 그 중요성을 충분히 인지하지 못할 수 있다. 그렇게 하는 것이 합리적으로 들리기는 해도 바꾸고자 하는 것을 받아들이는 것은 때때로 직관에 어긋나게 느껴지기 때문이다. 그 주요한 예시가 이 장의 서두에서 그려졌다. 환자가 자신의 신체를 덜 미워하도록 설득하고자 한다면 그녀가 자신의 "뚱뚱한" 몸과 자신이 지닌 "지방덩어리"를 싫어한다는 사실을 인정하는 것에서 시작해야 한다. 만약 한 여성이 자신의 비대한 허벅지가 싫다고 말했다면, 배려심 많은 치료자는 "비대한 허벅지"라는 말로 그녀의 신체에 관해 논의해야 한다. 환자가 가진 관점의 선함과 유효성을 거부하는 것으로 상담을 시작한다면 환자는 마찬가지로 상담가의 관점을 거부하기 때문이다. 심지어는 현실을 인지하는 자신의 능력에 대한 치료자의 거부를 받아들이게 될 수 있다. 메타-신경증(콤플렉스에 관한 콤플렉스)을 포함한 모든 종류의 합병증은 그런 거부 이후에 나타날 수 있다. 환자가 진정으로 이해받고 있다고 느낄 때, 타인에게 자신을 설명하기를 멈추고 세상을 바라보는 새로운 방식을 고려하기 시작할 수 있다.

신혼부부의 사례에서 신랑과 신부 모두에게 성관계는 무능함과 실패라는 생각과 연관되었을 가능성이 아주 크다. 성관계의 가능성으로 신이 나는 것이 아니라, 신랑이 느꼈던 두려움과 신부가 느꼈던 분노가 점점 커져만 갔다. 이 상황에 대한 에릭슨의 재구성은 실패의 감정을 일시에 끊어내고, 신랑으로 하여금 아내의 아름다움을 생리적으로 인정할 수밖에 없는 기회로 만들어냈다. 만약 말로만 그녀가 예쁘다고 하였다면 그가 진심인지 그녀가 알 방법은 없었을 것이다. 결혼 전에 그는 성적으로 매우 활발했었다. 그런 과거 때문에 그녀를 만나기 이전 여자에게도 예쁘다는 말을 했으리라 의심할 수 있다. 하지만 그가 겪은 비자발적 고통은 의심의 여지가 없다. 이러한 치료적 방향 전환 이후로 그녀는 그가 만났던 어떤 여성보다도 더욱 치명적이라고 느낄 수 있었다. 동시에 그는 자신의 부족한 발기 상태에도 불구하고 그녀로부터 아름다운 동정을 얻을 수 있었다. 이렇게 새로운 연관성이 성관계와 아주 잘 어울리는 상호적 흥분 상태를 만들었을 가능성이 매우 크다. 그렇게 신랑의 발기 성공 여부와 무관하게 원-윈 시나리오가 만들어졌다.

에릭슨의 재구성이 겉보기에는 단순해 보이는 점도 주의해야 한다. 에릭슨의 재해석이 재치 있기는 했지만, 그가 젊은 커플의 **필요와 욕구를 충분히 이해하는 사람으로서 스스로를 자리매김**하지 않았다면 성공적이지 못했을 것이다. **에릭슨은 진단 평가에 높은 우선순위를 두었다.** 그리고 **철저히 연구하여 환자의 관점과 현실에 대한 주관적인 시각을 이해하려고 주의를 기울였다는 것이 그의 작업에서 명확히 드러난다.** 그가 강의에서 분명히 말했던 바와 같이, 에릭슨은 환자의 현실이 완전히 받아들여지고 이해되기 전까지는 새로운 생각을 전달하거나 새로운 연관성을 만들지 않았다. 결국 상담가의 재해석이 환자에게 딱 맞는다고 느껴지지 않는다면 그 생각은 거부되고 기법은 소용이 없을 것이다.

외부화

♦ 사례 : 거구 루이즈

에릭슨이 로드아일랜드의 정신 병원에서 일할 때는 금주법이 시행 중이었다. 에릭슨은 "거구 루이즈"로 알려진 폭력적인 환자를 알게 되었다. 거구 루이즈는 198센티미터의 키에 주류 밀매점에서 문지기로 일했다. 그녀가 가장 좋아했던 취미는 홀로 남겨진 경찰관을 찾아서 시내를 배회하는 것이었다. 그리고는 그를 때려서 팔 한쪽, 혹은 심지어 양쪽 모두를 부러뜨려 병원으로 보내곤 했다. 결국 경찰국장이 그녀를 법정으로 데려가 그녀의 정신이 온전하지 않으며 다른 이들에게 위험한 사람이라는 판결을 받게 하였다.

거구 루이즈는 정신 병원에 있기를 좋아하지 않았다. 그녀는 "미친놈들이랑 같이 갇혀 있기 싫다고!"라며 불평하였다. 한 달에 한 번 그녀는 난동을 부려서 다량의 기물을 파손하였다. 에릭슨을 만나기 전에 그녀가 받았던 유일한 치료는 그녀를 제압하기 위하여 스무 명의 직원을 보낸 것이었다. 그들 중 몇은 팔이 부러져서 더 큰 문제가 되었다. 그녀가 제압되고 난 이후에는 간호사가 강력한 진정제를 주사했는데 그것은 메스꺼움을 일으키는 것으로 유명했다. 에릭슨은 그 약의 효과와 구역질이 심하게 나는 느낌을 묘사하면서 이렇게 말했다. "약 열두 시간 동안 작년에 먹은 것까지 모두 다 토해 내려고 굉장히 애쓰게 되지요." 주사를 맞은 후에 거구 루이즈는 매트리스 외에 아무것도 없는 독방에 갇혔는데 그녀는 항상 그것을 찢어버려서 피해를 더욱 심하게 만들었다.

이 이야기를 듣고 나서 에릭슨은 루이즈를 만나 자기소개를 했다. 그는 그녀에게 부탁을 하나 들어 주면 좋겠다고 말했다. 다음에 또 폭력적인 난동을 부리기 전에 벤치에 앉아서 15분 동안 이야기를 나누는 것이 어떨지 물었다. 그녀는 의심스러워하며 대답했다. "제가 선생님과 이야기를 하는 동안 남자 직원들이 달려와서 저를 제압할 거예요." 에릭슨은 진지하게 대답했다. "그저 앉아서 저랑 이야기만 한다면 아무도, 절대로 아무도 당신을 방해하지 않도록 제가 책임지겠습니다." 그녀는 마지못해 동의하였다.

어느 날 에릭슨에게 전화가 왔다. "거구 루이즈가 선생님과 이야기를 하고 싶대요." 그가 병동에 들어섰을 때, 그녀는 벤치 앞에서 왔다갔다하고 있었다. 에릭슨이 자리에 앉자 그녀도 그의 옆에 앉았다. "직원들을 불러 저를 제압하도록 하실 건가요?" 에릭슨이 말했다. "아니요. 루이즈. 그냥 얘기를 좀 하려고요. 15분 뒤에는 하고 싶은 대로 하시면 됩니다. 그리고 아무도 당신을 방해하지 않도록 제가 책임지지요."

에릭슨은 아직 뉴잉글랜드에 온 지 얼마 되지 않았기 때문에 루이즈에게 그곳의 봄날에 대하여 이야기하기 시작했다. 루이즈는 계속해서 병동의 문을 지켜보고 있었다. 10분쯤 뒤에 에릭슨은 간호사에게 조심스레 신호를 하였고 간호사는 어딘가에 전화를 걸었다.

갑자기 열두 명도 넘는 간호사 교육생들이 병동 안으로 몰려들었다. 그들 모두는 즐거운 시간을 보내고 있는 것처럼 깔깔거리고 있었다. 그들 중 한 명이 의자를 들고 병동 서쪽의 유리창 모두를 박살 냈다. 간호사 네 명이 테이블로 달려가서 네 다리 모두를 망가뜨렸다. 다른 하나는 전화기로 달려가 벽에서 홱 잡아당기고는 수화기를 부수었다. 그 간호사들은 루이즈가 과거에 그랬던 것만큼 피해를 입히도록 에릭슨에게 지시를 받은 것이었다.

그들이 신나는 시간을 보내는 동안 거구 루이즈는 애원하기 시작했다. "저기요.. 제발 그만하세요! 하지 마세요! 그렇게 하면 안 돼요!" 그녀는 다른 사람이 자기와 같은 방식으로 행동하는 것을 보고 참을 수가 없었다. 간호사들이 병동을 완전히 다 파괴하고 나자, 거구 루이즈는 에릭슨을 바라보며 말했다. "제발 에릭슨 선생님, 제게 다시는 이렇게 하지 마세요." 에릭슨이 대답했다. "그렇게 할 필요가 있도록 만들지 않는다면 다시는 그러지 않겠다고 약속하지요."

두 달 후 에릭슨이 회진을 돌고 있을 때, 거구 루이즈가 그에게 와서 물었다. "에릭슨 선생님, 병원 세탁실에 제 일자리를 하나 마련해 주시겠어요?" 에릭슨이 말했다. "세탁실에서 일하고 싶으시군요. 처음에 여기 오셨을 때 물건들을 꽤나 망가뜨리셨죠. 행동을 올바르게 하신다면 세탁실에 일자리를 드리지요." 루이즈는 간절했다.

"미친 여자들로 가득한 이 병동에서 나갈 수만 있다면 무엇이라도 하겠어요." 에릭슨은 루이즈를 병원 세탁실로 보냈고 그녀는 일을 아주 잘 했다. 두 달 후에 그녀는 환자로서는 퇴원하였고 피고용인으로 채용되었다.

외부화는 환자가 자신의 문제 행동에 대하여 외부적인 관점을 가질 수 있도록 방향 전환을 달성하는 기법이다. 가장 강력하게 감정으로 덧입혀진 행동이 자아로부터 어느 정도 분리될 때 행동을 더욱 잘 평가할 수 있게 된다. 대부분의 사람은 자기 자신의 행동은 정당하다고 느낀다. 하지만 똑같은 행동을 다른 사람이 했을 때는 외부적인 관점에서 그러한 행동이 완전히 비이성적으로 보이는 경험을 한 적이 있을 것이다. 많은 부모들이 자신의 나쁜 행동을 아이가 흉내 내는 것을 지켜보는 불편한 경험을 하게 된다. 방향 전환의 다른 모든 방법과 같이 외부화는 생각의 자극제가 되고, 그 결과 완전히 새로운 감정적 현실을 만들어 낼 수 있다.

에릭슨은 환자가 그들 자신을 새롭고 외부적인 관점으로 보게 만드는 것에 능숙했다. 예를 들어 정신 병원에서 일했을 때 에릭슨은 두 명의 과대망상증 환자를 서로 소개해 줄 계획을 세웠다. 그 둘은 모두 자신이 둘도 없는 예수 그리스도라고 믿고 있었다. 에릭슨은 그들을 같은 벤치에 앉혀서 상대방이 얼마나 미친 소리를 하는지 그에게 이야기하도록 했다. 며칠 동안의 대화 후에 그중 한 명이 에릭슨에게 말했다. "저기요. 제가 생각을 좀 해 봤어요. 저 사람은 자기가 예수 그리스도라고 주장하는데 그가 미친 사람이라는 것은 저도 알고 선생님도 아시죠. 그러니까 자기가 계속 예수 그리스도라고 하는 거죠." 결국 그 사람은 자신의 망상을 포기하고 병원을 떠나게 되었다. 그는 가끔 또 다른 예수가 어떻게 지내는지 보려고 병원을 방문하곤 했다. 다시 말해 그들 각각은 자신의 매혹적인 신념 체계의 바깥에서 자신을 바라보기 시작했고 자신이 본 것을 좋아하지 않았다. 외부화의 중요한 장점 중 하나는 그것이 환자로 하여금 자신의 정체성을 재고할 기회, 그리고 어쩌면 새로운 정체성을 실험할 기회를 마련해 준다는 점이다.

에릭슨이 외부화를 사용한 가장 극적인 사례들은 최면적 해리를 수반하는 것이다. 이런 접근법은 환자가 자신의 특정한 면을 분리된 현실로 경험하도록 한다. 자기 자신을 스스로의 몸으로부터 분리해 경험하는 것은 당연히 대단한 방향 전환이다.

에릭슨의 가장 유명한 사례 중 하나는 삶에 대한 깊은 절망을 품은 한 남자와의 만남에 관한 것이다. 에릭슨은 그를 하비라고 불렀다.

◆ 사례 : 하비

하비는 다른 사람이 자신을 대하는 방식에 비참함을 느끼고 있었다. 하지만 상황을 바로잡기 위해 아무것도 할 수 없었다. 그는 직장에서 자신의 노력에 비해 적은 보수를 받고 있었다. 동료들은 그의 책상을 향해 담배 재를 불어 대었다. 주차장에서는 그의 차를 막아 놓았고 그 외에도 크고 작은 괴롭힘이 있었다. 하비는 비참한 무기력으로 대응했다. 그의 유일한 탈출구는 몸이 아파서 일터에 나가지 않고 집에 있는 것뿐이었다. (학습된 무기력에 관하여 269페이지에서 설명하였다) 에릭슨의 개입은 여기에 설명된 것보다 훨씬 복잡하고 다면적이다. 하지만 최면적 해리가 진전을 달성하는 데 있어 중요한 요소였다.

의사를 대상으로 하는 세미나에서 그에 대한 치료가 이루어졌다. 에릭슨은 최면을 사용하여 하비가 몇 개의 수정 구슬 환영을 볼 수 있다고 제안했다. 그리고 한 수정 구슬 속에서 어린아이의 뒷모습을 바라볼 것을 요청했다. 에릭슨이 말했다. "저 어린 소년은 꽤나 불행한 것이 틀림없군요…. 왜 그런지 궁금합니다. 그는 아주 불행해 보여요. 그를 한 번 보시고 어디에 있는지 말해주세요." 하비가 대답했다. "왜요. 저 작은 아이는 여섯 살쯤 되었고 학교에서 책상 앞에 앉아 있네요. 선생님이 조금 전에 교실을 떠났어요. 손에 자를 들고요. 그에게 벌을 주고 있었던 게 틀림없어요."

그러자 에릭슨은 하비의 주의를 전환하였다. "좋습니다. 이제 저 위에 있는 수정 구슬을 들여다보세요. 아까 그 어린 소년을 볼 수 있을 겁니다. 그가 무엇을 하고 있나요?" 하비는 또다시 극도로 불행한 소년을 보았다. 일련의 질문 뒤에 하비는 수정 구슬을 들여다

보고 말했다. "왜요. 아까 그 여섯 살 소년이 학교에서 집으로 돌아가고 있어요. 여전히 불행해 하면서요. 그의 얼굴을 볼 수 있으면 좋겠지만 그게 중요하지는 않은 것 같아요. 뒤에서 보니 여전히 얼굴을 비비고 있어요. 그런 것 같아요. 경찰이 몇 명 서 있고 그중 한 명이 권총을 들고 있어요. 무슨 일인지 보려고 달려갔는데 그 경찰이 소년의 강아지를 쐈어요." 에릭슨은 다시 그의 주의를 첫 번째 기억으로 되돌렸다. "그런데 소년은 학교에서 울고 있었지요. 강아지가 죽은 것을 발견하기 전에요. 학교에서는 왜 울고 있었나요?" 하비가 대답했다. "잘 모르겠지만 제 왼손에 정말 끔찍한 느낌이 드는군요. 저는 그 소년이 어떤 느낌일지 알고 있어요. 왼손으로 글씨를 썼다고 누군가가 자를 가지고 와서 저를 때린 것 같은 느낌이네요."

하비가 여전히 트랜스 상태에 있는 동안 에릭슨은 그가 글씨를 쓸 때 원하는 어떤 손을 써도 좋다고 허락하였다. "종이와 연필을 드릴 테니 그 여섯 살 소년이 원했던 방식으로 이름을 써 보세요."

하비가 글씨를 쓰느라 주의가 분산되었을 때, 에릭슨은 청중인 의사들에게 그를 칭찬하도록 지시했다. 하비는 이러한 칭찬에 주의를 기울이지 않았다. 다시 하비의 주목을 이끈 후 에릭슨은 다음과 같은 후최면 제안을 했다. "선생님이 무언가를 썼다고 말하는 사람은 못된 거짓말쟁이니 그에게 그렇게 말하세요. 개의치 마시고요. 그저 못된 거짓말쟁이라고만 하세요." 에릭슨은 하비를 깨우고 그가 쓴 것에 관하여 물어보았다. 하비는 자신이 쓴 것이 아니라고 우겼다. 에릭슨은 청중을 보며 누가 썼는지를 물었다. 하비가 쓴 것이라고 의사들이 말했을 때, 그는 지시받은 대로 청중들 모두에게 호통을 쳤다.

이러한 가짜 충돌은 하비가 글쓰기에 관해 갖고 있던 수행 불안을 제거했다. 그리고 방에 가득한 권위 있는 인물들에게 "호통을 치는" 추가적인 경험을 하도록 했다. 그의 공격적인 행동은 후최면 제안의 결과였기 때문에 그 행동에 대한 책임은 하비가 아니라 에릭슨이 지게 되었고 또 다른 수준의 해리가 되었다. 결국 그가 그렇게 하도록 "만든" 것은 최면이었다.

스스로를 위해 일어선다는 것은 무기력에 대한 한 가지 해결책이다. 하비가 그렇게 할 수 있다는 것을 보여주자 그 행동은 그의 레퍼토리 속에 영속적으로 자리 잡게 되었다. 그것은 마치 병에서 코르크 마개가 튀어나간 것과 같았다. 다음날 하비는 직장에 가서 동료들에게 더 나은 대우를 요구했다. 직장 상사에게 요구하여 급료도 인상 받았다. 하비는 정신과 주치의에게 가서 말했다. "아시다시피 저는 32살입니다. 이제 여자 친구를 사귈 때가 된 것 같아요. 선생님도 그렇게 생각하시나요?" 의사가 대답했다. "흠, 아시겠지만 그 점에 관해서는 제가 뭐라고 말씀드릴 것이 없군요. 에릭슨 선생님과 상담을 하는 것이 좋겠습니다." 그러자 하비가 말했다. "에릭슨 선생님이 무슨 상관인가요? 여자 친구를 사귀겠어요." 에릭슨이 이 사례에 관하여 보고했을 때, 하비는 행복한 결혼 생활을 하고 있었고 자신의 자율적인 새로운 정체성에 관하여 여전히 좋게 느끼고 있었다.

외부화를 달성하는 방법은 얼마나 많을까? 그 목록은 사실상 끝이 없어 보인다. 필요한 것은 자기 관찰을 위한 몇 가지 방법이다. 자기 관찰은 행동과 이미 존재하는 정체성을 잇는 평소의 관계적 연결을 우회하도록 해 준다. 다시 말해 자연스럽게 행동하는 것이 불편할 때, 자기 자신을 볼 수 있는 기회가 된다. 예를 들어 자신의 적대적 행동에 대한 비판을 무시하는 것이 익숙한 사람이 있다. 그가 우연히 그의 행동이 다른 사람에게 미치는 불쾌한 영향에 대한 솔직한 대화를 엿듣게 되면, 그 후로 갑자기 신경이 쓰이게 된다. 그 순간은 대화중이 아니기 때문에 그는 자신의 바깥에 서게 된다. 그가 감정적 맥락의 바깥에서 그의 행동에 대한 묘사를 들었기 때문에 그는 무엇이 필요하고 적절한지를 생각할 기회를 갖게 된다. 이것은 삶에서 자연스럽게 발생하는 일상적인 치료의 한 형태이다.

이 기법은 변화를 위한 강력한 촉매제로 작용하기 때문에 수많은 현대 치료의 중추적인 역할을 하고 있다. 예를 들어 이야기 치료 narrative therapy는 환자가 억압받는 문제를 객관화하고 때로는 인격화하여 문제 행동을 "외부화"하도록 가르친다. 다시 말해 환자는 문제 행동이 그 자체로 정체성에서 분리된 하나의 존재인 것처럼 묘사하도록 요청받기도 한다. 환자는 문제에 이름을 붙이고 모양을 설명하여 형상화하도록 하고 그것이 가진 태도를 묘사하고 또한 그것이 지닌 동기를 설명하도록 요청받는다.

이 기법은 새로운 것이 아니다. 이야기 치료가 등장하기 훨씬 전에 게슈탈트Gestalt 치료자들은 환자와 외부화한 문제-자아 사이의 대화를 이끌어내고 있었다. 일단 자아의 바람직하지 못한 부분을 외부화하면 그것은 검토되고 결국 거부될 수 있다.

충격 요법impact therapy 또한 방향 전환 및 외부화에 주로 기대고 있다. 다만 이미지로 형상화하기보다는 물리적 소품으로 개인적 현실의 요소를 대신한다. 볼리우Beaulieu가 보고한 사례에서는 심각한 트라우마를 가진 아이를 돕기 위해 쓰레기 한 봉지가 사용되었다. 소년은 형의 끔찍한 죽음을 목격한 이후 자발적으로 언어 장애를 갖게 되었다. 볼리우는 차 안에서 상해버린 치킨 한 봉지를 그의 감정을 외부화하는 소품으로 이용하였다. 그녀는 그 봉지의 내용물이 끔찍하지만 그 안에 무엇이 있는지 보고 냄새를 맡을 수 있을 정도로 자신이 강인한데, 왜냐하면 그것이 그녀가 해야 할 일이기 때문이라고 말했다. 아이의 자연스러운 호기심을 활용하여 볼리우와 소년은 함께 봉지의 매듭을 풀었다. 그녀는 봉지 속의 내용물이 잘 보관되어 있었지만 이제는 밖으로 꺼내야 한다고 덧붙였다. 어린 소년의 눈에 눈물이 맺히고 울기 시작했으며 결국에는 말을 시작했다. 매듭을 풀면서 소년은 볼리우와 보조를 맞추었고 이것이 의미하는 것은 소년이 그 끔찍한 엉망진창의 상황을 다룰 수 있을 만큼 충분히 강인하다는 점이었다.

버지니아 사티어가 설명한 조각하기^{sculpting}, 그리고 제이콥 모레노$^{Jacob\ Moreno}$가 설명한 사이코드라마 등은 모두 생각, 희망, 바램 또는 행동을 자기 자신의 외부에 두는 또 다른 방법이다. 사실상 소우주적 형태의 외부화는 상담가가 환자가 한 말을 정확히 따라하면서 반영적 경청을 할 때도 이루어진다. 환자의 행동을 추적하여 사건의 짤막한 이야기로 다시 들려주면 그로서는 자신의 말과 행동으로 방향 전환이 되지 않기란 거의 불가능하다. 추적과 반영의 이러한 조합은 즉각적으로 이로운 효과를 만든다는 사실이 증명되었다. 이런 개입방법은 분노와 폭력으로 불행에 빠진 청소년에게 응답하는 가장 도움이 되는 방법으로 보이즈 타운[2]의 선생님들에게 교육되고 있다.

어떤 치료에서는 문제 행동을 녹화한 후, 그 행동을 야기한 감정적 파도가 가라앉고 난 뒤에 다시 돌려보게 한다. 이때 유사한 효과가 달성된다. 지금까지 설명한 것이 외부화를 활용하는 현대적 치료법을 모두 나열한 것은 아니지만, 치료적 노력에 그것이 얼마나 적절한지 그림을 그려볼 수 있을 것이다.

사람이 정말 좋은 연극을 보러 갔을 때 정확히 어떤 경험을 하

---

[2] 위기에 빠진 청소년과 가족들을 돕기 위한 비영리단체

게 될까? 이야기에 임팩트가 있으려면 관객이 동일시할 수 있는 등장인물이 무대 위에 최소한 한 명은 있어야 한다. 그 인물은 관객 자신의 싸움을 어느 정도 반영하는 삶의 문제와 씨름하게 된다. 관객이 자신을 다른 관점에서 보게 될 때 드라마가 호소력을 갖는다. 이것이 바로 거구 루이즈를 옆에 앉히고 병원 직원들이 주간 휴게실을 망가뜨리는 모습을 지켜보게 했을 때 에릭슨이 달성한 것이다. 이 사건은 그녀가 똑같은 행동을 할 준비가 되었던 바로 그 순간에 맞추어서 일어나도록 했다. 그래서 이 드라마 속 각각의 등장인물은 바로 그녀 자신을 나타내었다. 이는 피할 수 없는 사실이었다. 그리고 자신의 행동을 외부적 관점에서 바라보게 되자, 그것은 갑자기 참을 수 없는 것이 되었다. 그날 이후 루이즈는 자신의 폭력적인 감정 표출에 대해 이전과 똑같이 느끼기가 불가능하게 되었다.

시간적 방향 전환

♦ 사례 : 망가진 인형을 가진 여자

아직 메닝거 병원에서 의학 수업을 받던 학생이었을 때, 에릭슨은 한 의사의 아내에게 최면을 하도록 요청받았다. 그녀는 여섯 달 동안 심한 우울증을 앓고 있었다. 아무도 그녀를 어떻게 치료할지 몰랐다. 이런저런 의견이 오고 갔다. "정신 분석을 받도록 하는 것이 좋을까? 지지요법supportive therapy을 쓰는 것이 좋을까?" 그때까지 그녀는 진정제에 의존하고 있었다. 의사인 남편은 젊은 에릭슨에게 다가가 이렇게 말했다. "내 아내를 어떻게 치료할지 아무에게도 가르칠 수 없으니 다음 달 말에 사임해야겠어요." 그는 간절했다. "아내를 위해 무엇이라도 해야만 해요. 점점 더 우울해지고 자살하려는 생각도 더욱 심해졌어요. 하루 종일 간호사를 곁에 두어야만 합니다. 그러니 학생이 아내를 트랜스에 들게 한 후에 뭐라도 할 수 있는지 보는 게 어떻습니까?" 에릭슨은 동의하였고 병원 직원 모두 앞에서 치료하고 싶다고 말했다.

그녀는 20대 중반이었고 지적이었다. 에릭슨은 그녀의 문제에 관하여 이야기하기 시작했다. 그녀는 자신의 우울증이 싫다고 했다. 자살 충동도 싫다고 했다. 자신은 낫고자 하는 동기가 있었지만 어떻게 해야 할지 모를 뿐이라고 말했다. 에릭슨은 큰 감정적 모순을 감지하였다. 에릭슨의 질문에 응답하며 눈물을 줄줄 흘리면서 그녀는 트랜스 상태에 들어갔다. 시간과 공간에 대하여 그녀를 혼란에 빠지게 한 뒤 에릭슨이 말했다. "어떤 종류의 미움, 실망 그리고 불안한 감정은 완전히 낯선 사람에게, 심지어 공공장소에서도 이야기할 수 있지요. 그러니 저에게 그런 이야기를 몇 가지 해 보는 것은 어떤가요. 저는 완전히 낯선 사람이니까요."

이렇게 한 후 그녀는 에릭슨을 마치 한 무리의 군중인 것처럼 여겼다. 그녀는 청중을 전혀 인지하지 못했다. 지금이 여름인지 겨울

인지도 몰랐다. 이것이 그녀로 하여금 여러 가지 미움, 실망 그리고 좌절을 이야기할 수 있도록 했다. 그녀는 자신의 오빠가 그녀가 가장 좋아했던 인형을 박살 낸 것에 대해 이야기했다. "그가 제 인형을 죽였어요!" 그녀는 오빠에게 큰 분노를 품고 있었다. 그녀는 학교에서 누구의 성적이 가장 좋은지 경쟁하는 언니와의 라이벌 관계에 대해서도 묘사하였다.

그녀가 분노를 표현한 뒤에 에릭슨이 말했다. "개인적인 일이나 사적인 일이 많이 있습니다. 이제 저 같이 낯선 사람과 함께 앉아서 그런 이야기를 할 필요는 없습니다. 그런 표현이 이제는 침묵 속에서 마음을 따라 흘러나오도록 할 수 있을 것입니다. 그러니 여기에 30분 동안 앉아서 공개적으로 이야기하지 않을 것에 대하여 깊이 생각해봅시다. 이런 것은 당신의 치료자가 되고자 하는 사람에게 정말로 하고 싶은 이야기들이죠."

다음날 그녀는 자신을 돌보던 간호사에게 말했다. "여기에 머무를 필요가 없어요. 자살하려는 생각이 전혀 없거든요." 에릭슨은 이 치료를 1930년에 수행했다. 15년 후 제2차 세계대전이 끝날 무렵에 그녀로부터 편지가 왔다. 그녀는 남편이 외국에서 복무하는 동안 자신의 모든 두려움과 불안에 맞섰던 방식이 매우 기뻤다고 적었다. 그녀는 동시에 몇 명의 자녀를 돌보고 있었다. 자신의 회복을 묘사하면서 그녀는 이렇게 말했다. "저는 매우, 매우 기쁩니다."

이 책에서 설명한 대부분의 전략과 마찬가지로 방향 전환을 위한 시간의 중요성을 이해하기 위해 상식을 벗어나서 생각할 필요가 없다. 대부분의 사람은 다음과 같은 위로가 되는 말에 익숙할 것이다. "여러 해가 지나면 아마 이 일을 되돌아보고 웃을 수 있을 거야." 이 말은 대대손손 반복되고 있는데 이는 보통 사실이기 때문이다. 시간은 과거의 사건, 먼 미래에 일어날 사건 그리고 당면한 현재를 느리거나 매우 빠르게 보는 새로운 관점을 제시한다. 이 현상들은 각각 연령 역행age regression, 시간 순행forward progression 그리고 시간 왜곡time distortion으로 알려져 있다. 이들 각각은 새로운 지적, 정서적 이해를 증진하는 시간적 방향 전환 기법들이다.

에릭슨의 최면적 역행과 순행의 사용은 마치 타임머신이 만들어진 것처럼 종종 마술 같아 보이기도 한다. 하지만 이 기법은 **강하게 동기 부여된** 상상의 한 형태로 이해하는 것이 더 정확하다. 과거나 미래의 사건을 상상하는 최고의 방법은 무엇인가? 가장 효과적인 방법은 눈을 감고 추억에 완전히 잠기는 것이다. 연인들은 수 세기 동안 이렇게 해왔다. 그들은 첫 키스나 꿈같은 결혼식을 상상하며 생각 속에서 길을 잃는다.

학교의 보통 선생님들도 시간 왜곡의 장인이 될 수 있다. 우리들 대부분은 15분을 다섯 시간으로 바꾸어 놓을 수 있었던 선생님을 적어도 한 사람 기억할 수 있을 것이다! 그 수업이 시작되고 잠시 뒤에 머리가 책상으로 떨어지려는 충동을 느꼈을 수도 있다. 주위

상황과의 접촉을 잃기 시작하여 생각이 과거나 미래로 둥둥 떠다니면서 시간 역행이나 시간 순행을 경험했을지도 모른다. 주말에 있었던 즐거운 일을 기억하거나 다가올 여름 방학을 열렬히 기대하기도 했을 것이다. 갑자기 교실에서 백일몽을 꾸고 있다고 야단을 맞게 되면 강하게 동기 부여된 상상의 순간은 방해를 받게 된다. 익숙해 보이는가? **어쩌면 이 문장을 읽는 단순한 행동이 독자를 잠시 과거로 데려갔을지도 모른다.** 시간적 방향 전환이 전혀 새로운 것이 아니며 마술적 기법도 아님을 확실히 알게 되었을 것이다. 보통의 상담가라면 이렇게 자연스러운 과정이 일어나도록 더욱 잘 할 수 있을 것이다. 가장 결정적인 기술은 환자가 중요하게 흥미를 가지고 있는 주제를 선택하는 것이다.

에릭슨은 걱정하는 주제에 관한 주관적 방향 전환을 이루는 수단으로 시간 역행과 시간 순행을 임상적으로 발전시켰다. 환자에게 큰 관심거리가 되는 주제는 "당신의 문제에 가장 적절한 치료는 무엇일까?"와 같은 질문도 있다. 자신이 **리허설 기법**이라고 부른 방법을 사용하여 에릭슨은 환자의 필요에 대한 더욱 명확한 이해를 얻음과 동시에 행동의 내적인 재구성을 달성할 수 있었다. 이런 정신적 리허설 과정을 설명하며 에릭슨은 다음과 같이 말했다.

> 현재로부터 실제 미래로 방향이 전환된 환자는… 훨씬 나은 작업으로 순조롭게 이끌 수 있는 깨달음을 그들의 "연상"으로 종종 최면가에게 전해준다. 그것은 환자의 총체적인 인격, 무의식적 필요

및 능력과 더욱 완벽히 합치하도록 최면 작업을 정교화 한다. 그것은 오류가 일어나기도 전에 이를 수정하고 관리하도록 한다. 그리고 적절한 기법을 어떻게 발전시킬지 이해하도록 돕는다.

에릭슨은 사람의 주관적 시간 경험에 영향을 미치는 능력이 굉장히 중요한 임상적 도구라고 믿었다. 에릭슨은 이렇게 설명했다. "당신은 누군가를 과거로 방향 전환할 수 있습니다. 미래로 방향 전환할 수도 있지요. 몸을 향하여 방향 전환을 할 수도 있습니다." 에릭슨은 다리 한 쪽을 잃는 고통을 겪었다는 생각에 적응할 수 없었던 한 환자와 작업하면서 이를 설명했다. 에릭슨은 최면적 연령 역행을 사용하여 그가 두 다리 모두를 갖고 있던 때로 그를 방향 전환했다. 그가 그 기억에 빠지자 에릭슨은 그가 미래에 다리 한 쪽이 절단된다면 어떻게 반응할지 생각하도록 했다. 그와 에릭슨은 이런 일이 생기면 어떻게 적응할지에 초점을 맞추어 길게 논의하였다. 에릭슨은 방향 전환으로 환자의 내면에 생겨날 것이 틀림없는 적응에 관한 다양한 의문을 제기했고 이런 문제를 가정하는 식으로 논의하였다. 이는 환자가 심각한 고통을 겪지 않고도 그 주제에 관하여 생각하도록 했다. 결국 다리 한 쪽을 잃었다는 문제에 대한 해결책을 발전시킨 것은 환자 자신이었다. 에릭슨은 다음과 같이 설명한다. "방향 전환을 통해 그들의 적응력을 일깨우고 그들 자신의 부적응 패턴을 거부하도록 할 수 있습니다."

시간 왜곡은 에릭슨이 고통을 완화하기 위해 자주 사용했던 기법이다. 다시 말하지만 그가 이 기법을 최면적으로 사용한 것은 방향 전환으로 설명하기 전에는 거의 마법과 같아 보인다. 약물로 증세를 누그러뜨릴 수는 없는 암 환자나 치료 불가능한 정신 질환으로 고통받는 환자와 작업하면서 에릭슨은 종종 시간 확장이나 시간 축소의 형태로 시간 왜곡을 가르쳤다. 그의 기본적인 접근법은 편안한 순간을 확장하여 5분 정도의 시간이 매우 느리게 흘러가도록 했고, 고통의 순간을 축소하여 15분 정도의 시간이 단지 몇 초에 불과하도록 흘러가게 했다. 환자를 이렇게 교육하면서 그는 환자가 고통에는 덜 집중하고 시간의 문제에 더욱 집중하도록 했다. **더욱 중요한 것은 고통을 향했던 방향 설정이 두려움과 무기력으로부터 능동적인 변화의 방향으로 이동한 것이다.**

중요한 점은 환자가 자신의 고통에 관하여 무엇인가 할 수 있다고 믿는 것이 얼마나 중요한지 그 이유를 이해하는 것이다. 다음과 같은 상황을 생각해보라. 작은 소년이 주사를 맞으러 의사에게 끌려왔다. 소년은 바늘이 두려워서 공황 상태에 빠지고 주사를 맞는 동안 몇몇 어른에게 붙들려 있게 된다. 두려움과 무력함이라는 심리적 요소 때문에 그가 경험하는 고통은 엄청날 것이다. 임박한 고통에 대하여 그가 할 수 있는 것은 아무것도 없다. 이제 그 소년이 나무를 타고 올라간다고 생각해보라. 그가 재빨리 나무를 타고 올라가는 동안 그의 피부는 거친 나무껍질에 찢어졌지만, 소년은 집에 돌아가서 엄마에게 바지가 왜 찢어졌는지 설명해야 할 때까지 상처를 알아차리지 못한다. 이는 고통의 자극이 고통에 대한 사람의 심리적 방향성만큼 중요하지 않음을 떠올리게 하는 일상적인 일이다.

에릭슨은 때때로 시간 순행과 시간 왜곡을 시작하기 위해 약간의 관점 변화를 사용하기도 했다. 베티 앨리스 에릭슨은 그가 다음과 같이 제안했던 것을 기억하고 있다. "네가 지금 하고 있는 것을 바라보지 말고 마지막 부분을 바라보렴. 그것을 어떻게 개선할 수 있을까? 어떻게 네가 좀 더 원하는 쪽으로 만들 수 있을까? 어떻게 더 지속되도록 할 수 있을까? 어떻게 더욱 생산적으로 할 수 있을까?" 이런 식으로 해리를 잘 조절된 방식으로 사용할 수 있다. 미래의 목표에 더욱 주의를 기울이면서 즉각적인 과업에는 더욱 거리를 두게 된다. 미래의 결과에 대한 특별한 주의 집중은 노력이 성공적으로 끝날 것임을 암시하기도 한다. 대부분의 사람이 동의하겠지만 어려운 과업은 끝나지 않을 것처럼 보이기도 한다. 그러나 결말을 자신이 원하는 방향으로 만드는 것에 초점을 맞추게 되면, 새로운 방향 전환이 한정된 시간 동안 만들어진다.

경험적 연습이 이루어지면 시간 순행 기법에 더 큰 힘이 더해진다. 환자가 자신의 미래에 관하여 상상하고 묘사하도록 하기 위해, 에릭슨은 때때로 최면을 사용하여 환상 속의 "수정 구슬"을 만들어 내놓고는 했다. 어떤 때는 두 개 이상을 사용하기도 했는데 상상 속의 구슬을 그의 진료실 가득히 "놓아" 둔 것이다. 이 기법은 흡인력이 아주 강했다. 왜냐하면 미래의 환상을 보기 전에 먼저 수정 구슬의 환영을 보아야 했기 때문이다. 환자는 이 연습이 최면적 망각으로 끝날 수도 있다는 것을 알았기 때문에, 그렇지 않다면 피했을 생각을 탐구해 볼 수 있었다.

에릭슨의 작업을 연구한 뒤 스티브 드 세이저^{Steve de Shazer}는 비슷한 기법을 고안했다. 그는 이것을 "기적 질문"이라고 불렀다. 기적 질문은 본질적으로 이러하다. "어느 날 아침, 잠에서 깨었을 때 기적이 일어나 당신의 문제가 해결되었다는 것을 발견한다면 당신의 행동은 어떻게 바뀌겠는가?" 드 세이저에 따르면 해결 중심 치료의 본질은 기적 질문이다.

이 질문은 시간적 방향 전환을 위한 촉매로 작용한다. 기적을 묘사하기 위하여 환자는 미래의 한때에 자신을 투영시킨다. 겉보기에는 이렇게 간단한 기법의 중요성을 돌란은 이렇게 강조하였다. "우리가 묻지 않는 것이 우리가 묻는 것보다 종종 더욱 강력하기 때문에 주의해야 한다. 이것이 바로 치료에서 우리가 환자의 미래에 관해 묻지 않는 것이 위험한 이유이다. 이는 그들의 미래가 없다는 메시지를 전달한다. 그리고 의식적으로 알지 못하는 메시지로부터 당신을 보호하기란 매우 어려운 일이다."

버그^{Berg}는 해결 중심 치료의 정수라고 자신이 생각한 것을 요약하며 다음과 같이 설명했다.

환자는 문제를 오로지 한 방향, 자신에게 걸림돌이 되었던 바로 그 방향으로만 바라본다. 그래서 우리는 환자가 다른 방식으로 그것을 바라볼 수 있게 해준다. 환자는 여전히 같은 상황에 있지만 문제를 약간만 돌려놓아도 사태를 다른 각도에서 바라보도록 도울 수 있다. 그리고 그곳이 바로 해결책이 나오는 지점이라고 나는 생각한다.

이 설명은 방향 전환 전략의 정수를 표현한다. 그리고 에릭슨이 개척한 치료적 접근법의 본질을 반영한다.

심각한 우울증에 걸렸던 의사의 아내 사례에서 에릭슨이 그녀를 돕기 위해 무엇을 했는지 알아보기가 처음에는 어려울 수 있다. 최면적 연령 역행을 사용한 것은 확실히 그 과정에서 중요했다. 에릭슨이 한 논문에서 설명한 바와 같이 문제를 다루는 가장 직접적인 길은 원래의 부적응이 처음으로 나타났던 바로 그 시점으로 환자를 방향 전환시키는 것이다. 그는 연령 역행을 사용하여 그녀에게 매우 골칫거리였던 감정적 상태와 그것이 속했던 상황에 그녀가 접근할 수 있도록 도왔다. 치료의 또 다른 중요한 측면은 그것이 관객 앞에서 이루어졌다는 점이다. 그녀가 에릭슨을 "낯선 사람", 그리고 한 무리의 군중으로 여기도록 그가 원했던 이유는 무엇일까? 이것은 치료의 중요한 부분이었다. 그녀는 어려운 주제에 관하여 공개적으로 자신을 표현해도 괜찮다는 것을 알 필요가 있었다. 이를 위하여 그녀가 마치 치료자에게 이야기하고 있는 것처럼 자신의 감정을 개인적으로 돌이켜볼 수 있다는 생각을 에릭슨은 전달하였다. 이 치료는 경험적이면서도 가상적이었다.

방향 전환의 일반적 적용

회복탄력성을 가르치는 아버지로서 에릭슨은 학교에서 돌아오는 자녀를 맞으며 길의 어느 쪽으로 걸어왔는지 걷는 방식은 어땠는지 새로운 길을 시도해 보았는지를 묻곤 했다. 그는 발견할 수 있는 수많은 길이 있고 각각은 나름의 장점이 있다는 것을 자녀들이 알기를 원했다. 각각의 길의 미묘한 다른 점, 어떤 길은 다른 길보다 만족스러우며 각각의 풍경이 있다는 사실을 이야기했다. 누군가 어떤 일을 하는데 오직 한 가지 방법만 있다면 그 길에 놓인 어떤 장애물이라도 굉장한 문제가 될 수 있다. 반면에 많은 길을 탐색하는 사람은 방향을 전환하고 새로운 각도에서 문제에 접근할 준비가 더 잘 되어있다.

이 장에 나열한 기법에서 볼 수 있는 것처럼 방향 전환을 달성할 수 있는 수많은 방법이 있다. 각각의 기법은 나름의 장점이 있다. 솜씨 좋은 임상가라면 다양한 방법을 탐색하면서 환자에게 감정적으로 매력적인 것을 찾을 수 있을 것이다.

문제에 접근할 수 있는 다양한 각도를 환자가 더욱 잘 알도록 돕기 위하여 경험적 요소를 포함하는 것이 종종 도움이 된다. 에릭슨은 이러한 치료에서 환자가 의자를 바꾸어 앉거나 진료실 안팎으로 움직이게 하거나 사막에서 걷도록 하거나 산을 오르게 하는 등, 신체적인 움직임을 종종 포함시켰다. 신체적인 방향 전환은 종종 심리적인 방향 전환을 촉진한다.

작고 간단한 동작 또한 강력한 영향을 줄 수 있다. 예를 들어 치료자는 환자를 치료자의 의자에 잠깐 앉도록 하고 일시적으로 환자가 자신의 치료자라고 상상하도록 권유할 수 있다. 이런 명상적 경험은 환자가 눈을 감고 새로운 생각이 일어나도록 함으로써 향상될 수 있다. 이것은 치료자의 위치에 있는 것과 연관된 권력을 존중하는 사람에게는 좋은 기법이 될 것이다. 그러나 경계 문제[3]로 어려워하는 사람에게는 좋은 기법이 아닐 것이다. 가능하면 기법은 사람과 상황에 맞게 개별화해야 한다. 치료자가 해야 할 일은 어떤 기법이 개개인에게 가장 잘 통할 것인지를 인지하는 것이다. 이는 지속적인 임상적 평가를 통해 달성된다.

이 전략의 적절한 사용법을 고려할 때 문제에 대한 환자의 관점과 문제 해결을 위해 필요한 과정을 **저평가하지 않는 것이** 매우 중요하다. 에릭슨은 거의 언제나 문제에 대한 환자의 관점을 주의 깊게 관찰하고 받아들이는 것으로 치료를 시작했다. 바로 이 지점에

---

3 개인 간의 경계와 관련된 심리적 문제

서 그와 환자는 변화의 여정에 나선 것이다. 에릭슨에게 있어 환자의 생각이 정확하지 않거나 비과학적이라는 점은 중요하지 않았다. 예를 들어 글자를 읽을 줄 모르는 한 남자가 있었다. 그는 치과 치료를 위한 최면을 원했고 구강 마취에 쉽게 도달할 수 있었다. 하지만 치과 의사가 그의 입을 만질 때마다 마취는 증발해 버렸다. 환자로부터 정보를 더 얻어낸 뒤 "안치"[4]가 문제의 근원임을 확인했다. 이가 가진 이름 때문에 그는 그것이 눈과 연결되어 있다고 믿었다. 무슨 일이 일어나는지 그가 볼 수 있는 동안은 그의 이가 완전히 마취되지 않았다고 느낀 것이다. 에릭슨의 해법은 그저 눈을 감으라는 것이었다. **심리 치료의 제공은 환자가 필요를 느끼는 곳에서부터 시작해야만 한다.**

마찬가지로 사건을 바라보는 방식이 항상 둘 이상 존재하며 개인에 대한 치료자의 의견이 완전히 옳지 않을 수 있다는 것을 치료자가 인식하는 것이 중요하다. 자신의 삶을 둘러싼 환경에 대하여 무엇을 할지 결정하는 것은 환자 자신이다. 의사 앨런 탈리아페로는 댄 쇼트에게 좋은 의도였으나 비극적인 결과를 낳은 방향 전환의 오용 사례를 알려주었다. 한 여성이 머리에 심각한 상처를 입고 의사의 진료실에 왔다. 그녀와 이야기를 나눈 뒤에 의사는 그녀가 신체적으로 학대받는 관계 속에 있음을 알았다. 그녀가 그 관계를 떠날 준비가 되어있지 않았기 때문에 의사는 간호사에게 그

---

[4] 송곳니를 지칭하지만 이름에 눈을 뜻하는 한자가 들어감

날의 다른 모든 예약을 취소하도록 했다. 그리고 그녀가 학대 관계를 벗어나 안전한 쉼터로 가야 한다고 설득했다. 그녀는 의사의 관점에 동의하고 집을 떠날 준비를 했다. 그러나 폭력적인 그녀의 파트너가 그것을 발견하고 그녀를 죽여 버렸다. 이는 결국은 발생했을 사건일지도 모른다. 하지만 그녀가 죽었을 때 의사의 지시를 따르고 있었다는 사실에서 그는 이 비극에 대한 양심의 가책을 받았다. 불행히도 의사는 환자가 안전하다고 느끼는 일이 무엇인지 환자의 의견에 귀를 기울이는 것이 중요함을 과소평가했다. 이 사례는 방향 전환이 다른 사람에게 무엇을 생각하고 어떻게 행동해야 하는지를 말하는 것이 아니라는 점을 강조한다. 그것은 강요에 불과하다. 반대로 방향 전환은 가능성을 넓히고 **환자에게** 새로운 선택지를 제시하는 비지시적인 전략이다.

방향 전환에 관한 마지막 포인트는 보폭을 맞추는 pacing 것이다. 보다 근본적인 생각의 전환이 요구될수록 사람이 방향을 전환하는 것은 더욱 많은 시간이 필요하다. 방향 전환이라는 개념은 모든 생물이 환경에 대한 인지적 지도 map 로부터 많은 행동을 이끌어낸다는 톨만 Tolman 의 생각과도 잘 들어맞는다. 이는 우리가 더욱 효율적으로 움직일 수 있다는 기대에 바탕을 두고 있다. 그러나 외부 세계는 변화하고 이에 건강하게 적응하려면 이러한 외부 사건을 표상하는 인지 구조의 재구성이 필요하다. 이것은 신경학적 과정이어서 다른 모든 생물학적 과정과 마찬가지로 새로운 연관성을 재구성하고 구조화하려면 시간이 필요하다. 이것이 바로 능숙한 임상가가 환자 자신의 보폭에 맞게 통찰력이 자랄 수 있도록 기다리고 허락하는 이유이다.

12

활용
Utilization

 이 책의 가장 마지막이자 독특한 전략인 활용은 에릭슨의 임상적 접근의 본질적인 특징이다. 만약 에릭슨의 치유 철학을 "환자가 자신의 정신과 신체의 좋은 점을 인식하도록 돕는 것"이라는 한 문장으로 줄인다면, 활용은 그러한 방식을 가장 직접적으로 드러내는 것이다. 그 임상적 적용은 직관적이지 않아 보일 수 있지만 이 전략의 바탕이 되는 역학 관계는 간단하다. 다음의 사례에서 볼 수 있는 것처럼 이 전략을 온전히 사용하는 에릭슨의 능력은 심오하고 영감을 준다.

◆ 사례 : 예수

 에릭슨이 매사추세츠의 워체스터 주립 병원에 있었을 때의 일이다. 자신이 예수라고 주장하는 한 젊은이가 있었다. 그는 얇은 천을 걸치고 메시아인 양 행세했다. 게다가 그는 사람들에게 기독교를 강요하는 것이 자신의 임무라고 강하게 믿었다. 이러한 행동 때문에 그는 완벽히 소외되었다. 그는 사람들과 사회적 관계를 맺으려고 계속 시도했지만 그 방식이 공격적이어서 거부당했다. 일종의 아버지처럼 행동하면서 에릭슨이 그에게 말했다. "당신이 이 땅에 온 목적은 인류에게 봉사하는 것이니 사람들에게 봉사할 수 있는 일이 한 가지 있습니다." 에릭슨이 그에게 준 첫 번째 임무는 테니스장 바닥을 고르는 일이었다. "확실히 하느님은 테니스장 바닥이 울퉁불퉁하기를 의도하지 않았지요." 며칠 뒤에 에릭슨은 다시 그에게 다가갔다. "목수의 경험이 있는 것으로 알고 있습니다." 예수는 목수였던 것으로 알려져 있기 때문에 환자는 그 말을 받아들여야 했다. 에릭슨은 그가 인류에 봉사할 수 있도록 목공 기술을 써서 심리학 실험실의 책꽂이를 만들라고 지시했다. 나중에 환자는 실험실의 수리공이 되었다.

자신이 예수라는 생각에 빠질 만한 수많은 이유를 생각해 보는 것은 흥미로운 일이다. 대개의 경우 망상은 적응의 실패, 그리고 지각의 학습과 처리가 협소함을 나타낸다. 이런 종류의 강렬한 내적 집중은 조종이 불가능한 환경의 위협을 무시할 수 있도록 한다. 마찬가지로 동일하게 흥미로운 점은 정신병에 걸리지 않은 사람도 자신을 합리성으로부터 차단한다는 점이다. 에릭슨은 다음과 같이 설명했다.

사람이 자신의 지적인 생각을 어떻게 방어하고 그에 대하여 얼마나 감정적인지를 이해한다면 심리치료에서 가장 중요한 점은 환자의 생각을 바꾸도록 강요하는 것이 아니라, **그것에 발맞추어 가면서 서서히 변화를 유도하고 환자가 자신의 생각을 기꺼이 바꾸고자 하는 상황을 만들어야 한다는 것이다.**

또는 쇼트의 열네 살 환자가 농담처럼 말한 것과 같다. "제가 **그것을 믿으면** 알게 되겠지요."

임상적 우려와 관계없이 대부분의 사람은 자신이 **알려지고 받아들여지기를** 바라는 매우 강렬한 욕구를 가지고 있다. 이런 대인관계 역학의 임상적 중요성은 에릭슨의 접근법에 반영되어 있다. 헤일리가 주목한 바에 따르면 수용을 아낌없이 사용한 점은 최면의 사용 여부와 관계없이 사람의 문제에 대한 에릭슨의 근본적인 접근 방식이었다. 수용이 진심으로 느껴지려면 치료자가 수치심이나 혐오감 같은 자아의 숨겨진 부분을 완전히 이해하고 있다는 것을 환자가 알아야 한다. 이런 이해는 사람의 숨겨진 면에 대한 긍정적 인식과 활용의 준비로 이어진다. 에릭슨의 치료 철학은 환자의 정신과 신체의 좋은 면에 **집중하는 것**이 특징이다. 그것이 환자의 주의를 이동하고 활용하는 길을 닦아주었다. 만약 개인의 체질적 자원이 흠이 있거나 쓸모없다고 여겨진다면 아마도 아무런 희망이 없다고 느낄 것이다.

힘든 순간에 사람은 종종 외부적인 인정을 더욱 많이 필요로 한다. 많은 사람이 자기 자신을 신뢰하도록 도와줄 누군가를 찾는데 일생을 소비한다. 그러나 그들이 필요로 하는 수준의 수용을 제공하는 것이 늘 쉽지는 않다. 예를 들어 온전한 정신에 대한 통제력을 잃은 사람과 상대할 때, 그가 자신이 아니라 다른 사람의 논리에 귀를 기울여야 한다고 생각하기 쉽다. 다음과 같이 묻는 것이다. "자신이 예수라고 믿도록 내버려 두는 것이 뭐가 좋다는 거야?"

또 다른 예로 심신의 수많은 질병을 가진 누군가를 치료할 때, 고통과 보살핌 양쪽 모두를 경험할 수 있는 환자의 권리를 묵살하려는 유혹에 빠지기 쉽다. "당신은 실제로 아픈 것이 아닙니다. 머릿속으로 그렇게 생각하는 것뿐입니다."라는 말을 들으면 환자는 심각하게 무시당하는 느낌을 받는다. 어쩌면 그것이 애초에 환자가 치료를 받는 원인이 되는 문제일 수도 있다.

도움을 받으러 온 사람을 대할 때 그를 위해 **자신이** 할 수 있는 일에 집중하는 것이 자연스럽게 느껴질 것이다. 그러나 **자신의 능력과 환자의 문제**에 집중하다 보면 치료자의 우월함과 환자의 열등함이라는 숨은 메시지가 전달된다. 이것이 활용 전략에서 때때로 직관과 반대되는 것처럼 보이는 특별한 수용이 필요한 이유이다.

치료가 성공적이려면 환자의 적극적인 참여와 그의 신체적이고 정신적인 자원을 삶에 적용하는 것이 필요하다. 의지를 가진 행동과 함께 책임감이 찾아오며 책임감은 조절 능력을 향상시킨다. 그래서 치료자는 환자를 가장 잘 특징짓는 행동 패턴을 받아들여야 한다. 많은 경우 이것은 변화되어야 하는 병리적 행동을 받아들인다는 뜻이다. 에릭슨은 다음과 같이 설명한다. 환자는 자신이 완전히 받아들여질 수 있으며 치료자는 그의 행동이 어떠하든지 간에 그를 효과적으로 대할 수 있음을 환자에게 보여주는 것이 중요하다. 그렇게 치료자가 이미 존재하는 인격 자원을 이용하여 일련의 긍정적인 결과를 전략적으로 만들어 나가는 동안 환자의 의지는 인정된다. 그 결과 문제 상황에서 일어나는 부정적인 에너지가 변화하여 보다 긍정적이고 건설적으로 쓰이게 된다.

"활용"이라는 용어는 이러한 임상 전략을 가리키는데, 그 이유는 이것이 치유 과정에서 환자의 의미 있는 참여를 지향하기 때문이다. 활용은 환자의 행동적, 감정적, 지적 경향성을 치료의 근본 요소로 기꺼이 인식하고 사용하는 것에서 비롯한다. 이 개념을 설명하려고 에릭슨이 자주 사용했던 비유는 강의 흐름을 바꾸고자 했던 한 사람에 관한 것이다. 만약 이 사람이 강의 흐름을 막으려고 물살에 대항한다면, 물은 그저 주위를 둘러 가거나 그 사람이 물에 쓸려 내려갈 것이다. 그러나 그가 강물의 힘을 받아들이고 다른 방향으로 전환시킨다면, 강물의 힘은 새로운 수로를 열 것이다. 어떤 사람은 활용이 한 가지 기법일 뿐이라고 잘못 말하기도 한다. 에릭슨이 설명한 것과 같이 활용에는 다양한 기법이 존재한다. 이러한 기법의 공통점은 환자를 특징짓는 행동을 이용함으로써 얻어지는 치료적 결속이다. **역설적으로 수용은 변화를 위한 설득력 있는 힘으로 사용될 수 있다.**

에릭슨의 가르침에서 반복되는 주제는 환자의 전인격적 참여를 끌어내는 것의 중요성이다. 따라서 임상가는 환자의 인격에서 탄탄한 면을 이용할 기회를 관찰해야 한다. 이는 처음에는 성가시게 느껴지는 성격적 특성을 활용하는 것도 포함된다. 이런 임상적 작업은 의식적인 노력과 무엇보다도 올바른 태도를 필요로 한다. 이러한 태도에 관하여 에릭슨은 다음과 같이 설명한다.

> 저는 환자가 어떻게 반응할지 모릅니다. 제가 아는 것은 그가 어떻게든 **반응하리라는 점**입니다. 이유는 모릅니다. 언제가 될지도 모릅니다. 제가 아는 것은 그가 자신에게 알맞은 방식으로 반응하리라는 점입니다. 저는 그가 반응할 때까지 편안하게 기다릴 수 있습니다. 왜냐하면 반응이 일어났을 때, 제가 그것을 받아들이고 활용할 수 있다는 것을 알기 때문입니다.

이 정도의 유연성을 갖추고 활용할 수 있으려면 임상가는 어떤 문제라도 해결 방법은 여러 가지가 있을 수 있다는 점을 진정으로 받아들여야 한다. 이는 환자가 맞닥뜨리는 문제와 더불어 치료자가 환자를 돕고자 할 때 진료실에서 마주치는 문제를 모두 포함한다.

활용은 과정일 뿐 아니라 관점이기도 하다. 만약 환자가 치료자의 뺨을 때리겠다고 위협한다면, 이 에너지는 임상적 목표를 향한 협조적 노력의 한 부분으로 활용될 수 있다. 환자가 말하거나 행하는 어떤 것도 활용하고자 할 때 신뢰를 가지고 치료법을 실행할 수 있다. 예를 들어 한 아이가 에릭슨의 진료실에 끌려와 방 한가운데서 비명을 지르고 있었다. 에릭슨은 소년이 신선한 공기를 마시려고 멈추기를 차분히 기다렸다. 그리고 그 짧은 틈을 이용해 큰 비명을 내질렀다. 소년은 깜짝 놀랐다. 에릭슨이 설명했다. "네 차례는 끝났어. 내 차례가 된 것이지. 이제 다시 네 차례다." 그와 소년은 몇 번 더 번갈아가며 비명을 질렀고 다음으로 소리를 지르는 대신 차례대로 이야기하기로 했다.

이 이야기는 활용이 일어나기 위해서 어떤 형태의 치료적 환경이 필요한지 보여준다. "먼저 당신이 행동을 보여주면 제가 그것을 받아들이고 그다음에 제가 당신이 받아들일 수 있는 행동으로 응답할 것입니다." 에릭슨이 설명한 바와 같이 환자의 행동을 먼저 받아들이고 협조할 준비가 되었다는 것을 보여주는 것은 환자가 더욱 노력할 수 있는 자극이 된다. 일단 이런 식으로 환자와 관계를 맺고 주고받는 패턴이 계속되면 환자는 치료적 목표를 달성하기 위한 관계 속에 더욱 전념하게 된다. 환자의 성격적 특성을 치료자가 환영하여 받아들이기 때문에 활용은 권력 다툼의 가능성을 낮춘다. 환자에게 당신의 단점을 바꾸어야만 한다고 말하여 대치 상태에 빠지는 것이 아니라 그가 누구이며 무엇을 하고 있는지를 떠올리도록 시도하는 것이다. 환자가 자신의 본성에 따라 행동하도록 초대될 때, 변화를 강압하는 느낌을 받을 가능성이 적다. 이것은 치료에 대한 거부감을 줄일 뿐 아니라 변화의 지점을 원래의 자리인 환자의 내부에 위치하도록 한다.

개인의 어떤 측면이든 그리고 삶의 상황이 어떠하든 치료에서 활용할 수 있다. 활용의 목적은 구체적이기보다는 포괄적이며 증상의 제거가 주요 목표는 아니다. 오직 한 가지 결과만을 받아들일 수 있다는 생각은 너무 단편적이며 움직임을 제한한다. 따라서 활용은 개인을 변화시키는 것에 초점을 맞추기보다는 수용을 향해 노력해야만 한다. **이전에는 인식하지 못한 잠재력을 이용하여 환자에게 도움이 되거나 매력적인 모든 결과를 달성하는 것이다.** 다시 말해 임상가는 긍정적인 목적을 위하여 성격의 특정한 면이나 현재의 상황을 활용하게 된다. 그리고 이는 치유의 과정을 점화하는 불꽃을 일으킨다. 치유는 환자의 내부에서 시작한다. 이를 인식하는 것이 메타-목적론의 입장에서 필수적이다. 다시 말해 임상가의 주요 목표는 환자의 목표가 활성화되도록 촉진하는 것이다.

에릭슨에게 활용은 환자에게 선택권을 주는 중요한 수단이었다. 그리고 그들이 자신에게 맞는 선택을 할 것을 신뢰하였다. 예를 들어 50세의 한 환자가 에릭슨을 찾아왔다. 그는 버거씨병, 당뇨, 심장병 그리고 고혈압처럼 행동에 영향을 받는 질병을 여럿 앓고 있었다. 에릭슨을 찾기 전에 그는 8개월 동안 일주일에 5일씩 정신

분석을 받고 있었다. 그 기간 동안 혈압은 35포인트나 올라갔고 그 전에 비해 네 배나 담배를 피우기 시작했으며 몸무게도 약 18킬로그램이 늘었다. 이 이야기를 듣고 에릭슨은 그에게 눈을 감고 이야기를 처음부터 끝까지 반복해 보라고 말했다. 그는 자기 파괴 행위의 충동에 도저히 저항할 수 없음을 자세히 이야기했다. 그리고 에릭슨은 **남자가 생각하기에 적절할 것 같은 치료법을 상세하게 요약해 보라고 했다.** 그가 치료 계획을 네 번이나 이야기하도록 한 뒤에 에릭슨은 자신이 아무런 조언이나 교정 제안을 주지 않았고 계획의 모든 면이 환자 자신에게서 나왔다는 것을 지적했다. 그리고 **그가 내면으로부터 스스로 생각하기에 적절한 모든 것을 해내려는 강력한 충동을 느끼게 될 것이라고 말했다.** 일 년 후에 그는 건강한 몸으로 에릭슨을 찾아와 자기를 도와준 것과 똑같은 방식으로 한 친구를 치료해 줄 것을 요청했다. 이러한 깊은 존중의 접근 방식은 에릭슨으로 하여금 진료실에서 만나는 어떤 것이라도 활용하여 치료에 효과적으로 대응할 수 있는 환자 자신의 능력을 강하게 확신하게 만들었다.

요약하면 활용 전략은 에릭슨의 임상적 접근법의 본질적인 특징을 드러낸다. 그것은 정신과 신체를 통합적으로 움직여 스스로 치료할 수 있도록 하는 방법론이다. **활용은 자기 수용을 촉진함으로써 신경증에 대한 해독제로 작용한다.** 건강을 위해 근육을 사용해야 하는 것처럼, 환자의 개별적 현실의 다양한 측면은 거부되기보다는 이용되어야 한다. 이런 개별적 현실은 치료에 대한 저항, 치료자를 향한 공격성 또는 오래된 증상의 잔여물을 유지하려는 욕구 등을 포함할 수 있다. 모든 형태의 활용이 역설적인 것은 아니지만, 어떤 행동을 받아들임으로써 그것을 바꾸는 과정을 시작하는 경우가 종종 있다. 완고한 문제 행동이 치료의 과정에 포함될 때 환자의 참여를 돕는다. 문제 행동을 활용의 목표로 삼아, 이전에 거부되던 자아의 측면에 가치가 부여된다. 에릭슨의 천재성은 환자의 성격, 행동 그리고 상황적 영향력에서 그런 면을 인지하고 치료에 활용한 것에 있다.

자신을 예수라고 생각한 남자의 사례에서 볼 수 있는 것처럼 활용 기법은 변화의 과정으로 이해할 수 있다. 이것은 약점을 강점으로 혹은 의지 없는 행동을 의미 있는 활동으로 변화시키는 것이다. 이는 환자에 대한 커다란 존중을 통해 이루어지며 변화된 행동으로 환자가 미래에 대한 더욱 큰 희망을 키워갈 수 있는 치료적 혜택을 준다.

활용은 속임수가 아니며 치료자의 똑똑함을 자랑하기 위한 행동도 결코 아니다. 그것은 환자의 내면에 자아에 관한 주관적 감각을 높이기 위한 것이다. 에릭슨이 사례의 남자에게 봉사 활동에 몰두하라고 지시한 것은 망상을 이용하여 새로운 자아 개념이 일어나도록 한 것이다. 자신의 망상으로 비웃음을 사거나 하찮은 존재로 여겨진 것이 아니라, 테니스를 즐기던 병원의 의사들에게 감사를 받을 수 있는 위치에 놓였다. 그뿐만 아니라 그가 만든 책꽂

이는 실험실의 모두가 볼 수 있는 기념비로 세워졌다. 그 작업은 내면에서 우러나온 자신의 손으로 빚어낸 선한 어떤 것을 나타낸다. 그의 자아 이미지는 더욱 커다란 내적 가치를 반영하도록 변화했다. 현실적인 보상을 얻을 수 있게 되자 망상의 힘은 결국 사라져 갔다.

단순 속박

◆ 사례 : 시간을 낭비하고자 했던 여자

몸무게가 116킬로그램이 나가는 여자가 비만 문제로 에릭슨을 찾아왔다. 그녀는 권위가 있는 남자에 대한 불편함과 자신을 조종하려는 사람에 대한 저항감 때문에 변화에 대한 반발이 생겨 이전의 치료사를 떠나게 되었다. 그녀가 치료와 관련이 깊은 문제를 이야기하고 싶지 않다는 것이 명확해지자 에릭슨은 이 상황에 대한 자신의 관점을 다음과 같이 말했다. "제가 무엇을 하든지 간에 치료 시간을 계속 낭비하려는 것 같군요." 이 말이 그녀에게 와닿았다. 그녀는 에릭슨의 말이 옳다는 것을 확신시키려고 노력했다[1]. 그러자 에릭슨은 그녀가 사실은 에릭슨을 조종하고 있으며 그것은 그녀가 대가를 치러야 하는 특권이라고 인정했다. 에릭슨에 따르면 그

---

1 계속 더욱 열심히 시간을 낭비하려고 했다는 뜻

녀가 치러야 하는 대가는 그녀의 전체적인 상태가 서서히 개선되는 것을 포함했다.

에릭슨은 다른 사람을 조종하지 않는 것의 중요성을 자주 강조했다. 그는 환자에게 강한 매력이 있는 치료적 기회를 만드는 것이 더욱 도움이 된다고 생각했다. 이런 기회는 선물로 제시되었고 행동에 에너지를 더하는 것이었다.

이 장에서 설명하는 모든 기법은 빠져나가기 어려운 동기를 만들어낸다. 이 절에서 설명하는 속박이 "단순"한 이유는 그것이 역설적이기보다는 (예 : "당신은 x를 원하니까 y를 하시오.") 직접적이기 때문이다. 이는 상황적 요소를 활용하는 것이다. 단순 속박은 실현되지 못한 욕망을 이용하여 문제 해결 행동을 활성화하고 지속하기 충분한 동기를 만들어내는 기법이다. 꼭 필요한 문제 해결 행동을 개발하는 것이 강력한 욕망을 충족하기 위한 조건이 되면서 새로운 연결이 만들어진다.

단순 속박은 어떤 사람이 무엇을 원하는지 인지하고 그것을 치료적 결과와 연결하는 작업이다. 이것은 개인적 가치와 욕망을 활용하는 것이다. 이 개념은 조랑말에게 당근을 주어 앞으로 움직이게 하려는 생각과 그리 다르지 않다. 그러나 어떤 조랑말에게는 그것이 사과가 될 수 있고 또는 바나나가 될 수 있으며 혹은 무가 될 수도 있다. 다시 말하면 특색 없는 보상보다는 환자가 갖고 있는 욕망이 이용된다. 돈을 절약하기 좋아하는 환자에게는 매년 돈을 정확히 얼마나 아낄 수 있는가를 지적함으로써 금연에 도움을 줄 수 있다. 늘 이기고 싶어 하는 사람이라면 담배를 끊고자 하는 또 다른 사람과 경쟁을 붙일 것이다. 담배를 끊고 더욱 건강히 지내고 싶어 하는 사람에게는 매일 아침 등산을 하며 신선한 공기를 마시라고 이야기할 수 있다. 이렇게 고도로 개별적인 접근법이기 때문에 이 기법은 단순한 행동 조절이 아니라 활용의 작업이 되는 것이다. 행동의 변화뿐 아니라, 이 접근법이 내포하는 것은 환자의 개인적인 의미 및 가치 체계를 인정하고 긍정하는 것이다. **환자가 누구인가가 치료의 중요한 부분이 된다.**

에릭슨의 자녀는 왜 지금까지도 시금치 통조림을 좋아할까? 베티 앨리스 에릭슨이 설명하기로 그들이 아직 어렸을 때, 에릭슨은 시금치를 먹기에는 아이들이 너무 어리다고 말하곤 했다. 아이들은 이 말을 듣고 약간 기분이 언짢았다. 그때 에릭슨 부인이 나서서 아마 이제는 아이들이 충분히 커서 시금치 통조림을 먹을 수 있다고 주장했다. 에릭슨의 아이들은 확실히 더 크고 나이가 많기를 바랐다. 그래서 그들은 이 속박에 반응하여 더 나이 많고 성숙해 보이도록 의자에 최대한 등을 쭉 펴고 앉았다. 결국 에릭슨은 양보를 하며 많은 의심을 표현하면서 아이들이 한 입 먹어보도록 허락했다. 베티 앨리스는 통조림에서 꺼낸 차가운 시금치를 애원했던 것을 여전히 기억하고 있으며 지금도 그런 식으로 시금치를 먹는다. 이 속박은 에릭슨 부인에게도 좋은 보상이 되었다. 그녀의 의견이 승리한 것이다. 결국 모두가 승리할 수 있도록 상황이 구성된 것이다.

수 십 년 전 미국에서 낙태가 위험하고 불법이었을 때, 에릭슨은 성급하게 낙태를 하지 않도록 젊은 커플을 설득할 필요가 있었다. 그러나 논리와 이성을 사용하여 그들을 설득하기란 완전히 불가능하다는 것을 알았다. 그는 결국 입을 다물고 다음과 같이 경고하며 미팅을 끝냈다. "어떤 결정을 내리든 간에 태어나지 않은 아기의 이름은 짓지 마세요." 에릭슨은 커플의 부모가 그들의 결혼을 금지하고 있음을 알고 있었다. 그래서 상대에 대한 욕망이 더 커진 것이다. 마찬가지로 에릭슨은 또 다른 금지 행동을 만들었다. 최초의 속박은 단순했다. **낙태를 하려면 아기의 이름은 생각하지 말라는 것이다.** 그러나 커플이 에릭슨의 조언을 거절하려는 것을 활용하여 다음과 같이 더욱 깊은 속박에 이르게 되었다. 만약 **아기의 이름이 있다면 그 이름을 불러 줄 아이를 낳아야 한다는 것이다.** 아기에게 이름을 지어주어 사람으로 인지하기 시작하자, 그들은 아직 태어나지 않은 아기에 대한 큰 사랑을 생각하기 시작했다.

또 다른 예는 논쟁의 **잘못된 편에 서는 것이다.** 이 속박은 모순된 감정의 반대편을 차지하려는 환자의 욕망을 활용하여 단순히 변화를 거부하는 편에 서는 것이다. 학교 성적이 나쁜 학생에게 이야기할 때, 에릭슨은 종종 "얼마나 배울지를 결정하는 것은 너의 권리란다. 그래서 나는 네가 배우고 싶은 것보다 하나라도 더 배우는 것은 원하지 않는다!"라고 말하고는 했다. 이것은 그들이 부모로부터 익숙하게 들어온 다음의 말과는 강한 대비를 보여준다. "성적을 올리는 게 좋을 거야. 만약 안 그랬다가는 알아서 해!" 거리낌 많은 환자를 면담할 때 에릭슨은 자주 이렇게 말했다. "이야기하기 불편한 비밀은 저에게 드러내지 않아도 됩니다." 정보를 공유하는 것이 얼마나 어려운지 생각하기보다 환자는 그가 나누고 싶은 점에 대해서 생각하게 된다. 환자가 아무 말도 하지 않으려고 치료에 임하는 경우는 드물다. 이것은 아이가 학교에서 보낸 시간에 대해서 아무것도 보여주지 않으려고 하는 것만큼이나 받아들이기 어려운 일이다.

다른 모든 종류의 치료적 속박과 마찬가지로 이런 접근법이 통하려면 의미 있는 가능성이 존재해야만 한다. 그러나 당근을 사용하는 것과는 달리 논의의 잘못된 편에 서게 되면 처음에 환자는 멀어져야만 하는 어떤 제안이 주어진다. 물론 무엇인가로부터 멀어진다는 것은 다른 무엇인가에 다가간다는 것을 의미한다. 예를 들어 베티 앨리스 에릭슨은 강의를 진행하면서 시범을 위해 불러낸 사람으로부터 특별한 요청을 받았다. "베티, 최면을 걸어 주세요. 제가 바람을 피우지 않도록 해주세요." 그는 평생 동안 한 번도 관계에 충실한 적이 없었다. 그의 바람기 때문에 첫 번째 아내는 아들을 데리고 다른 나라로 가버렸다. 두 번째 아내는 아이를 낳지 않고 떠났다. 세 번째 아내 역시 아이를 낳지 않고 떠났다. 네 번째이자 현재의 아내는 얼마 전에 아들을 낳았다. 남자는 또다시 바람을 피우면 그녀가 아기와 함께 떠나버릴 것을 알았다.

베티 앨리스는 그의 어린 시절에 관하여 물었고 그가 보살핌을 받지 못했으며 사실상 길거리에서 살았다는 것을 알게 되었다. 이렇게 가난했던 과거를 생각하면 그의 현재 삶의 위치와 사람에 대한 긍정적인 방향성은 상당히 주목할 만하다고 그녀는 느꼈다. 형식적, 비형식적 트랜스를 모두 사용하여 그가 성취한 것이 대단하다는 점을 다양한 제안으로 섞어 넣은 후에 베티 앨리스는 지나가듯 물었다. "아들이 잘 자라도록 가르칠 사람은 누구일까요?" 그가 대답할 틈도 없이 질문을 재빨리 일축하고는 그녀는 이렇게 말했다. "흠, 아마도 아들은 선생님처럼 열심히 노력해서 좋은 사람이 되겠지요[2]." 이것은 분명히 논쟁의 잘못된 편에 서는 것이었다. 남자는 아들을 잃고 싶지 않았다. 그 생각은 너무도 강력해서 그가 갑자기 눈물을 터뜨렸다. 청중은 깜짝 놀랐다. 이년 후에 그 남자는 베티 앨리스에게 연락하여 여전히 결혼 생활을 유지하고 있으며 충실히 아들을 키우고 있음을 알렸다.

변화라는 예술의 큰 모순점은 환자에게서 문제 행동을 떼어내려고 **시도할 때마다**, 환자는 그것을 더욱 단단히 붙잡으려는 자연스러운 경향이 있다는 점이다. 이렇게 자기 영역을 지키려는 행동은 당신이 쥐려고 하는 어떤 물건이든지 더욱 움켜쥐려고 하는 세

---

[2] 사례의 남자와 같이 사실상 길거리에서 살게 된다는 뜻

살 아이의 행동에서 더욱 두드러진다. 이것은 치료에서 임상가라면 피하기 위해 노력해야만 하는 비생산적인 속박이다. 다행히 이러한 과정을 반대로 행함으로써 환자가 자신의 의지로 문제 해결 행동에 전념할 수 있도록 동기를 부여할 수 있다.

또 다른 한 가지 방법은 환자에게 더 이상의 **개선은 뒤로 미루라고** 조언하는 것이다. 임상가는 다음과 같이 말할 수 있다. "선생님의 문제는 복잡해서 단계적으로 개선이 이루어져야 합니다." 배우자, 다른 가족 구성원 또는 다른 사람들이 적응할 수 있는 적당한 시간이 필요하기 때문에 그렇게 뒤로 미루는 것이 필요하다고 이야기할 수 있다. 중요한 점은 임상가가 환자에게 개선의 여지가 없다는 생각을 실수로 전달해서는 안 된다는 점이다. 반대로 환자는 행동할 준비가 되어있고 스스로의 보폭으로 개선을 이루어 냄으로써 다른 사람의 예상을 깰 준비가 되어있다고 느껴야 한다. 물론 자신의 보폭으로 개선을 이루어 낸다면, 내포되어 있는 속박은 어쨌든 개선을 이루어야 한다는 점이다. 올바르게 사용한다면 이런 식으로 개선을 뒤로 미루는 것은 지속적인 개선을 향한 욕구를 상당히 증가시키는 감정적인 효과가 있다.

앞에서 설명한 바와 같이 사람은 자신이 가질 수 없는 것을 원하는 경향이 있다. 이것은 인간 행동에서 가장 깊숙하게 뿌리내린 특성 중 하나이다. 아이가 시금치를 먹도록 하는 가장 좋은 방법은 그것을 손이 겨우 닿을 만한 곳으로 옮겨두는 것이다. 비슷하게 환자는 회복 가능성에 들뜨지만 임상가가 손이 겨우 닿을 만한 곳으로 그것을 옮기면, 더욱 큰 의지로 추구하고자 하는 본능적인 욕구가 생긴다. 어떤 경우에 환자는 빠른 회복을 달성하고자 하는 욕구가 아주 커서 회복이 비자발적으로 이루어지기도 한다. 환자가 더 이상 회복을 뒤로 미루는 것에 실패했다고 에릭슨에게 돌아와 사과한 경우도 몇 번 있었다.

이중 속박

◆ 사례 : 조니의 큰 덩치

앞에서 언급한 사례를 보자. (73페이지를 보라) 열두 살 조니가 에릭슨의 진료실로 격분한 부모에게 끌려왔다. 에릭슨은 아이를 가혹하게 대한 부모에게 맞서 그들을 진료실에서 내보냈다. 이 일이 일어난 것은 아주 오래전 아동 학대법이나 아동 학대 예방 서비스가 만들어지기 이전이라는 것을 주목할 필요가 있다.

178센티미터의 키에 몸무게가 77킬로그램이었던 조니의 덩치에 감탄한 후 에릭슨은 이렇게 말하며 조니의 부담을 어느 정도 덜어주었다. "네 부모님은 네가 오줌 싸기를 즉시 그만두기를 원하시는데, 그건 말도 안 되는 소리야. 일단 오줌 가리는 법 따위를 배우기에는 네가 너무나 바빴어. 너는 대단히 크고 아름다운 체격과 그것을 움직일 수 있는 대단히 크고 강한 근육을 가지고 있지. 네 덩치를 키우는 것에는 아주 많은 에너지가 필요했을 거야. 너는 거의 아버지만큼 크지만 이제 겨우 열두 살이야. 너처럼 크고 강한 몸을 키우는 것에는 엄청난 에너지가 필요했을 테니 오줌을 가린다거나 잔디를 깎거나 선생님의 말씀을 잘 듣는 어린이가 되는 것 같이 중요하지 않은 일에 사용할 에너지는 남아있지 않았을 거야. 그렇지만 너는 곧 다 자라서 아버지보다 더 클 거고 얼마 안 가 아버지를 이기게 될 거야. 그러면 너는 크는 것에 쓰던 모든 에너지와 힘을 네가 원하는 다른 일, 예를 들어 오줌을 가리는 일에 쓸 수 있을 거란다. 사실 너는 그렇게 대단히 크고 강력한 몸을 키우는 게 거의 다 끝났기 때문에 어쩌면 남은 에너지가 이미 있을지도 모르겠구나."

소년의 주의를 끌게 되자 에릭슨이 말했다. "이불에 오줌을 싸는 버릇을 너는 아주 오랫동안 가지고 있었어. 그리고 오늘은 월요일이야. 이불에 오줌 싸기를 그치고 내일 밤부터 소변을 가릴 수 있을 것 같니? 나는 그렇게 생각하지 않아. 너도 그렇지. 사실 머리가 있는 사람이라면 아무도 그렇게 생각하지 않을 거다. 수요일까지는 소변을 가릴 수 있을 것 같아? 아닐 거야. 그렇지? 아무도 그렇게 생각하지 않아. 사실 이번 주에 네가 소변을 가릴 수 있을 거라고 전혀 생각하지 않는단다. 왜 그래야 할까? 평생 동안의 버릇인데. 나는 그저 네가 이번 주에는 소변을 가릴 거라고 기대하지 않아. 너도 그렇게 생각할 테니 우리는 같은 생각을 하고 있는 셈이야. 다음 주 월요일에도 이불에 오줌을 싸게 될 거다. 그런데 나는 헷갈리는 게 하나 있어. 나는 정말 진짜 헷갈려. 네가 수요일에 실수로 소변을 가리게 될까? 아니면 목요일이 될까? 그래서 진짜로 그런지 금요일 아침까지 기다려 봐야 할까?" 조니는 이런 생각을 주의 깊게 들었다. 그는 이전에는 이런 생각을 해 본 적이 없는 것 같은 표정을 지었다. 그러자 에릭슨은 조니에게 중요한 숙제를 내주었다. "다음 주 금요일 오후에 와서 그게 수요일이었는지 아니면 목요일이었는지 이야기해 주렴. 나는 잘 모르겠으니까. 너도 잘 모르고. 네 마음 뒤쪽도 모를 거다. 앞쪽도 마찬가지지. 아무도 모르겠지. 금요일 오후가 될 때까지 기다려야 할 거야." 금요일은 조니의 다음 진료 예약일 이었다.

금요일 오후에 조니는 웃으면서 들어왔다. 그는 에릭슨에게 즐겁게 이야기했다. "선생님 실수하셨어요. 수요일이나 목요일이 아니었어요. 수요일과 목요일 모두였어요!" 에릭슨은 주의 깊게 대답했다. "좋아 이틀 연속으로 오줌을 싸지 않았다고 해서 다음 주까지 소변을 가리게 되는 것은 아니지. 아니 벌써 1월이 반이나 지나버렸군! 정말이지 남은 1월 동안에 소변 가리는 법을 배울 수는 없을 테고 또 2월은 아주 짧은 달이야."

조니가 이 말을 받아들일 수 있도록 시간을 약간 준 뒤 에릭슨은 계속했다. "조니, 네가 이해했으면 하는 게 한 가지 있다. 네가 소변을 가리게 되는 날이 성 패트릭의 날인 3월 17일이 될지 아니면 만우절이 될지 모르겠다. 모르겠어. 너도 모르고. 그렇지만 네가 정말 알았으면 하는 게 있어. 그게 언제일지는 내가 알 바는 아니란다!

절대로 내가 알 바가 아니야."

추적 조사에서 에릭슨은 조니가 어른이 되어 의사가 되었다고 보고했다. 결혼해서 자신의 아들을 낳았고 아들에게 친절했다. 추적 조사가 있었을 때 그는 193센티미터의 키에 109킬로그램이 넘는 근육질이었다. 그는 키가 매우 커서 자기 얼굴에 오줌이 묻은 이불을 문지르곤 했던 작은 늙은이를 굽어보았다. 에릭슨은 그가 참을성 있게 즐거운 마음으로 내려다보았다고 보고한다. 조니는 이렇게 말했다. "아빠는 최선을 다했어요. 더 잘하는 법을 몰랐을 뿐이죠."

이중 속박은 단순 속박과 어떻게 다를까? 이름이 의미하는 바와 같이 그것은 속박의 힘이 더욱 강하다. 빠져나갈 공간이 더욱 적은 것이다. 이 기법은 일종의 **이로운** 매복이라고 표현할 수 있다. 이중 속박은 예측되는 미래의 행동을 예상하는 것을 기반으로 한다. 그것을 치료적 가능 조건으로 활용하는 것이다. 예측 가능한 결과를 활용하는 것이 중요하다. 어떤 경우에 에릭슨은 심지어 환자의 저항을 이중 속박의 한 부분으로 사용하기도 했다. 이중 속박을 에릭슨이 어떻게 사용하는지 설명해 달라는 요청을 받고 에릭슨은 다음과 같은 공식을 제시했다. "환자에게 치료적 생각을 제안하세요. 그리고 그것을 앞으로 일어나기 쉬운 일에 뒤따르도록 만드세요." 이중 속박을 이용하여 임상가는 어떤 가능 조건에 따라 새로운 문제 해결 행동이 일어나도록 한다. 그 가능 조건은 일어날 가능성이 매우 큰 생각, 느낌 또는 행동이다. 이러한 종류의 가능 조건은 보통 환자가 인지하지 못한다. 가능 조건은 환자의 말과 욕구뿐 아니라 굳게 확립된 행동 패턴에 연결되어 있으며 복잡한 형태로 이에 묶여 있다.

치료적 이중 속박의 우아한 사례를 에릭슨과 어린 소년의 이어지는 상호 작용에서 볼 수 있다. "네 아버지와 어머니가 네게 손톱 물어뜯기를 그만두라고 이야기한 것을 알고 있단다. 지미야, 부모님은 네가 그저 여섯 살짜리 아이라는 걸 모르는 모양이야. 또 네가 일곱 살이 되기 전에 자연히 손톱 물어뜯기를 그만두리라는 것도 모르는 것 같구나. 정말 모르나 봐! 그러니까 손톱 그만 좀 물어뜯으라고 하면 **그저 무시해버려!**" 이 속박에 이용된 첫 번째 가능 조건은 인지하기가 쉽다. 소년이 일곱 살이 되리라는 것이다. 몇 달 뒤면 그의 생일이 될 것이고 그것은 반드시 일어날 일이다. 두 번째 가능 조건은 이미 존재하는 행동을 활용하는 것이다. 이것은 인지하기 더욱 어렵다. 만약 부모가 손톱 물어뜯기를 그치라고 했을 때 소년이 정말로 주의를 기울였다면, 그는 아마 그렇게 했을 것이다. 그래서 에릭슨은 지미가 계속 부모를 무시할 것이라는 가능 조건에 치료적 결과가 따르도록 했다. 일어날 가능성이 매우 큰 행동을 긍정적 방식으로 이용한 것이다. 에릭슨이 설명한 것처럼 이런 이중 속박은 지미가 스스로 손톱 물어뜯기를 그만둘 수 있는 기회를 만들어주었다. 그 결과 지미는 일곱 살이 되기 한 달이나 전에 손톱 물어뜯기를 그만두었다는 사실을 자랑스럽게 떠들었다.

이중 속박의 원리는 간단명료하다. 그러나 적용하기 위해서는 어느 정도 연습이 필요하다. 앞의 내용을 읽었다면 아이에게 시금치를 먹이려면 어떻게 단순 속박을 사용할지 알 것이다. 그렇다면 어떻게 이중 속박으로 바람직한 식습관을 촉진할 수 있을까? "접시에 있는 다른 음식을 충분히 먹기 전에는 시금치에 대하여 너무 많이 생각하지 말아야 해. 그런 다음에 네가 시금치를 한 입 먹을지 말지 이야기할 수 있을 거야." 음식을 먹을 때마다 아이는 시금치를 먹을 생각을 더욱 많이 하게 된다. 얼마나 많이 먹어야 시금치를 먹을 수 있을까? 아이가 부모를 설득하려고 음식을 먹으면 먹을수록, 접시에 있는 음식을 다 먹으려는 생각을 더욱 하게 된다. 이렇게 이로운 매복은 빠져나가기 쉽지 않은 심리적 상황을 만든다.

이중 속박을 치료에 이용하는 것은 환자가 맞닥뜨린 현재 상황을 인식하도록 하는 것만큼이나 간단하다. 환자는 애초에 치료를 받으러 오는 것을 선택함으로써 자신을 이중 속박의 함정에 빠뜨린다. 일단 그들이 문을 열고 들어오면 강압적으로 들어온 것이 아니라면, 그들이 진료실에 있기로 마음을 굳혔음에 틀림없다. 진료실에 있는 한, 환자는 무언가를 해야 한다. **진료 시간을 끝내는 가능 조건으로 치료적 변화를 제시하면 이중 속박이 만들어진다.** 이런 가능 조건은 세심한 문장으로 확립될 수 있다. 예를 들어 긴장한 환자에게 다음과 같이 말할 수 있다. "도움을 받기 위해 이렇게 자신의 약점을 드러내는 것은 큰 용기가 필요한 일입니다. 이 첫걸음을 내디딘 것만으로도 이미 3분의 2 만큼 승리하신 것입니다. 아마도 첫 번째 진료가 끝나면, **여기로 들어올 때만큼 초조하지 않을 거예요.**" 이 문장은 뻔한 말로 오인될 수 있다. 이는 환자가 당장 경험하고 있는 것과 딱 맞기 때문에 이중 속박("이 세션이 끝나면 상태가 나아질 것이다.")이 감지되기 어렵다.

이 절의 서두에 나오는 조니의 사례에서 그는 처음에는 에릭슨의 진료실에 들어오는 것을 저항했다. 그는 너무 피곤해서 자고 싶었고 집에 가는 것이 낫겠다고 불평했다. 에릭슨은 조니에게 자신이 말하는 것을 듣지 말고 잠들어서 진료의 목적을 실패로 만들어도 좋다고 했다. 조니는 기꺼이 진료실로 들어가서 깊은 최면적 수면에 들어갔고 그렇게 함으로써 나머지 치료 과정에 몰입하게 되었다.

문제의 본질이나 원하는 치료 결과와 같은 중요한 정보를 숨기는 정신과 환자로부터 정보를 이끌어내기 위해, 에릭슨은 이중 속박 기법을 사용하기도 했다. 이런 상황에서 이중 속박을 만들어내기 위해서는 환자가 그 정보를 계속 쥐고 있는 것이 진전을 위한 가능 조건이 된다. 저항의 필요성이 결국 환자가 치료를 따르는 것을 보장한다. 예를 들어 에릭슨은 그런 환자에게 정보를 한두 주 정도 더 숨기고 있으라고 요구했다. 이렇게 함으로써 환자는 권위적인 인물의 지시를 거부하는 동시에 치료를 위해 필요한 정보를 말하는 것이 허락되었다. 이 사례를 포함하여 이중 속박의 다른 모든 경우에서 인지해야 하는 중요한 점은 환자의 즉각적인 필요에 대한 완전한 수용이다. 이것이 바로 치료적 이중 속박을 활용의 한 과정으로 만드는 본질적인 측면이다.

치료에서 이중 속박을 사용할 수 있는 기회는 다양하다. 환자에게 증상을 보여 달라고 요청할 때마다. 이중 속박이 만들어진다. 환자는 이해받고자 하기 때문에 아마도 다음의 내용을 인식하기 어려울 것이다. 만약 환자가 무엇인가를 시작할 수 있다면 언젠가는 그것을 끝내기로 결정해야만 한다. 의도적으로 시작한 것은 의도적으로 끝나야만 한다. 쇼트는 이 논리를 공황 발작으로 도움을 받으러 찾아온 한 여성에게 설명했다. 공황 발작은 지난 5년 동안 매일 밤 발생했다. 그녀는 치료를 한 번 받을 돈만 있다고 했으며 자신이 생각하기에 신체적 질병에 심리치료가 효과가 있을지 의문이라고 했다. 최면 중에 안전하게 잠깐 동안 공황 발작을 일으켜 볼 것을 권유하자, 그녀는 그 말을 듣고 공포에 질렸다. 쇼트는 이렇게 하는 것이 왜 도움이 되는지 설명했다. 그러나 그녀가 논쟁에서 이겼고 **최면 세션이 끝날 때까지** 의도적인 공황 발작에 관한 이야기는 하지 않기로 했다. 그녀는 크게 안도했다. 그녀는 빠르고 깊게 트랜스에 들어갔다. 그러면서 그녀가 알기로 공황 발작을 만들 가능성이 높은 조건이 만들어졌다. 눈을 감고 불이 꺼진 채로 뒤로 기댄 자세였다. 그러나 공황 발작을 유도하는 최면 제안은 하지 않았다. 트랜스에서 깨어난 뒤 그녀는 쇼트가 공황 발작을 일으키려는지 보려고 그가 하는 모든 말을 주의 깊게 들었다고 말했다. 결과적으로 그녀는 자신이 공황 발작을 일으키지 않기를 **선택**할 만한 의지와 회복탄력성을 갖고 있음을 **증명했다**. 이것은 그녀가 치료자의 요청에 따르는 것을 주저했던 점을 활용한 것이다. 그날 밤 그녀는 공황 발작을 겪지 않았고 다른 날에도 그랬다. 몇 달 뒤에 그녀는 최면으로 다른 문제도 도움을 받고자 방문을 예약했다. 잘 쓰인 이중 속박은 뉴욕 양키즈의 전직 포수였던 로렌스 (요기) 베라가 설명한 것처럼 **갈림길과 같다**. "결국에는 같은 곳에 도착하기 때문에 어떤 길을 선택할지는 중요하지 않다."

다른 사람에게 영향을 주려는 시도는 그를 조종하려는 것처럼 보일 수도 있다. 하지만 치료적 이중 속박은 조종 위주의 기법이 아니다. 이중 속박은 타인에게 강요하려는 것이 아니다. 만약 그럴 경우 이중 속박은 결코 빠져나갈 수 없는 처벌이 되어 다음의 말과 같은 유해한 상황을 만든다. "해도 망하고 안 해도 망했다." 이와 반대로 치료적 이중 속박은 환자의 개인적 관심사에 맞춰 만들어진다. 치료적 이중 속박에 걸린 환자는 어떤 요구에 따르도록 강요받았다고 느끼지 않는다. 결국 이중 속박에 기여하는 치료적 목표를 정하는 것은 환자 자신이다.

치료자가 바람직한 태도를 가지고 있다면, 이중 속박은 환자의 결정 권리를 확장하는 것으로 보인다. 이중 속박을 효과적으로 만드는 것은 치유를 향한 환자 자신의 헌신의 힘이다. 그런 것이 없다면, 치료자의 말은 그저 무시될 것이다. "들어가며"에 쓴 것처럼,

치유란 개인에게 강제하는 것이 아니다. 치료적 이중 속박은 반대로 환자가 원하는 결과를 향한 다양한 길들 중 하나로 제공된다. 정확히 사용한다면 그것은 환자가 지닌 변화를 향한 힘을 명시적이거나 암묵적으로 실현할 기회가 된다.

또 다른 중요한 요소는 확립한 가능 조건의 중요성이다. 가능 조건은 확신을 주며 신뢰할 만한 것이어야 한다. 그것은 환자의 논리에 흥미를 끌어야 하며 예측대로 발생할 변수에 의해 시작되어야 한다. 이것이 아마도 에릭슨이 증상 복합체 그 자체를 향상을 위한 가능 조건으로 자주 사용하는 이유일 것이다. 사라지지 않을 문제보다 더욱 신뢰할 만한 것이 있을까? 아마 없을 것이다. 환자의 증세가 불가피하게 재등장하는 순간을 두려워하기보다, 에릭슨은 본질적으로 원-윈인 역설의 결과를 즐겁게 기다렸다. 환자는 증상 행동을 반복하지 않음으로써 치료적 지시를 망칠 수도 있었는데, 이 경우 치료는 성공이다. 또는 환자가 증상 행동을 반복함으로써 치료에 협력한 결과로 그 행동이 더 이상 과거와 같지 않아지는데, 이 경우는 변화를 향한 추진력이 된다.

이 과정에 관한 에릭슨의 가장 직접적인 사례는 다음과 같다. 암으로 복통이 있었던 환자의 통증을 완화한 사례이다. 환자는 반복해서 찌르는 것 같은 통증을 경험했다. 에릭슨은 "한 번 찌르는 고통을 느낄 때마다 다리가 조금 따뜻해지는 것을 알아차릴 수 있을 것입니다. 한 번 찌르는 고통을 느낄 때마다 다리가 더욱 **편안하**

게 따뜻해지는 것을 알아차릴 수 있을 것입니다." 이 말의 목적은 환자가 몸의 한 부분에서 편안한 온기를 경험할 가능성을 알아차리도록 돕는 것이다. 에릭슨은 암이 없는 부위에서 편안함을 느끼는 과정이 시작되도록 하였다. 이러한 새로운 학습이 복부의 반복되는 증상 경험이라는 가능 조건을 따르도록 주어졌기 때문에, 복부에 관한 그의 인지를 변화시킬 가능성이 더욱 커졌다. 그 사람은 찌르는 고통 그리고 다리 한 쪽에서 온기를 경험할 수 있는 가능성, 그렇게 양쪽으로 속박되었다.

인격의 불쾌한 측면을 치료적 진전의 가능 조건으로 사용한 사례는 당연히 훨씬 복잡하다. 다음의 사례에서 에릭슨은 하나의 문제를 다른 문제와 경쟁하게 만들었다. 불면증이 있는 의사가 에릭슨을 찾아왔다. 환자는 에릭슨에게 다음과 같이 설명했다. "지금까지 12년 동안 저는 11시 30분에 잠자리에 누웠어요. 하지만 2시 30분쯤에 잠들어요. 그리고 4시쯤 깨어 이리저리 뒤척이곤 해요. 저는 그러지 않으려고 애쓰면서 점점 더 미쳐가요. 사는 게 점점 비참해져요. 아내도 제가 뒤척이며 잠이 오지 않는다고 욕하는 것을 참을 수 없어서 저와 같은 침실을 쓰지 않으려고 해요. 저는 가족 모두와 사이가 나빠졌어요."

에릭슨은 그에게 젊은 시절의 삶은 어땠는지 물었다. 그는 열심히 공부하여 대학과 의학 전문 대학원을 졸업했다. 그는 영문학에 큰 관심이 있었다. 대학에 다닐 때, 그는 디킨스와 스콧을 모두 읽게 될 날을 고대했었다. 그가 얼마나 바빴고 그 책을 얼마나 읽고 싶어 했는지 알게 되자, 에릭슨이 말했다. "들어보세요. 선생님. 당신은 오랜 기간 진료를 해왔습니다. 그래서 대학에 다닐 때는 꼭 읽겠다고 다짐했지만, 당신은 너무 바빠서 그 책을 읽을 수 없었어요. 12년 동안이나 그렇게 매일 밤, 밤이면 밤마다 잠을 못 자면서 시간을 낭비하는데, 차라리 깨어 있으면서 혜택을 좀 보는 게 어떠세요? 벽난로 위에 램프를 두고 디킨스 책 한 권을 놓아주세요. 평소와 같은 시간에 잠자리에 들고 30분 안에 잠이 들지 않으면 일어나서 벽난로 앞에 서서 밤새도록 디킨스를 읽으세요. 자리에 앉지는 마세요. 자리에 앉으면 잠들게 될 것입니다. 밤새도록 거기 서서 디킨스를 읽는 것에 집중하세요. 하실 수 있습니다. 식당 종업원도 하루 종일 서있으니까요. 밤새도록 서 있을 수 있을 것입니다. **기껏해야 한 시간 반 정도 잠을 못 자는 것뿐이니까요. 그 정도는 괜찮을 것입니다.**"

의사는 에릭슨의 논리에 납득되었다. 첫 사흘 동안 그는 밤새도록 벽난로 앞에서 책을 읽었다. 그다음 사흘 동안은 밤새도록 잠을 잤다. 이렇게 하는 것이 그의 습관이 되었다. 결국 그는 디킨스의 책 모두와 스콧의 책 모두, 또 셰익스피어까지 모두 읽게 되었다. 그와 아내 그리고 아이들의 보고에 따르면 그는 가족생활에 훨씬 더 잘 적응하게 되었으며 진료도 훨씬 잘 볼 수 있게 되었다.

헤일리는 "시련 치료^{ordeal therapy}" 전략을 설명하려고 이 사례를 사용했지만, 에릭슨은 이것을 이중 속박 기법의 한 예로 들었다. 먼저 자기-처벌을 지향하는 환자의 성격 패턴에 대한 인정이 있었다. 이것이 첫 번째 문제였다. 잠을 자지 않는 것은 또 다른 문제였다. 그래서 에릭슨은 환자가 원한다면 언제든지 건설적으로 자기 자신을 처벌할 수 있도록 가능 조건을 수립했다. 에릭슨은 이렇게 설명했다. "그는 기회가 오면 자신을 '처벌'할 수 있도록 벽난로에 책 두 권을 놓아둡니다." 자신을 처벌하고자 하는 욕망도 유용하게 되었고 불면증도 유용하게 되었다. 그가 어느 방향으로 가든지 그는 성공하게 되어있었다. 이것은 이 절 앞부분에 설명한 것과 같은 공식이다. **바로 일어날 가능성이 매우 큰 생각, 느낌 또는 행동을 가능 조건으로 문제 해결 행동을 새로이 도입하는 것이다.** 이 기법의 치료적 가치는 통제의 환상에 있는 것이 아니라 환자 성격의 중요한 측면을 수용하고 **활용**하는 점에 있다.

앞의 사례에서 가장 중요한 특징은 문제 행동이 일어나도 참을 만할 뿐 아니라, 그것이 바람직한 것으로 변화한다는 것이다. 이와 비슷한 역동은 고통스러운 관절염으로 11년 동안 휠체어에 앉아서 지냈던 환자의 사례에서 볼 수 있다. 에릭슨은 극심한 관절염 통증이 미래에도 다시 나타날 것이라고 생각했기에 재발의 확실성을 가능 조건으로 지속적인 진전을 만들어낼 수 있었다. 그에게 7일간의 "휴가"가 주어졌고 그동안 그는 책을 읽으며 침대에 누워 있었다. 이런 이중 속박은 환자 자신의 논리에도 부합했고 자신에게 주어진 상황에 더욱 감사할 수 있도록 하였다. 그는 잔류 관절염 및 바쁜 일정 양쪽 모두에 속박되어 침대에서의 시간을 즐길 수 있었다. 이는 확실히 시작과 끝이 있는 사건이었다. 이 사실은 치료가 일시적인 효과만 있으며 결국에는 에릭슨을 만나기 전 상태로 돌아가리라는 잠재적으로 해로운 생각으로부터 그를 보호해 주었다.

실패는 무엇인가 노력했다는 뜻이다. 실패가 진전의 증거와 연결되면, 작은 실패에 대한 예측은 이중 속박이 된다. 136페이지에 설명된 캐시와의 작업은 이를 설명할 수 있다. 그녀는 참을 수 없는 고통을 겪고 있었다. 에릭슨은 그것을 줄일 수는 있었지만 완전히 없앨 수는 없었다. 이중 속박을 만들어낸 것은 끊임없는 **작은** 고통이었다. 이중 속박을 사용한 방식을 설명하며 에릭슨이 말했다. "그녀가 가슴에 통증을 느끼는 한, 몸의 다른 부위는 무감각해졌습니다. 그리고 그녀는 제가 다른 부위의 고통을 줄인 것처럼 가슴 부위의 고통도 사라지기를 계속 바라게 되었습니다. 그렇게 저는 캐시가 작은 고통에 주의를 기울이도록 하여 몸 전체의 고통을 무감각하게 경험하도록 했습니다. 나머지 부위에서 성공을 일으킨 것이지요." 의사는 그녀가 살 수 있는 날이 몇 달 밖에 남지 않았다고 말했었다. 그녀의 건강이 악화되는 것은 피할 수 없는 현실이었고 에릭슨은 "악화"를 활용하여 그녀의 진전을 촉진할 기회로 삼았다.

이중 속박의 사용에 관해 알아야 할 매우 중요한 점은 환자가 어떤 지시를 따르도록 "만들" 필요가 없다는 것이다. 치료적 시련을 거부하는 것을 가능 조건으로 성공이 일어날 수 있다. 베티 앨리스 에릭슨은 아버지에게 치과 의사에 대한 오랜 두려움을 극복할 수 있도록 도와달라고 요청했다. 건강한 치아를 가졌지만 그녀는 치과 의사에 대한 비이성적 두려움을 갖고 있었다. 그녀의 아이들이 치과를 방문할 나이가 되었을 때, 그녀는 그런 두려움의 모델이 되고 싶지 않다고 마음먹었다.

에릭슨은 그녀가 왜 이 두려움을 극복하고 싶은지 설명해보라고 반복적으로 말했다. 왜냐하면 지금까지 이것 때문에 불편한 적이 거의 없었기 때문이다. 아이들의 아빠는 치과 의사를 두려워하지 않았기 때문에 아이들이 그를 닮을 수도 있다고 말했다. 베티 앨리스가 그 문제로 걱정할 필요가 없는 이유는 아주 많았다. 그러나 그녀는 끈질겼다. 아이들이 이렇게 비이성적인 행동을 배우는 것을 진실로 원하지 않았던 것이다. 결국 에릭슨은 그녀를 도와 치과 의사에 대한 그녀의 두려움을 반나절 만에 영원히 해결해 주기로 했다.

먼저 에릭슨은 베티 앨리스가 그의 지시를 따르는 것에 동의하도록 했다. 지시는 다음과 같았다. "저는 치과에서 기절하는 사람입니다."라고 쓴 큰 팻말을 만들어라. 목에 걸 수 있도록 팻말에 끈을 달아라. 에릭슨은 가족 주치의와 일정을 잡고 그녀가 진료실에 들어갈 수 있도록 하겠다. 그리고 접수원에게 베티 앨리스가 정말로 기절하더라도 신경 쓰지 말고 혹시 걱정하는 다른 환자가 있다면 다 괜찮으니 신경 쓰지 말라고 말해주라고 하겠다.

에릭슨은 그녀가 기절한다고 해도 오랫동안 의식이 없지는 않을 것이며, 그 후 목에 팻말을 건채로 의자에 가서 앉을 수 있을 거라고 그녀에게 장담했다. "치과 의사를 말도 안 되게 두려워하는 증세를 하루 만에 치료할 수 있을 거야!" 그는 자랑스럽게 이야기했다.

베티 앨리스는 공포에 휩싸였다. "안 할래요!" 에릭슨이 대답했다. "그래." 그리고 뒤돌아서 걸어갔다. 베티 앨리스는 계속해서 공포에 휩싸여 있었다. "저의 아이들을 위해서 치과 의사 두려움 증상을 극복할 수 있게 도와주신다고 했잖아요!"

에릭슨은 뒤돌아서서 그녀를 바라보았다. "아이들을 도울 방법을 알려줬는데 네가 거절했잖니." 그의 입장에서 대화는 끝난 것이었다.

돌이켜볼 때 베티 앨리스는 이 개입을 훌륭한 성공으로 여기고 있다. 먼저 에릭슨은 그녀가 강한 동기를 분명히 갖도록 했다. 다음으로 그는 그녀가 목표를 달성할 수 있을 것이라고 장담했다. 그리고 그는 상황을 세 가지 선택지로 구성했는데, 그중에 둘은 받아들일 수 없는 것이었다. 그것은 그녀가 공공장소에서 굴욕을 당하는 것과 아이들을 도울 수 없는 것이었다. 세 번째 암묵적 가능성은 자신을 스스로 치유하는 것이었다. 에릭슨은 그녀가 세 번째 선택지를 고를 것을 확신했다. 그리고 이 선택은 에릭슨의 지시를 **거부하는 것**을 가능 조건으로 하였다. 그녀가 에릭슨에게 도움을 요청하기는 했지만, 베티 앨리스는 에릭슨이 자신을 고쳐주기를 원하지 않았다. 만약 그랬다면 아이들에게 주는 선물은 어머니가 아니라 에릭슨으로부터 오는 것이기 때문이다.

수년이 지나고 그녀는 에릭슨에게 왜 상황을 그렇게 구성했는지 물었다. 에릭슨은 그녀가 스스로 정답을 알아내리라고 믿었고 그 믿음에 기댄 것이라고 대답했다. "통했어. 그렇지?" 그는 확신에 차 웃으며 말했다.

에릭슨이 조니에게 사용한 이중 속박은 무엇일까? 에릭슨은 어떤 가능 조건에 치료를 연결했을까? 소년은 평생 오줌싸개였고 벌을 아무리 많이 받아도 멈출 수 없음을 알았다. 그래서 에릭슨은 더욱 강력한 치료적 속박을 선택해야 했다. 에릭슨은 다음과 같이 설명했다.

소년의 얼굴 형태, 손의 크기, 팔꿈치와 발뒤꿈치의 조직 밀도를 보니 더 많이 성장할 것을 알 수 있었습니다. 그의 어머니는 180센티미터의 키에 큰 골격을 갖고 있었으며 체격이 큰 여자였습니다. 조니는 그의 부모보다 키가 더 클 만한 가능성을 모두 갖추고 있었지요. 그래서 저는 조니에게 자신의 신체에 관한 다른 관점을 보여 주었습니다. 그가 체면을 살릴 수 있도록 말했습니다. "12년 만에 몸을 이 정도 키우는 것은 아주 많은 에너지가 필요했을 거야." 저는 그를 다정하게 "아이"라고 불렀습니다. 그는 자기가 겨우 5학년일 뿐이라는 것을 알고 있었습니다. 이중 속박은 새로운 이해와 새로운 생각을 제시하여 그것이 반박할 수 없는 방식으로 먼 미래와 연결됩니다. 조니는 나이를 먹을 것입니다. 그의 키는 더 커질 것입니다. 몸무게도 더 나가게 될 것입니다. 고등학교에 가게 될 것입니다. 대학에도 갈 것입니다. 저는 고등학교를 언급하지 않았는데, 왜냐하면 더욱 먼 미래의 일을 이야기해야 했기 때문입니다. 조니는 "오늘 밤에 오줌을 싸게 될까?"가 아니라 미식축구 선수가 될 것을 생각하며 집으로 돌아갔습니다.

조니는 키가 자라고 덩치가 커질 수밖에 없었다. 그것은 신체적 가능 조건이었다. 하지만 에릭슨은 또한 **심리적** 가능 조건을 영리하게 끼워 넣었다. 그것은 귀에 방울이 달린 흰 코끼리를 생각하지 말라는 것의 역설과 비슷하다. 그 생각을 하지 않으려면 그 이미지를 계속 떠올려야 한다. 그래서 에릭슨이 "그것은 내가 알 바 아니란다!"라고 말했을 때, 마른 침대를 떠올리는 것은 완벽한 확실함으로 바뀌었다. 에릭슨은 다음과 같이 설명했다. "그것은 남은 일생 동안 그와 함께 할 후최면 제안이었습니다." 남은 일생 동안 조니는 에릭슨에게 마른 침대를 이야기하지 않을 것을 기억해야 했고, 그렇게 하는 유일한 방법은 **늘 침대를 마른 상태로 유지**

해야 했다. 다시 말해 조니의 마음속 물음은 "오줌을 싸지 않을 수 있을까?"가 아니었다. 조니의 마음은 "어느 날 밤일까?"라는 질문과 "영원히 마른 침대를 볼 수 있다면 에릭슨 선생님께 뭐라고 말할까?"라는 질문을 떠올렸다. 치료에서 조니의 계속된 진전은 이런 물음에 대한 답을 찾아나가는 확률에 달려있었다. 이런 심리적 가능 조건이 왜 그렇게 중요했을까? 에릭슨은 다음과 같이 설명한다. "치료는 참여적인 것이다. 그래서 치료자는 환자가 동참하도록 해야 한다." 이 사실을 이해하는 것이 활용 전략의 핵심이다.

사소한 문제의 활용

활용의 가치 중 하나는 그것이 어디에 적용되어도 괜찮다는 점이다. 누군가의 강점뿐 아니라 약점도 활용할 수 있다. 어떤 경우에는 애초에 임상적 문제가 아닌 사소한 단점을 이용하는 것이 도움이 된다. 부가적인 문제를 쉽게 고칠 수 있다면 의미 있는 출발점을 만들 수 있다. 이 절의 사례에서 에릭슨은 사소한 문제의 해결을 이용하여 더 복잡한 임상적 문제를 치료하기 시작하였다.

앞에서 설명한 활용 기법들과 비슷하게 환자가 사소한 문제의 치료에 긍정적으로 반응할 때 아주 세밀하고 암묵적인 속박이 만들어진다. 오랫동안 외판원들은 "제 제품을 그냥 보여드리기만 해도 될까요?"라는 말로 시작하는 악명 높은 '문간에 발 들여놓기'

기법을 사용해왔다. 누군가에게 커다란 요구를 따를 것을 요청하기 전에 그들은 먼저 작은 것을 요구한다. 연구에 따르면 사람은 작은 요구에 동의한 후에는 큰 요구에 따를 가능성이 커진다. 여기에 암묵적인 속박이 있다. 최초의 요구를 성공적으로 수행한 뒤에 사람은 자신이 어떤 특성을 지니고 있다고 여기게 된다. 치료에서 사소한 문제의 해결에 긍정적으로 반응한 환자는 자신이 치유될 수 있다고 여길 뿐 아니라 일관성을 유지하기 위해 치유 과정에 속박된다. 치알디니(Cialdini)는 이것을 일관성의 법칙이라고 불렀다. "어떤 지위에 자신을 올려놓으면, 그 지위에 어울리는 행동에 대한 요구를 더욱 따르려고 한다." 치알디니는 이 법칙을 소개하면서 레오나르도 다 빈치를 인용했다. "처음에 저항하는 것이 끝에서 하는 것보다 쉽다."

사소한 문제의 활용 기법은 임상가가 일상적인 어려움의 한 가지 문제를 성공적으로 해결하여 더 복잡한 문제를 해결할 수 있는 환자 자신의 역량을 인식하도록 한다. 그럴 때 노력의 초점은 주요한 임상적 문제가 아니라 사소한 문제에 맞추어진다. 이 기법이 가장 효과적이려면 사소한 문제의 선택은 환자 자신이 개선할 필요가 있다고 믿는 것을 바탕으로 해야 한다. 이 기법에 관한 가장 설득력 있는 설명의 하나는 활용에 관한 에릭슨의 논문에서 찾아볼 수 있다. 한 아홉 살 소녀의 부모가 에릭슨에게 연락했다. 왜냐하면 소녀가 읽기, 쓰기, 산수에서 낙제를 하고 있었기 때문이다. 아이는 또한 사회성도 부족했고 움츠러들어 있었다. 학교에서의 경험을 물었을 때, 소녀는 방어적인 태도로 화를 내거나 울면서 대답했다. "저는 그냥 아무것도 할 수 없어요." 어느 정도 조사를 한 후에 에릭슨은 소녀가 이전에는 성적이 좋았으나 놀이터에서는 그다지 성공적이지 못하다는 것을 알았다. 사회적 상황에서 소녀는 서툴렀고 우물쭈물했으며 어색했다. 그러나 소녀의 부모는 오직 성적만을 걱정했다.

소녀가 진료실에 오지 않으려고 했기 때문에 에릭슨은 저녁마다 소녀의 집에서 아이를 만났다. 공기놀이나 롤러스케이팅, 줄넘기를 하는 여자아이들을 그녀가 좋아하지 않는다는 것을 알게 되자, 에릭슨은 소녀가 공기놀이하는 법을 배우도록 유도했다. 삼 주가 지나기 전에 소녀는 훌륭하게 잘 할 수 있게 되었다.

소녀의 부모는 에릭슨이 성적에 관해서는 신경 쓰지 않아서 불쾌했다. 그럼에도 불구하고 에릭슨은 다음 삼 주 동안 소녀가 롤러스케이트를 잘 탈 수 있도록 가르쳤다. 다음으로 소녀는 줄넘기를 배웠다. 이것은 한 주 밖에 걸리지 않았다. 다음으로 에릭슨은 소녀와 자전거 경주를 했는데 소녀가 이겼다. 에릭슨은 다음과 같이 보고했다. "그것이 마지막 치료 면담이었다. 아이는 즉각 그 학년의 공기놀이와 줄넘기 챔피언이 되었다. 그리고 성적도 비슷하게 향상되었다." 학교를 모두 끝마쳤을 때 그녀는 전국 우등으로 졸업하였다.

이 사례에서 볼 수 있는 것처럼 에릭슨은 소녀가 수행 불안을 겪었던 다른 영역을 활용하여 성취에 대한 기대를 만들었다. 에릭슨과 함께 경험한 최초의 성공이 새로운 자아상을 만들었고 삶의 다양한 영역으로 일반화되었다. 소녀가 지속적으로 나아가는데 기여한 핵심적인 요소는 (1) 치료 과정에 대한 능동적 참여, (2) 노력이 필요한 일을 하도록 요청받은 사실, (3) 그녀의 승리를 오빠를 포함한 다른 사람이 지켜보았다는 사실, (4) 에릭슨이 요청한 과업을 수행할 내적 동기를 느꼈다는 사실 등이다. 이는 일관적인 반응 패턴을 얻어내는 것에 중요한 요소로 사회심리학자들이 설명한 네 가지 역동과 동일하다. 치료적으로 사용하면 이런 역동은 지속적인 진전을 낳을 특별한 희망을 만들 가능성이 크다. 이 기법의 광범위한 영향력은 매우 유용하다.

증상 처방

◆ 사례 : 익 소리를 냈던 소년

일곱 살 소년 윌리엄은 반복되는 음성 틱 장애가 있었다. 일 분에 한 번씩, 하루 종일 "익, 익" 소리를 냈다. 그의 어머니와 아버지 그리고 선생님은 잦아들지 않는 이 행동 때문에 불편했다. 그가 이런 소리를 내는 이유를 모두가 알고 싶어 했다. 도움을 요청받은 에릭슨은 윌리엄의 집을 방문했다. 그리고 윌리엄에게 방으로 들어가서 한 번이 아니라 두 번씩 윽 소리를 내라는 의학적 처방을 내렸다. 그가 방에서 나와도 좋다는 허락을 받을 때까지 그렇게 해야 했다. 처음에는 저항했지만 결국 그는 일 분에 두 번씩 "윽" 소리를 내기로 했다. 일 분에 두 번씩 소리 내기를 하루 종일 연습하고 나서, 에릭슨은 그에게 시간을 보라고 했다. 그리고 만약 그가 일 분에 두 번씩 "윽" 소리를 내지 않으면 방으로 돌려보낼 것이라고 말했다. 다음날 그는 일 분에 세 번씩 "윽" 소리를 내라는 요청을 받았다. 그 다음은 일 분에 네 번이었다. 에릭슨은 이 행동이 연구하고 점검할 필요가 있어서 그렇게 해야 한다고 말했다. 그가 왜 "윽" 소리를 내는지 이해하는 것이 중요하다고 윌리엄을 안심시켰다. 소년은 에릭슨이 자신의 행동을 연구하는데 그렇게 많은 시간이 필요하다니 그는 아주 멍청하다고 느꼈다. 일주일이 되지 않아서 윌리엄은 그 버릇을 통제할 수 있었고 다시 반복하고 싶지 않았다. 몇 년 후에 그의 부모님은 그가 "윽" 소리를 멈췄을 뿐 아니라 다른 어떤 증상도 생기지 않았다고 말했다.

> "때때로 누군가 틀렸다는 것을 그에게 납득시키는 최선의 방법은 그가 자신의 방식대로 행동하도록 내버려 두는 것이다."
> — 레드 오도넬

"**처방**"이라는 단어는 보통 의사의 지시로 **일상생활**에서 회복을 위한 **신체적 활동**을 하는 것을 뜻한다. 이는 쓴 약을 (때로는 달콤한 약도 있지만) 삼켜야만 하는 현대 의학의 의식^{ritual}이다. 플라시보 치료에 관한 수십 년의 연구에서 볼 수 있는 것처럼 이러한 의식은 심지어 약물이 존재하지 않을 때도 치유를 불러왔다. 마찬가지로 심리치료에서는 환자가 치료에 적극적으로 참여하도록 하여 치유 과정에 동참하도록 하는 행동 지시가 내려진다. 진료실에서 시작한 치료는 결국 일상생활에 적용해야 한다. 이런 이유로 에릭슨은 종종 진료실 밖에서 수행할 과제를 주곤 했다. 이는 치료에서 달성된 학습을 다른 상황으로 일반화하는 한 가지 방법이다. 이것은 또한 변화와 진전에 대한 기대에 몰입하도록 하는 수단이기도 하다.

증상의 처방으로 이루어진 행동 지시가 바람직하지 않은 행동을 반복해서 수행하도록 할 때, 그러한 몰입의 과정은 훨씬 더 깊어진다. 자신이 억누르기 힘든 무언가를 오히려 하도록 요청받는다면, 벗어나는 것이 불가능한 행동 패턴 이외의 다른 것을 할 필요가 없다. 그 지시의 암묵적 메시지는 환자는 **자기 자신이 될 수 있고 또 그래야 하며 스스로 멈출 수 없는 행동을 더욱 많이 함으로써** 치유를 향해 전진할 수 있다는 점이다. 이 상황에서 치료적 변화는 계획에 협조하여 발생하는 것이 아니라 환자가 경험한 학습의 부산물이다. 이 특별한 이중 속박은 증상 처방을 독특하고 고도로 발전된 활용 기법으로 보게 만든다.

다양한 임상 문헌에서 "증상 처방"이라는 용어는 "역설", "역설적 의도" 그리고 "역설적 지시"와 같은 다른 용어와 함께 사용된다. 이런 개념은 대략 비슷하다. 그러나 역설의 종류에 따라 세부적인 차이가 있는데 이 절에서 이어서 소개될 것이다. 이 중에서 "증상 처방"이 일반적인 절차를 가장 정확하게 설명하며 수많은 변형과도 잘 어울린다.

에릭슨은 역설을 성공적으로 사용한 유일한 임상가는 아니었지만, 증상을 처방하는 여러 방법을 찾아낸 가장 창조적인 사람 중 한 명이었다. 에릭소니언 문헌에서 설명하는 방법 중에는 증상 일정scheduling, 증상 과장embellishment, 증상 이동displacement 그리고 증상 대체substitution가 있다. 이들 모두는 변화가 일어날 수 있도록 증상을 어떤 방식으로 계속 경험하도록 하는 역설적인 지시를 내린다는 공통점이 있다. 이 중 두 가지는 이 절의 처음에 소개된 사례에서 볼 수 있다. 증상을 처방하면서 에릭슨은 그것이 더욱 자주 일어나도록 **과장**하였다. 그리고 그는 시계를 보면서 **일정**에 정확히 맞도록 "익" 소리를 내는 것의 중요성을 강조하며 증상 일정을 잡았다. 그리고 "익" 소리의 일정을 더욱 증가시킴으로써 그것을 더욱 과장했다. 증상 과장을 하는 또 다른 방법으로는 증상의 강도를 증가시키는 것, 증상의 지속 시간을 늘리는 것 그리고 증상 패턴을 복잡하게 하는 것이 있다. 음성 틱 장애를 가진 소년의 사례에서처럼 에릭슨은 증상 과장과 증상 일정을 사용하여 증상을 시련으로 바꾸었고 그 결과 증상은 더 빨리 소멸되었다.

세 번째 변형인 **증상 이동**은 외부 사물을 구체화한다. 고전적인 사례는 에릭슨이 한 여성의 비행기 공포증을 의자에 남겨 두도록 한 것이다. 그녀에게는 증상 이동이 아주 현실적이어서 다른 사람이 그 의자에 앉지 못하게 했다. 증상 이동의 개념이 처음에는 다소 대단한 것으로 보일 수 있다. 그러나 사람이 **투사**projection라는 방어 기제를 사용한다는 생각을 받아들인다면 이 기법은 자연스러운 경향을 활용한 것으로 볼 수 있다. 투사는 받아들일 수 없는 생각, 감정, 혹은 행동을 다른 사람의 탓으로 만들어 거기서 벗어나려는 자발적인 수단이다. 투사가 어떤 사람을 향하는 것이 아니라 의도적으로 죄 없는 사물을 향할 때, 사회적 문제를 만들지 않고 진전이 달성되도록 증상은 처방되고 이동된다.

이 기법의 마지막 변형인 증상 대체는 **증상 경험**의 위치나 위상을 바꾸라는 지시이다. 환자에게 증상을 몸의 다른 부위에서 혹은 다른 물리적 특성으로 경험하도록 지시하는 것이다. 이 기법은 증상 복합체의 자투리를 약간 남겨둘 필요가 있다고 여겨지는 사례에서 흔하게 사용된다. 예를 들어 한 학교 선생님은 늘 장전된 총을 들고 다니려는 충동이 있었다. 에릭슨은 그녀에게 핸드백 안에 죽음을 상징하는 것을 **지녀야 하니**, 그녀가 어디에 가더라도 장전된 장난감 딱총을 가지고 다니라고 하였다. 이는 증상의 위상을 바꾸어 학부모나 다른 선생님을 놀래지 않게 할 것이다.

또 다른 흥미로운 사례에서 에릭슨은 단지 조언자로 참여했다. 한 임상가가 심인성 팔 마비 증세를 가진 어떤 군인을 돕게 되었다. 최면을 사용하여 군인은 마비 증세를 전부 새끼손가락으로 경험하라는 지시를 받았다. 이렇게 마비 증세는 총을 쏠 수 있는 그의 능력을 방해하지 않게 되었다. 마비 증세가 "대체"되었다기보다는 "이동"된 것이라고 주장할 수 있으나, 여기에서 위치의 변화는 한 종류의 마비가 다른 종류로 대체된 것을 포함하였다. 아무튼 최종 결과는 본질적으로 역설적이다. 군인은 자신의 문제에서 잔여물을 약간 남겨두어야 한다는 말을 듣고서야 진전을 보이기 시작했다.

증상 처방의 본질은 단지 이전에 받아들일 수 없었던 행동, 생각, 혹은 느낌을 의도적으로 받아들이는 것이다. 하지만 위에 나열한 증상 처방의 변형을 사용하면 이 기법은 더욱 강력해진다. 이것은 환자의 습관적 반응 패턴을 약간 변화시킬 기회를 마련한다. 증상 행동 패턴에 증상 과장과 같이 무엇인가를 약간 더해 줌으로써 변화의 미묘한 과정이 시작된다. 증상이 눈에 띄지 않는 방식으로 점차 수정되면서 진전 전략이 문제 행동의 치료적 활용과 결합된다. 이런 전략 복합체는 환자를 1센티미터 움직이게 할 수 있다면 그것이 지속적인 성장 과정을 시작한다는 에릭슨의 말을 떠올리게 한다. 치료에서 환자의 고통이 점차적으로 줄어드는 것이다.

에릭슨은 1930년대 처음으로 역설에 관해 실험하기 시작했다. 이때는 의미 요법의 창시자인 빅터 프랭클이 역설적 의도에 관한 개념을 따로 발전시키고 있었다. 에릭슨과 비슷하게 프랭클은 모든 것이 불가능해 보이는 곳에서 역설이 환자에게 선택의 기회를 준다고 주장했다. 프랭클은 다음과 같이 말했다. "…사람은 결코 단지 유전과 환경의 산물이 아니다. 결정이라는 세 번째 요소가 있다. 사람은 궁극적으로 자기 자신의 일을 결정한다! 그리고 결국 교육은 결정 능력을 향한 교육이어야 한다." 유머와 증상 과장을 결합하여 사용함으로써 프랭클은 환자가 자기 분리, 즉 "자신의 신경증으로부터 스스로 거리를 둘 수 있도록" 하였다. 프랭클과 대조적으로 에릭슨이 증상을 역설적으로 활용하는 방법은 고도로 개인화된 방법이었다. 에릭슨의 기법은 실존주의적 원칙보다는 환자 개인의 목표와 목적에 연결되어 있다.

어떤 환자는 강력한 권위적 존재의 노력에 반항하려는 숨은 의도를 갖고 있다. 누군가는 유명한 의사처럼 강력한 인물에게 반항하는 경험으로 힘이 난다. 이는 어쩌면 변화를 일으키는 사건일 수 있다. 임상가의 변화 원칙이 이를 타당하다고 보지 않는다면, 환자와 치료자 모두 아무런 이득이 없는 은밀한 권력 투쟁에 빠질 가능성이 크다. 이런 조건에서는 환자가 무엇을 하지 않는가가 더 중요하게 여겨진다.

예를 들어 가족 치료에서 거식증에 걸린 한 소녀에게 그녀의 병이 가족에게 중요한 "안정화" 기능을 하고 있으니, 그녀는 계속 음식을 거부해야 한다고 이야기할 수 있다. 이전에 그녀는 억지로 음식을 먹이려는 부모의 노력에 반항하고 있었다. 이제는 그녀가 계속해서 음식을 거부하라는 치료자의 지시에 반항할 것이 기대된다. 다음 세션에는 잘 먹은 상태로 돌아오기를 바라는 것이다. 이는 증상의 이차적 활용이다. 더 확실하고 주요한 것은 환자가 지닌 저항의 욕구를 활용한 것이다. 이차적 활용 기법이 반항적인 환자의 비자발적 행동을 통제하도록 도와주지만, 권위적인 인물을 따르고 칭찬을 들으려는 환자의 경우에는 그 욕구를 채워주지 못한다.

증상의 이차적 활용과는 반대로 주된 활용에서는 환자가 증상으로 **무엇을 하는가**가 더욱 중요하다. 증상 처방을 사용하여 치료자는 증상 행동을 받아들이고 무엇인가 유용한 결과를 만들어낸다. 로리에도Loriedo는 다음과 같이 설명했다. "…역설은 치료자가 거부할 것이라고 환자가 예상했지만 받아들이는 것을 의미한다. 환자를 놀라게 하는 것이다. 증상의 좋은 부분을 찾음으로써 환자는 당신을 거절하는 대신 긍정하게 된다." 증상을 처방할 때 에릭슨은 종종 행동 패턴을 원하는 결과를 향한 수단으로 **바꾸는** 방법을 찾아냈다. 이를 위하여 그는 환자의 목표와 욕구를 완벽하고 정확하게 이해하기 위해 공을 들였다. 그래서 그는 환자가 주관적으로 원했지만 달성할 수 없던 것에 더욱 가까이 가게 할 수 있었다. 그리고 환자 자신의 방법으로 이를 달성하도록 했다. 가장 효과적인 치료적 기법이 그렇듯, 증상 행동이 잠재적으로 유용하게 재해석되면서 방향 전환이 일어난다.

이러한 증상의 주요 활용은 일생 동안 야뇨증 전력을 갖고 있던 부부에게 의도적으로 침대에 오줌을 싸도록 치료적 시련을 주었던 에릭슨의 증상 처방 사례에서 잘 드러난다. 두 사람은 매우 신

양심이 깊었고 권위에 아주 순종적이었으며 자신의 행동에 매우 큰 부끄러움과 당혹감을 느끼고 있었다. 환자의 이런 점에 주목하는 것이 중요하다. 당혹감이 너무 커서 그들은 서로에게 오줌을 싼 일을 말하지 않았다. 서로에게 야뇨증이 있음을 둘 다 몰랐던 것이다. 에릭슨은 다음과 같이 설명한다. "그들은 첫날밤, 첫 부부 관계 후에 끔찍한 두려움과 절망으로 잠들게 되었습니다. 다음날 아침 그들은 젖은 침대에 관해 아무 말도 하지 않았지요. 그리고 상대의 관대함에 고요하고도 깊은 감사를 느꼈습니다." 에릭슨은 5주간에 걸쳐 종교적인 마음가짐으로 침대에 무릎을 꿇고 함께 앉아 깨끗한 침대보에 오줌을 싸는 치료적 시련을 처방함으로써 이러한 자기희생정신과 참회에 대한 그들의 욕구를 활용하였다. 이를 통해 결국 그들은 참을 수 없는 수치심으로부터 벗어날 수 있게 되었다. 이런 지시를 내리기까지는 많은 시간이 걸렸고 부부가 실제로 어떻게 하라는 말을 듣기 전까지 세심한 준비가 필요했다는 점에 주의해야 한다. 에릭슨은 그들에게 이 방법에 관하여 한 주 동안 생각해 보라고 말했고, 그들이 만약 그가 말한 대로 정확히 지시를 따른다면 치료비를 받지 않겠다고 했다.

저항에 대처하는 증상의 이차적 활용과는 대조적으로 이 사례는 부부가 요청받은 것을 행하는 것이 중요했다. 이 시련으로 함께 고통받은 이후, 그들이 공유한 경험의 특수성이나 그 행동을 동시에 멈추고자 하는 준비성은 의심의 여지가 없었다. 결국 어느 한쪽이 그 행동을 성공적으로 멈췄을 때, 다른 쪽이 계속했다면 매우 수치스러운 일이었을 것이다. 그 증상 처방은 문제가 해결되고 한참이 지나서까지도 부부의 결속과 특별한 정체성을 다시금 확인해 주었다.

대부분의 환자가 치료적 활용에서 혜택을 보지만, 모든 환자가 증상 처방의 좋은 후보는 아니다. 불치병으로 배우자를 곧 잃게 될 아내의 경우처럼 갑자기 어려운 삶의 상황에 던져진 사람에게는 보다 지지적인 종류의 기법이 필요하다. 마찬가지로 전문가의 외부적 의견을 찾고 있는 사람은 자신의 문제를 더욱 많이 경험하라는 이야기를 들을 필요가 없다. 위험하거나 위협적인 행동을 보이는 사람은 증상 처방의 좋은 후보가 아니다. 로리에도는 이렇게 설명한다. 자살하려는 사람에게 역설적 처방을 사용하는 것은 위험하고 어리석은 일이다. 누군가에게 자살을 실행하라고 하는 것이 좋은 생각일 가능성은 거의 없다. 능숙한 상담자는 자살을 고려하는 사람에게 수행이 거의 불가능한 명령을 주곤 한다. 하지만 이것이 증상 처방과 혼동되어서는 안 된다. 예를 들어 베티 앨리스 에릭슨은 한 환자에게 자살을 하기 전에 일생 동안 모아둔 돈을 다 써야만 한다고 말했다. 그녀는 그가 돈에 관하여 과도하게 인색하다는 것과 그런 제안에서 섬뜩함을 느끼리라는 점을 알고 있었다. 그는 크게 화를 내며 지시를 거부하였고 12년이 지난 지금도 잘 지내고 있으며 더욱 많은 돈을 저축하였다. 그는 극단적인 행동을 하라는 지시를 받았지만 그것이 죽음을 초래할 만한 것은 아니었다.

학대 관계, 알코올 중독, 혹은 경계성 인격 장애를 수반하는 경우에서 흔히 볼 수 있는 것처럼 성격 장애가 있는 경우에 증상 처방을 사용하려면 특별한 주의가 필요하다. 성격 장애가 있는 사람은 종종 다른 종류의 치료가 필요하다. 성격 장애를 치료할 때는 내적 갈등을 줄이기보다는 치료의 목적이 내적 관찰과 자의식의 강화를 포함해야 할 수 있다. 이런 이유로 그리고 안전상의 문제로 증상 처방은 보통 적절하지 않다.

증상 처방은 환자 스스로는 줄이거나 제거할 수 없다고 생각하는 주관적 문제를 다루기에 유용한 수단이라는 것이 증명되었다. 겉보기에 **비자발적인** 행동에 관한 **특정한** 불편함을 호소하는 환자는 강렬한 내적 갈등을 겪고 있을 가능성이 크다. 즉 암묵적 욕구와 표면적 욕구 사이에서 선택의 여지가 박탈당하는 고통인 것이다. 내적 갈등의 한 형태인 양가감정의 경우 역설을 사용하여 선택을 경험할 기회를 제공할 수 있다. 연구 결과를 검토하면서 프랭클은 역설적 의도가 강박 신경증이나 공포증에 효과가 있음에 주목했다. 이런 환자는 공포와 회피의 악순환에 빠지는 경향이 있으며 이는 문제 행동을 강화한다. 일단 그 행동이 받아들여지고 나면 악순환은 깨진다. 같은 방식으로 오한론 O'Hanlon 은 환자가 증상을 피하거나 제거하려 할 때 증상의 빈도가 오히려 늘어난다면 증상 처방이 아마도 적절할 것이라고 제안했다. 마찬가지로 환자가 목표를 달성하려고 노력하지만 그것이 점점 더 멀어져 간다면, 이것은 증상 처방을 사용할만한 또 다른 좋은 신호이다.

증상 처방이 효과가 있으려면 문제 상황의 밑바탕이 되는 역동을 완전히 이해하는 것이 필수적이다. 어떤 경우에는 처음에 해결책으로 보이는 것이 실제로는 단지 문제의 또 다른 변형일 수도 있다. 다음의 사례는 핵심적인 문제를 인지하기 어려운 경우에 사용된 고도로 복잡한 형태의 증상 처방이다.

◆ 사례 : 인지된 발기부전

자신이 발기부전이라고 지나치게 걱정하던 한 남자가 에릭슨을 찾아왔다. 에릭슨은 이것이 진짜 문제라고 믿지 않았다. 그리고 그에게 특정 시간에 발기가 될 것이라고 경고했다. 그것은 아내가 곤란한 시간일 것이고 그가 **어찌할 수 없는 시간**일 것이라고 말했다. 세션이 끝난 후, 곤란한 시간에 발기를 겪고 나서 그는 에릭슨에게 발기부전이 아니라고 인정했다. 에릭슨은 다음과 같이 물었다. "당신이 발기 부전이라는 잘못 판단한 생각 아래에 숨겨야 했던 아주 어려운 문제는 무엇인가요?" 남은 시간은 그가 가정이나 직장에서 활동하는 데 영향을 거의 미치지 않을 추상적인 문제로 주의를 향하는 것에 사용되었다.

그 남자는 자신이 장애를 갖고 있을지 모른다는 생각에 신경증적으로 사로잡혀있었다. 처음에 그 생각의 기준점은 성기였다. 여기서 발전된 것은 어떤 중요한 순간에 성기가 그를 실망시키고 당황하게 할 것이라는 두려운 예상이었다. 에릭슨은 이 예상의 폭을 넓혀서 그의 수행 불안이 어느 시간, 어느 맥락에서든 나타날 수 있는 기회를 만들었다. 그렇게 증상은 처방되었을 뿐 아니라 과장되었다.

발기부전 문제를 해결하기 위하여, 에릭슨의 환자는 바지 속에서 예상치 못한 행동이 일어날 수 있다는 점을 인지해야 했다. 곤란한 시간에 일어난 발기는 그가 예전에 두려워했던 발기가 되지 않는 상황을 오히려 원하도록 만들었다. 그는 자신의 성적 행동을 문제라고 볼 필요가 없었음을 이해할 필요도 있었다. 발기부전을 그저 사소한 문제로 재구성함으로써 자신이 심각한 문제를 갖고 있다고 여기려는 필요 또한 활용되었다. 앞에서 이해한 것처럼 사소한 문제를 성공적으로 해결한 후 남자는 이제 다음 치료적 문제를 해결하는 것에 심리적으로 전념하게 되었다. 이미 한 가지 치유가 성공했기에 에릭슨은 환자가 다음에 풀어야 할 임상적 문제를 고르도록 했다. 그리고 신경증에 대한 무해한 추구로 이어졌다. 사소한 문제를 해결하고 더 "깊은" 문제를 해결하자, 더욱 큰 회복탄력성이 확립된 것이다.

활용의 일반적 적용

의사와는 대조적으로 상담가의 가장 중요한 도구는 자신의 마음과 몸이라는 이야기가 있다. 하지만 이는 이 책이 취하는 관점이 아니며 에릭슨의 강의 주제도 아니었다. 반대로 에릭슨은 치료에서 가장 중요한 도구는 환자 자신이며 진전을 촉진하는 데 필요한 재료를 주는 것은 환자의 일생동안의 학습과 경험이라고 주장했다. 이제는 40년 동안의 통제된 결과 연구에 힘입어 변화 과정에서 환자의 중심적인 역할을 인식하는 것이 대단히 중요하다는 점은 매우 납득할 만하게 입증되었다.

에릭슨의 치료적 접근법에서 활용이 그토록 근본적인 이유는 환자가 중심적 역할을 담당하기 때문이다. 치료자가 이런 태도를 지닐 때 환자의 결함은 맞서 싸워야 할 어떤 것이 아니라 진전을 향한 길이 된다. 게다가 환자는 치료자가 자신을 받아들일 뿐만 아니라 이미 존재하는 자신의 능력을 진전을 위한 바탕으로 사용하기를 원한다는 점을 인식하기 시작한다. 이는 쉽게 사라지지 않는 내부 지향의 희망을 촉진한다.

활용의 논리를 따르는 임상적 판단을 위한 질문에는 다음과 같은 것이 있다. "어떤 행동을 활용하려고 시도할 것인가?", "파괴적으로 보이는 행동을 어떻게 사용할 수 있을까?" 그리고 "주어진 행동을 활용하여 달성해야 할 결과는 무엇인가?" 이런 질문에 대한 대답은 기회를 찾는 안목에서 나온다. 치료가 점점 더 수용을 특징으로 하면서 활용의 과정이 만들어진다.

이 책에 설명된 다른 모든 임상적 전략과 마찬가지로 활용이 잘

못 적용될 수도 있다. 어떤 행동을 완전히 거부할 수 있는 환자의 권리를 치료자가 존중하지 않으면 이 전략은 효과적일 가능성이 적다. 환자가 유연성을 배워야 하는 것은 사실이다. 하지만 그들이 공식적으로 거부한 행동의 유용성에 대하여 환자와 논쟁하는 것은 지혜롭지 않다. 만약 어떤 여성이 큰 도시의 거리를 다시는 걷고 싶지 않다면, 이에 관하여 논쟁할 이유가 없다. 체계적 둔감화를 위해 그녀를 도시로 보내기 보다는 치료자는 시골길 걷기를 제안함으로써 그녀의 입장을 활용해야 한다. 도시에서 다시 걷기를 원하여 치료자에게 오는 환자와 치료자에게 다시는 도시에서 걷고 싶지 않다고 알리는 환자의 중대한 차이를 인식하는 것이 중요하다. **환자의 의지나 환자가 바라는 미래와 맞부딪칠 때, 활용은 어떤 가능성도 보장하지 않는다.**

매우 파괴적이라고 밝혀진 행동은 치료자가 활용하지 말아야 한다는 점을 인식하는 것도 중요하다. 이 주제에 관한 강의 후에 한 워크숍 참가자가 쇼트에게 다음과 같은 임상적 질문을 했다. "저에게는 한 환자가 있는데 그는 자기 아내를 설득하여 그와 또 다른 남자 하나와 잠자리를 가졌습니다. 이제 그는 그녀가 자기를 떠나 그 남자에게로 가기를 원하는 것 같다고 불안해하며 이 가능성에 대해서 집착하기를 멈추지 않습니다. 이것을 어떻게 활용할 수 있을까요?" 다수의 파트너와 성관계를 갖는 행동은 활용할 행동으로 좋은 초점이 되지 못한다. 치료적 활용은 그보다 자원적인 행동을 특징으로 한다.

활용에는 언제나 한 가지 이상의 정답이 있다. 이 사례에서 쇼트의 제안은 그러한 편집증을 더욱 건설적인 방향으로 재구성하라는 것이다. "그는 가정을 **지키려는** 자신의 욕망에 대해 생각을 멈출 수가 없습니다. 일단 그가 이것을 인정하도록 하고 난 후에, 가정을 치유하기 위해서 취할 수 있는 구체적인 행동에 관하여 대화의 초점을 맞추고 그가 그것을 계속 생각하도록 하세요. 가정을 지키는 것에 실패한다고 해도 그가 이렇게 가치 있는 노력을 하면서 배울 수 있는 수많은 귀중한 것들이 있을 겁니다." 집착의 패턴에 맞서 싸우려고 시도하기보다 치료자는 그것을 보다 생산적인 행동에 속박시킬 수 있다. 환자를 만난 이후였다면, 쇼트는 마음을 바꾸어 더욱 풍부한 기회를 나타내는 다른 행동을 활용했을 수도 있었을 것이다. 활용에는 커다란 유연성과 자신의 생각을 시시각각 바꾸어나갈 의향이 필요하다.

활용의 논리는 절망적인 상황에 희망을 불어넣기 위한 모든 노력에 적용할 수 있다. 이 전략은 환자가 자신에게 기대되는 바를 행할 수 있을 때 효과가 있다. 에릭슨이 도발적인 형태의 치료법을 사용하기는 했지만, 환자가 할 수 있을 것이라고 절대적으로 확신할 수 없는 어떤 것도 환자에게 요구하지 않았음을 인식하는 것이 중요하다. 예를 들어 최면 유도 중에 에릭슨은 환자에게 카탈렙시를 경험해 보라고 요청하기도 했는데, 하루 종일 고개를 똑바로 들고 다니는 사람이라면 누구든지 근육의 탄력성을 균형 잡히게 할 수 있으며 그것이 의식적인 의도 없이도 달성될 수 있다는 것을 알았던 것이다. 마찬가지로 치료적 목표를 처방하면서 그는 효과가 증명된 행동을 이용하여 과업을 구성하였다. 환자의 패턴에 존재하지 않을지도 모르는 행동이 필요하다고 제안하기보다 그는 이미 존재하는 **행동과 믿음**을 환자가 변화를 시작할 수 있도록 허락하는 방식으로 사용하였다. 이것이 활용의 과정에 핵심이며 중요한 주의사항이다.

13 결론
Conclusion

지난 수 십 년 동안, 밀턴 H. 에릭슨의 선구적인 작업을 설명하고 모방하려는 노력으로 수많은 이론이 개발되었다. 가장 유용한 이론은 단순하다. 그것은 최소한의 이론적 구조를 사용하여 가능한 완전한 이해를 달성한다. 그 결과는 당황스러운 경험을 헤쳐 나가기 위한 안내자가 되어줄 일반적인 이해이다. 그리고 명료한 이해가 가능하도록 과도한 전문 용어나 사소한 것에 대한 지나친 분석은 피하는 것이 중요하다. 창조성이 필요한 분야에서 융통성 없는 단계적인 공식이나 미리 준비된 해답은 거의 쓸모가 없다. 에릭슨은 맹목적인 반복에 관한 불신을 표현하며 다음과 같이 말했다. "…모든 사람은 다르기 때문에 이론 기반의 심리치료는 잘못된 것이다." 다시 말해 복잡한 인간적 문제에 대하여 미리 만들어진 대응에 기대기보다는 현재 일어나고 있는 일을 관찰하고 새로운 해결책으로 대응하는 것이 필요하다. 심지어 가장 유창한 이론적 구조물도 혁신과 개선의 여지를 남겨두지 않는다면 문제가 된다.

에릭슨의 치료법에 관한 모든 이해는 사방이 열린 벽이 없는 토대로 존재해야만 한다. 이러한 심리 치료 이론은 무엇이 달성되고 있는지, 큰 그림의 핵심을 포착하면서도 특별한 독창성을 위한 상상의 여지를 줄 수 있어야만 한다. 이 책의 접근 방식은 서사적 수준의 이해를 돕는 사례 연구를 모아서 독특한 적용을 무제한 만들어낼 수 있는 포괄적인 개념과 결합하는 것이었다. 치유라는 통일된 철학의 맥락 안에서 몇 가지 전체적인 개념이 소개되었다. 이러한 문제 해결 전략 속에 기법에 대한 보다 제한적이고 복잡한 설명이 포함되었다.

이 전략은 체계적이고 정돈된 방식의 정보 전달을 목적으로 범주화되고 명명되었다. 그렇다고 전략과 기법이 절대 겹치지 않도록 상호 배타적으로 범주화하지는 않았다. 이러한 생각들은 체계적인 연구와 전문적인 담론을 촉진하면서도 에릭슨을 특징짓는 지속적인 발견의 정신에 부합하려는 의도로 조직화되었다.

수백 개의 고도로 복잡한 에릭슨의 사례를 연구한 후에 쇼트는 합리적이고 평범한 생각을 이용하여 포착할 수 있는 연속성의 가닥들을 엮었다. 이 책의 이론적인 개념은 단순한 비유, 일반적인 통념 그리고 다른 정신 치료 학파의 설명과 짝 지어졌다. 이렇게 다양하게 혼합한 한 가지 이유는 에릭슨의 전략적 원칙의 영원성과 보편성을 그려내기 위한 것이다. 정보는 소화하기 쉬운 방식으로 구조화했다. 그리고 피할 수 없을 때만 새로운 용어를 소개하였다. 대부분의 경우 이 책에 쓰인 용어는 에릭슨이 사용한 것이다. 그가 자신의 기법을 전략 그룹으로 공식적으로 묶지는 않았지만, 분할, 진전, 주의 분산, 제안, 방향 전환 그리고 활용이라는 개념은 쇼트가 발명한 것이 아니라 자신의 작업에 관한 에릭슨의 설명에서 이끌어낸 것이다. 몇 가지 다른 기법이 같은 기능을 수행할 수 있다는 생각과 모든 개입은 주의 깊은 의도로 수행해야 한다는 믿음 또한 밀턴 에릭슨의 가르침에서 직접 나왔다.

이 책이 밀턴 에릭슨의 임상 작업에 대한 포괄적 총합은 결코 아니다. 그저 간단한 소개일 따름이다. 이 책에 빠진 한 가지 결정적인 요소는 그가 그토록 능숙하게 적용했던 임상적 평가 과정이다. 에릭슨의 모든 임상적 개입은 고도로 개인화되어 있었고 환자의 성격과 삶의 상황 차원의 정확하고 체계적인 연구 없이는 효과가 없었을 것이다. 포함하지 않은 또 다른 하나는 분노, 취약성, 충격 등과 같은 감정적인 과정을 에릭슨이 활성화하고 역동적으로 이용한 점에 관한 언급이다. 이 책은 에릭슨이 사용한 교훈적 지시를 다루지 않았는데, 그것은 현재 심리교육적 psychoeducational 접근법이라고 흔히 불리고 있다. 게다가 독자는 여섯 가지 전략이 빠뜨린 것 없이 완전하지 않다는 점을 인지해야 한다. 예를 들어 정서적 조건화 및 경험적 학습을 에릭슨이 전략적으로 사용한 방식은 이 책에서 단지 간략하게 언급되었을 뿐이다.

금지 사항

도움이 되는 지식도 잘못 적용될 수 있기 때문에 여섯 가지 전략의 실행은 상식과 올바른 판단력으로 안내되어야 한다. 이 책에서 언급한 것처럼 분할 전략은 환자가 느끼기에 문제의 중요성이 무시되거나 그의 걱정이 별것 아니라는 인상을 주는 방식으로 적용되어서는 안 된다. 진전 전략의 경우에는 임상가가 단계를 작게 쪼개는 것에 너무 열중한 나머지 안전이나 외부적 개입의 즉각적인 필요성을 간과해서는 안 된다. 방향 전환 전략은 아마도 잘못 적용될 가능성이 가장 클 것이다. 환자가 전환해야 할 방향은 환자의 의지이지 임상가의 관점이 아니다. 다른 전략과 마찬가지로 문제에 대한 단 한 가지 정답을 정해놓고 상담가가 그 정답을 갖고 있다는 식으로 행동하는 것은 어리석은 일이다. 현실을 바라보는 새로운 관점을 소개할 때, 에릭슨은 특정한 한 가지 관점을 고집하지 않았다. 환자에게 수많은 가능성을 제시한 뒤에 에릭슨은 언제나 환자 자신이 유용하거나 보람 있다고 생각하는 새로운 방향을 받아들일 준비가 되어 있었다. 각각의 사람에게 "올바른 관점"이란, 희망 혹은 삶의 좋은 점에 대하여 감사하는 새로운 현실이 나타나는 것이다.

활용과 제안 전략에도 금지 사항이 있다. 시련이나 역설적 지시를 수반하는 기법은 환자가 더욱 해를 입을 위험에 처하는 일이 있어서는 안 된다. 마찬가지로 환자의 도덕률에 반하는 행동을 요구하는 것은 거의 항상 부적절하다. 마지막으로 환자가 조롱당한다고 느끼는 방식으로 주의를 끄는 것은 잘못된 일이다. 이 모든 것을 요약하자면 환자는 언제나 품위와 존중으로 대해야만 한다는 것이다. 임상가의 가장 중요한 의무는 치료 기간 동안 환자에게 아무런 해가 가해지지 않도록 보장하는 것이다. 에릭슨은 다음과 같이 말했다. "모든 개입은 상담가의 흥미나 필요가 아니라 환자의 필요를 향해야 한다. 그럴 때 환자는 상담가의 의도에 대해 완전한 신뢰와 확신을 가질 수 있다."

지식의 적용

이 책에 나온 정보의 많은 부분은 상식적 사고라는 섬세한 과정을 통해 실천해야 한다. 특정한 전략을 위해 실행하는 기법은 이상하거나 환상적으로 보여서는 안 되며 자연스러워야 한다. 에릭슨의 비범하고 창조적인 개입에 대해 읽고 나면, 환상적이고 특이한 치료적 지시를 함으로써 그의 작업을 복제하고픈 유혹이 따른다. 그러나 그러한 절차가 치료자에게 환상적이거나 특이해 보인다면 이는 걱정해야 할 문제이다. 더욱 문제가 되는 것은 에릭슨의 독특한 기술이 주는 이득을 이해하지 못한 채로, 에릭슨이 개입을 맞춤 재단한 특정 환자를 대상으로 하지 않은 채로 그리고 그의 개입이 행해졌던 시대나 지리적 위치에 살고 있다는 혜택이 없는 채로 에릭슨의 작업을 직접 모방하려는 유혹이다.

환자의 개인적인 필요에 부응할 기법을 만들어갈 때, 이러한 절차가 합리적이라는 강력한 느낌이 있어야 한다. 예를 들어 환자가 빈약한 자아 이미지를 갖고 있어서 거울 속의 자신을 바라보고 싶어 하지 않는다면, 합리적으로 해야 할 일은 그녀가 주어진 신체 속에 살면서도 자신의 소중함을 발견할 방법을 찾도록 돕는 일이다. 하지만 이를 어떻게 달성할 수 있을까? 그녀가 거울을 보면서 갑자기 자신에 대한 행복하고 긍정적인 생각을 갖기란 불가능하므로 이 일을 시간적으로 **분할**하는 것이 좋다. 이는 세 가지 선택지를 제공한다. 과거, 현재 그리고 미래이다. 아버지의 성적 학대가 있기 전, 그녀는 다정하고 순진한 어린아이였다. 그러므로 학대 이전의 과거에서 시작하는 것이 좋다. 과거와 현재 사이에는 어느 정도 심리적 거리가 존재하는데 그래서 덜 위협적이다. 그녀가 소중히 여기는 사진 앨범을 갖고 있다는 것을 알고 나면, 거기서부터 시작하는 것이 합리적이다. 사진 속의 자신을 보면서 그녀는 과거의 시간으로부터 자신의 소중함을 인지하는 과정이 시작된다. 일단 이것이 성취되면 현재, 그리고 최종적으로 먼 미래의 자신의 소중함을 그녀가 서서히 알아볼 수 있도록 돕는 진전 전략을 사용할 수 있다. 그녀가 만약 이후의 세션에 머리를 염색하고 왔다면, 다음과 같은 합리적인 질문을 할 것이다. "새로운 머리 스타일이 마음에 드세요? 거울로는 어떻게 보이나요?" 환자가 자신의 새로운 스타일이 좋다는 뜻을 나타내면 이 행동은 **활용**될 수 있고 중요한 진전의 신호, 즉 그녀가 자신의 신체와 그것을 인식하는 방식에 관하여 더욱 큰 통제력을 느낀다는 표지로 받아들일 수 있다. 이런 종류의 인지는 물론 더욱 커다란 희망을 불어넣을 것이며 그녀가 자기 자신과 자신의 선택에 관해 좋게 느낄 수 있도록 도와줄 것이다. 임상가에게 이 개입은 환상적이지 않다. 그것은 그저 합리적일 뿐이다.

모든 문제 해결 방식은 변화가 가능하다는 생각으로부터 시작된다. 에릭슨이 관찰한 것처럼 누군가의 **삶**을 다루고자 할 때, 그들은 당신이 모든 해답을 갖고 있기를 원한다. 그러나 잘못된 모든 것을 바로잡을 수 있는 것은 아니다. 최소한 하나의 달성할 수 있는 작은 것에 눈길을 두는 것이 언제나 좋은 이유가 바로 이것이다. 심지어 가장 작은 돌파구조차 다른 성취를 세우는 초석이 될 수 있다. 모든 질병을 치료하는 것은 불가능하다. 하지만 고통받는 사람을 위해 할 수 있는 좋은 일이 언제나 존재한다. 수 십 년 동안을 버텨오면서 수많은 전문가를 당황시킨 문제라도 적절한 해결책을 발견할 수 있는 환자의 무의식적 능력으로 강조점이 일단 이동하면, 놀랍도록 간단하게 해결책을 찾을 수도 있다. 환자가 변화에 필요한 확신이 없을 때는 무엇인가 새로운 것, 무엇인가 그 문제보다 흥미로운 것에 초점을 맞추는 것이 도움이 될 수 있다. 이것이 자기 파괴 행위보다 더욱 강력한 의도되지 않은 진전을 위한 공간을 만든다. 이 모든 것이 사람을 변하도록 시도하지 않는 상태에서 이루어진다. 그런 입장은 적대감을 조장할 뿐이다. 반면에 능력 있는 치료자는 희망을 촉진하고 회복탄력성을 북돋아 환자의 내적 자원이 행복을 만들어내는 방법을 알고 있다.

"책을 뒤에서부터 읽을 때… 앞에서부터 끝까지 읽을 때와는 다른 책을 읽게 된다. …좋은 책은 뒤에서부터, 제일 마지막 장을 먼저 읽고 그다음에 뒤에서 두 번째 장을 읽고 그런 식으로 읽어야 한다. 그렇게 하고 난 다음에 앞에서부터 뒤로 다시 읽게 되면 놀라운 경험을 하게 될 것이다."

- 밀턴 H. 에릭슨

부록

Self-Development Exercises

이 책에서 설명한 전략은 능숙한 상담가가 적용하면 강력한 결과를 얻을 수 있다. 에릭슨이 때때로 최면에 관하여 이야기한 바와 같이 가장 좋은 학습 방법은 직접 경험해 보는 것이다. 이 여섯 가지 전략을 능숙하게 사용하기 위해, 관련한 개인적 경험을 분석하는 것에 많은 시간과 생각을 기울이는 것을 반드시 권한다. 이는 기억에 남는 과거의 경험이나 아직 발견되지 않은 개인적인 성장 기회일 수 있다.

외부의 관찰자로서 다른 사람이 중요한 삶의 문제를 해결하는 것을 지켜보는 것도 한 가지 방법이다. 그러나 문제 해결 전략을 자기 자신의 삶에 적용할 기회를 활발하게 찾아내려고 노력하면 훨씬 풍부한 결과를 얻을 것이다. 노력에 진정성을 더하는 것은 이런 지속적이고 개인적인 발전의 정신이다. 이를 어떻게 구조화할지 확신이 서지 않는다면, 이 전략 각각을 설명하기 위해 고안된 다음의 사고 실험을 참고하자.

주의 분산

앞선 내용의 경험적인 이해를 촉진하기 위해, 주의 분산에 중점을 둔 연습 문제를 마련했다. 주의 분산은 자신에게 적용하기가 쉽지 않은 전략이라는 것을 유의해야 한다. 정말로 주의가 분산되려면 무엇을 할 계획인지 생각하지 않을 필요가 있다. 물론 과도한 업무나 유흥, 섹스 혹은 약물 중독에 의존하면서 자신의 주의를 분산시키는 사람들도 종종 있다. 이들 각각은 고통스러운 현실로부터 주의를 분산시키는 효과를 제공한다. 그러나 이것들은 개인의 능력을 새롭게 인지하도록 전략적으로 이끄는 보다 간략한 주의 분산 방법과 같은 수준의 임상적 혜택을 제공하지 않는다.

◆ 연습 문제

다음의 단어를 숙고해 보라 : "섹스", "통제", "사랑", "권력", "아름다움".

1단계 : 무엇인가에 완전히 주의가 분산되어 행동이 자동으로 이루어졌던 과거를 기억해보라. 무엇이 그렇게 주의를 분산시켰으며 그것이 왜 당신의 주의를 통제할 수 있게 되었는가?

2단계 : 당신이 하던 일에 주의를 기울이지 않고도 달성할 수 있었던 모든 일에 대해 잠시 생각해 보라. 이것은 익숙한 목적지로 운전할 때 당신이 어디로 가고 있는지 혹은 당신의 손과 발이 무엇을 하고 있는지 멈춰서 생각하지 않는 경험과 비슷하다. 바라건대 개인적인 의미가 있는 사건을 생각하는 것이 좋을 것이다. 당신의 주의가 그렇게 분산되지 않았다면 아마도 하지 않았을 행동에 초점을 맞추어야 한다.

3단계 : 이 일에 대한 기억을 의식적으로 고정시키라. 앞으로 며칠 동안 가능한 한 자주 이 기억을 상기하라. 주의 분산에 관한 이 연습 문제에서 시간의 흐름은 중요한 부분이다.

4단계 : 즉각적인 결과를 기대하지 마라. 2~3주 후에 이 지시사항을 처음으로 읽고 난 이후의 당신의 행동을 되돌아보는 것에 어느 정도 시간을 들여라.

분할

인간의 문제 해결에 있어 분할의 역할을 이해하는 가장 좋은 방법은 그 효과를 직접 경험하는 것이다. 이 책을 읽으면서 당신의 삶에서 어떤 문제를 일단 작은 부분으로 나누자 대처하기가 더 나았다는 것을 느꼈던 순간을 생각해 보았을 것이다. 어쩌면 당신은 이 전략이 폭넓게 적용 가능한 임상적 전략임을 알아차리지 못한 채로 이미 치료법으로 활용하고 있을 수도 있다.

앞선 내용의 경험적 이해를 촉진하기 위해, 분할을 중심 특성으로 하는 연습 문제를 마련했다. 이 연습 문제가 전문가를 위한 학습 문제로 고안되기는 하였으나 어떤 상담가는 이와 같은 절차를 자신의 임상 상담에 이용하여 좋은 결과를 얻기도 하였다.

◆ 연습 문제

1단계 : 삶의 환경에 매몰되었다고 느꼈던 때를 떠올려보라. 전체적인 고통스러운 느낌에 일조하는 모든 요인에 대해 생각해보라. 이 연습 문제로 인해 고통스럽거나 트라우마적인 기억이 떠오를지도 모른다. 그러면 깊이 있는 작업에 임할 준비가 되었는지 확실히 하기 위해 잠깐의 시간을 가지라.

2단계 : 이제 당신 앞에 벽돌로 된 벽을 시각화하라. 벽돌 벽은 당신과 행복 사이의 장벽을 상징한다. 만약 당신이 체감각적 학습자라면 실제로 작은 물체를 벽과 같이 세워서 장벽을 만들어도 좋다. 이 벽을 이루는 각각의 벽돌은 문제의 어떤 측면을 나타낸다.

몇 분의 시간을 들여 문제의 다양한 조각에 이름을 붙여 보라.

3단계 : 어느 정도 시간을 들여서 이 장벽을 넘어서기 위한 당신의 욕구에 집중하라. 당신은 더 이상 문제의 고통스러운 면에 고착되기를 원하지 않는다. 평화와 위안에 도달하기 위해 반대편의 공간으로 뚫고 나가야만 한다. 일단 그쪽으로 건너가게 되면 기분이 훨씬 나을 것이다.

4단계 : 이제 그 문제에서 지금 다룰 준비가 가장 잘 되어 있는 부분에 주의를 집중하라. 벽돌 하나에 집중하며 그것을 치워버릴 수 있도록 무엇을 하거나 말할 수 있을지 생각하라. (만약 실제로 벽을 사용하고 있다면 일단 한 물체를 성공적으로 처리하라. 그것을 옆으로 옮겨놓아도 좋다)

5단계 : 이제 그 문제에서 과거의 한때 경험하고 성공적으로 극복한 부분에 주의를 집중하라. 이렇게 하면 벽에서 몇 개의 벽돌을 더 치워버리게 될 것이다.

6단계 : 이제 그 문제를 해결하는 데 지지를 받을 수 있을 부분을 떠올려보라. 어느 정도 시간을 들여 다른 사람이 기꺼이 도와줄 만한 다양한 작은 방법에 대해 생각하라.

7단계 : 그 문제에서 가장 덜 걱정스러운 부분을 고려함으로써 벽을 더욱 조각낼 수 있다. 현재 그 문제의 어떤 측면을 편안히 무시할 수 있을지 생각해보라.

8단계 : 그 문제의 어떤 부분이 시간이 흐르면서 변화할지 자신에게 물어보라. 스스로 노력하지 않아도 저절로 해결될 부분은 무엇인가? 이렇게 하면 벽돌을 몇 개 더 치워버릴 수 있을 것이다.

9단계 : 당신이 통과할 수 있을 만큼 충분히 공간이 생겼다면, 자신이 반대편으로 걸어서 통과하는 모습을 시각화해도 좋다. 벽이 남은 부분의 둘레를 걸어보라. 여기서 멈출 준비가 되었는지 아니면 문제를 더 조각내기 위해 고안할 수 있는 방법을 찾아볼지 결정하라.

참고 : 이 책의 목적에 따라서 이 연습 문제는 한 개인이 사용할 수 있도록 써졌다. 그러나 이것은 그룹 환경에서도 사용할 수 있다. 한 줄의 사람들이 서로 팔을 엮어서 벽을 만든다. 벽을 통과해야 하는 사람은 각 개인을 문제의 한 조각으로 이름 붙인다. 한 부분의 문제를 처리하고 나면, 팔을 풀거나 해당하는 사람이 자리로 돌아가도록 요청한다. 작업이 다 끝나면 그 사람은 실제로 벽을 통과할 수 있다. 이 방법은 종종 그 사람의 태도에 눈에 띄는 변화를 가져오며 강력한 결과를 만들어낸다.

진전

앞선 내용의 경험적 이해를 촉진하기 위해, 진전을 중심 특성으로 하는 연습 문제를 마련했다. 이 책에 나오는 다른 모든 기법처럼 이 연습 문제를 융통성 없이 따를 필요는 없다. 이 연습 문제를 개인적 필요에 맞추어 변형할 방법이 있다면 그렇게 하는 것이 좋다.

◆ **연습 문제**

1단계 : 달성하기를 바라지만 그럴 능력이 없다고 느껴지는 어떤 것을 생각해 보라. 내면 깊이 도달해 보라. 절대로 손이 닿지 않는 곳에 있어서 그것을 선택지로 고려하는 것조차 자신에게 허용하지 못하는 것을 찾는 것이 가장 좋다.

2단계 : 종이를 가져와서 가장 **아래**에 다음의 문장을 써 보라. "언젠가 ___를 할 수 있다면 좋겠다." (빈칸을 채운다)

3단계 : 가장 위에 #1이라고 쓰고 이것이 왜 가능해 보이지 않는지 그 주된 이유를 쓰라. 그리고 다음의 문장을 완성하라. "___이기 때문에, 진전을 가로막는 위의 핑계가 반드시 사실인 것은 아니다." (빈칸을 채운다)

4단계 : #2라고 쓰고 가장 아래에 쓴 성취를 향해 갈 수 있는 당신이 할 수 있는 가장 작고 간단한 것을 쓰라. 이것은 단순히 아주 작은 한 걸음이면 된다.

5단계 : #3이라고 쓰고 가장 아래에 적은 것을 생각해 보고 그것을 몇 개의 작은 구성 요소로 어떻게 나눌 수 있을지 생각해 보라. 이 구성 요소의 행동 중에서 과거에 어쩌면 우연히 발생했던 서너 가지를 나열해 보라. 이제 당신이 이 구성 요소 기술 중 한 가지를 우연히 반복하게 될 때까지 며칠이나 지나게 될지를 나열하라.

6단계 : 당신이 가장 아래에 적은 것을 행하는 모습을 5분 이상 심상화하라. 자신의 모습을 외부 관찰자의 눈으로 바라보라. 도달한 이미지에 스스로 만족할 때까지 명상을 멈추지 마라.

7단계 : #4로는 이 목표를 달성하려고 노력할 때 당신을 기꺼이 격려하거나 지지해 줄 사람의 이름을 나열하라.

8단계 : #5로는 최종 목표에 더욱 다가갈 수 있도록 당신이 생각할 수 있는 작은 단계를 어떤 것이든 나열하라. 마지막 단계 이후에 가장 아래에 있는 목표를 향하여 화살표를 그리라. 이것은 그 방향을 향한 당신의 점진적인 진전을 상징한다.

제안

아래에 나열된 연습 문제는 아마도 가장 간단해 보일 수 있지만 금방 잊어버릴 만한 것은 아니다. 놀라운 결과를 얻을 수도 있다. 그리고 개인적인 목표에 에너지를 쏟는 것은 그 자체로 가치가 있다.

◆ **연습 문제**

1단계 : 침대에 누운 채로 침대 옆에 있는 시계를 볼 수 있는지 확인해 보라. 몇 시 인지 확인한 다음, 언제 일어나고 싶은지 특정한 시각을 고르라. 예를 들어 아침 6시 50분과 같이 보통 때라면 알람이 울려서 일어나기 10분 전 시각을 선택하라.

2단계 : 눈을 감은 채로 자신에게 조용히 반복하여 말하라. "6시 50분에 깨워 줘. 6시 50분에 깨워 줘. 6시 50분에 깨워 줘…." 이것을 최소한 100번 이상, 혹은 잠들 때까지 반복하라. (누군가에게는 이 연습 문제가 보통 때보다 빨리 잠들게 하는 부수적인 효과가 있을 것이다) 무의식이 계획을 망치려는 좋은 이유를 갖고 있지만 않는다면 약속한 시각에 일어나게 될 것이다.

3단계 : 이제 이 방법과 결과에 대해 확신을 갖게 되었으므로, 개인적으로 더욱 의미 있는 목표를 하나 고르라. 예를 들어 "나는 시댁 식구에게 더욱 당당해질 거야. 나는 시댁 식구에게 더욱 당당해질 거야…." 이것을 2주 동안 매일 밤 반복하라. 개선될 만한 현실적인 가능성이 있으면서 동시에 지겨워지지 않을 정도로 충분히 흥미로운 목표를 골라야 한다.

4단계 : 진전을 보여주는 작은 신호를 발견하라. 스스로가 새로운 긍정적인 기대를 갖도록 허락하는 일이 지시적 제안을 반복하는 것만큼이나 중요하다.

방향 전환

앞선 내용의 경험적인 이해를 촉진하기 위해, 방향 전환에 중점을 둔 연습 문제를 마련했다. 이 책에 나오는 다른 기법처럼 이 연습 문제를 엄격히 따를 필요는 없다. 이 연습 문제는 퇴근길에 차를 운전하며 행할 수도 있는 종류의 것이다. 임상가로서 이 전략을 당신의 작업에 적용해 본다면 커다란 개인적 혜택을 이끌어낼 수 있을 것이 틀림없다.

◆ **연습 문제**

1단계 : 환자 중 한 명이 가지고 있던 문제 하나를 떠올려보고 당신이 제안했던 해결책이나 개입을 생각해보라. 하루 동안의 치료적 상호 작용 중에서 가장 흥미로웠던 것을 고르라.

2단계 : 그 문제의 핵심적인 특징을 주의 깊게 생각해 보라. 그것은 어떤 연속선 위에서 더욱 크거나 작은 정도로 존재할 수 있는 것이라고 생각하라. 다음으로 자신의 행동이나 감정적 경험을 그 연속선의 어딘가에 위치시켜 보라. 예를 들어 만약 어느 환자가 화가 나서 아내의 얼굴에 주먹을 날렸다면, 그 연속선 위에서 약간 아래쪽으로 움직여 당신의 아내에게 화가 나서 상처가 되는 말을 했던 때로 가보라. 다시 말해 이러한 종류의 문제적 충동을 갖는 것은 어떤 느낌인지 당신 자신의 주관적 이해를 더듬어 보라.

3단계 : 치료 중에 일어났던 개입을 스스로 상기하라. 이 환자가 문제를 처리할 수 있도록 도우면서 당신이 했던 가장 중요한 말에 깊은 주의를 기울여라. 환자에게 했던 말이나 행동은 무엇인가? 환자가 어떤 생각을 달성하기를 원했는가? 그것이 무엇이든 그 개입을 당신 자신의 삶에 최대한 잘 맞추어 보라. 예를 들어 환자의 아내가 얼굴을 맞은 뒤의 느낌을 그가 생각해 보기를 원했다면, 지난번 말다툼 때 당신이 말한 것을 듣고 난 뒤, 당신의 배우자가 어떻게 느꼈는지 생각해 보라. 이런 방식으로, 스스로 시도하고 싶지 않은 것을 누군가에게 요청하지 않게 될 것이다.

4단계 : 당신의 치료 대상이 되는 것은 어떤 느낌인지 깊은 주의를 기울여라. 당신이 얻은 새로운 통찰에 관하여 명상하라.

마지막으로 가장 협조적인 환자가 되도록 애쓰라. 이 연습 문제를 시간이 나는 대로 최대한 많이 행하라. 이렇게 하면 스스로의 지혜와 경험으로부터 수혜를 입을 가능성이 커진다.

활용

앞선 내용의 경험적인 이해를 촉진하기 위해, 활용에 중점을 둔 연습 문제를 마련했다. 이 연습 문제를 성공적으로 수행하려면, 단지 무의식에 존재하는 개인적인 자원 그리고 모든 상황적인 가능성에 대한 새로운 알아차림을 개발하면 된다. 그러면 그 경험은 아주 만족스러울 것이다.

◆ 연습 문제

1단계 : 먼저 당신이 무엇을 활용하고 싶은지 결정하라. 그것은 당신 성격의 한 측면일 수도 있고 당신 주위에서 일어나는 일일 수도 있으며 당신이나 다른 사람이 저지른 실수일 수도 있다. 쉽게 바뀌거나 되돌릴 수 없는 것을 생각하라. 당신이 저항하느라 아주 많은 에너지를 투자한 상황을 점검해보라. 당신이 조절 할 수 없었고 그래서 활용할 수 있는 것에 관하여 종이에 적어보라.

2단계 : 다음으로 이어지는 문장을 적으라. "그것이 ___하기만

했다면 받아들일 수 있었을 거야." (빈칸을 채우라)

3단계 : 활용에는 수용적 태도가 필수적이다. 1단계에서 적은 것에 관해 생각해보라. 그것을 약간 우스꽝스러운 관점으로 바라보라. 자신에 대해 너무 심각하게 생각하면 활용에 필요한 수용적 태도를 가질 수 없다. 다음의 문장을 적으라. "내가 ___한다면 정말 재미있을 거야." (빈칸을 채우라)

4단계 : 통찰이 일어날 수 있도록 시간을 가지라. 각각의 사건이나 행동을 활용하는 여러 가지 방법이 있다. 숙고할 시간을 가지고 나서 다음의 문장을 완성하라. "___때문에 이제 내가 ___할 수 있게 되었어." (첫 번째 빈칸은 1단계에서 쓴 것을 적고 두 번째 빈칸은 당신의 상상력에 달려 있다)

5단계 : 4단계에서 얻은 통찰을 실현할 수 있도록 계획을 세우라. 당신의 활용 실험의 개요를 서술하라. 만약 일이 계획대로 되지 않는다면 그 실패를 활용할 방법을 찾아보라. 그리고 결과를 성장을 위한 기회로 이끄는 귀중한 학습 경험으로 삼으라.

역자의 말
Epilogue

 살다 보면 그럴 때가 있다. 이대로는 한 걸음도 앞으로 나갈 수 없을 것 같을 때가. 지금까지는 어떻게 버텨 왔으나, 내딛는 한걸음 한걸음이 점점 구렁텅이 속으로 빠져드는 듯한 느낌. 바로 그 때, 어떤 이들은 숙였던 고개를 들고 멀리 내다보기 시작한다. 지금까지 알고 지내던 세계를 벗어나, 새로운 세계로 향하는 길을 발견하는 것이다. 영웅의 여정. 용기 있는 사람이라면 힘겨운 발걸음을 돌려 여행을 시작한다.

 밀턴 에릭슨은 영웅이었다. 극심한 소아마비로 죽을 고비를 넘긴 후 온 몸이 마비되었으나, 놀라운 정신력으로 운동 능력을 되찾았을 뿐 아니라 정신과 의사가 되어 고통에 시달리는 수많은 사람들을 치유하였다. 그의 빛나는 유산은 오늘날까지도 많은 이들에게 영감을 준다. 스티븐 랭턴의 추천사에서 볼 수 있는 것처럼, 이 책은 에릭소니언 문헌들 중에서도 독특한 위치를 차지한다. 이 책을 한국어로 소개할 수 있게 된 것은 큰 영광이자 기쁨이다.

밀턴 에릭슨을 만나게 해 주었고, 당초 계획보다 많이 늦어졌음에도 이 책이 끝까지 번역될 수 있도록 참을성을 가지고 기다려준 에릭소니언 NLP 심리연구소 정귀수 대표에게도 감사의 말을 전한다. 그가 아니었으면 이 책이 한국 독자를 만나는 일은 훨씬 뒤로 미루어졌을 것이다. 한국어 독자들에게 자연스럽게 읽힐 수 있도록 번역문 전체를 몇 차례 수정하는 작업을 공동 진행하였는데, 쉽지 않은 일이었지만 그만큼 보람되고 잊을 수 없는 추억으로 남게 될 것 같다.

사람은 웬만해서는 바뀌지 않는다고들 하지만, 크고 작은 고통을 겪는 사람들을 도와 새로운 삶의 길로 안내하는 것은 충분히 가능한 일이다. 이 책은 밀턴 에릭슨이 어떻게 그런 일들을 해낼 수 있었는지 잘 보여준다. 쉬운 일이 아님은 분명하나, 모든 이들이 갖고 있지만 쉽게 깨닫지 못하는 내면의 힘을 활성화하여 차근 차근 변화를 이끌어낼 수 있다는 것이다.

이 책을 번역하는 동안 역자의 삶에도 크고 작은 변화가 있었다. 막다른 골목에 다다랐던 예전의 커리어를 떠나 새로운 직업을 갖게 되었고 새로운 사람들을 만나게 되었다. 그리고 이 세계의 새로운 면을 보게 되었다. 끝없이 반복되는 프랙탈과도 같이, 어느 곳으로 눈을 돌리든 자세히 살펴보면 복잡한 우주가 펼쳐진다. 수많은 사람들이 마음의 힘으로 쌓아 올린 끝없는 우주가.

　밀턴 에릭슨에게서 우리가 배울 수 있는 것은 아마도 이 우주 속을 자유롭게 유영하는 방법일 것이다. 두려워할 필요는 없다. 우리 안의 힘을 믿고 그저 편안하게 몸을 내맡기면 된다. That's right, 바로 그렇게.

옮긴이 이병호

밀턴 에릭슨이 상담가에게 답하다
희망과 회복탄력성

초판 1쇄 발행 2020년 7월 1일

지은이 댄 쇼트, 베티 앨리스 에릭슨, 록사나 에릭슨 클라인
옮긴이 이병호, 정귀수
일러스트 EASY :D

펴낸곳 저절로북스
출판등록 2017년 1월 17일 제 25100-2017-000007호
주소 서울시 노원구 섬밭로 265 16-1405
팩스 02-2179-9891
이메일 wisdomseller@naver.com

copyright ⓒ 정귀수 Kwisoo Jeong, 2020, Printed in Seoul, Korea

ISBN 979-11-960140-5-6 (03180)
+잘못 만들어진 책은 구입한 곳에서 교환해드립니다.

이 책은 저절로북스가 저작권자와의 계약에 따라 발행한 것이므로
본사의 서면 허락 없이는 어떠한 형태나 수단으로도 이 책의 내용을 이용하지 못합니다.

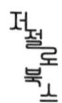